あらゆる試験に対応できる

経済学の楽々問題演習

神戸大学大学院教授
滝川好夫 著

税務経理協会

あらゆる試験に対応できる

経済学の楽々問題演習

神戸大学大学院教授
滝 川 好 夫

税務経理協会

序　文

I　本書のPR

　受験勉強は「整理して暗記する」ことが重要です。整理せずに暗記しても，すぐ忘れるだけです。また，単なる暗記は応用問題になるとさっぱり役立ちません。そこで，「整理して暗記する」ための受験参考書として，

『ミクロ経済学の要点整理』税務経理協会，1999年3月。

『マクロ経済学の要点整理』税務経理協会，1999年4月。

『経済学の要点整理』税務経理協会，2000年1月。

を出版しました。これらの本は読者の要望と合致してか，大学の学部編入学，大学院，公務員，公認会計士，国税専門官，不動産鑑定士，証券アナリストなどの試験を受ける人には，好評を得，役立っているようです。

　そして，上記の本を読んだ熱心な学習者から「何か良い問題集はありませんか。」と尋ねられましたので，「問題集なら過去問を取り扱っている本がたくさん出版されているのでは。」と答えました。しかし，書店に行って，そのタイプの問題集を見ますと，どれも過去に実際に出題された問題に，解答＆解説を行ってはいるのですが，問題が整理されずにバラバラに掲載され，同じ類いの問題が繰り返し出題されているのです。これらのタイプの本で問題演習していては，きわめて無駄が多いのではと感じました。また，問題演習を中心に受験勉強している人には問題の掲載が体系的でないだけに「理解できないまま暗記せざるをえないのでは」と心配になりました。そこで，限られた時間で無駄なく問題演習ができるように，また問題演習を中心に受験勉強している人にとっては，問題を解きながら体系的に経済学を理解できるように書き上げたのが本書です。

Ⅱ　本書の特徴と使用法

　本書は，経済学の試験に合格することを目標に書かれた受験問題集です。その特徴と使用法は次の3点です。

(1)　**試験問題の全基本パターンを網羅した問題集**
　これまでの問題集は過去問を整理することなく，ただ並べただけのものでした。ですから，同じような問題が繰り返し掲載され，過去には出ていなかったものの，これから出題されるかもしれない重要な問題が掲載されていませんでした。時間が十分あれば，同種の問題であっても，いろいろなパターンを演習することは価値があるかもしれませんが，大半の受験者は限られた時間の中で，複数科目の受験準備をしなければならず，経済学の学習，その中でも問題演習に費やすことのできる時間は限られているように思えます。
　本書は過去問を踏まえた上で，試験問題の全基本パターン105問題を網羅しています。各基本パターンについては1問のみ出題していますので，限られた時間で無駄なく受験勉強できます。すべての問題を解けるようにして下さい。ただし，レベルの高い問題（大学院，国家公務員（Ⅰ），公認会計士）には★をつけています。大学の学部編入学，地方公務員，国家公務員（Ⅱ），国税専門官，不動産鑑定士，証券アナリストを受験する人は★を飛ばして下さい。

(2)　**「整理して暗記する」ための問題集**
　これまでの問題集は過去問を整理することなく，ただ試験年度別に並べただけのものでした。本書は「整理して暗記する」ための問題集ですので，問題の順番，問いの順番がストーリーになっています。整理して暗記するためには，本書の問題・問いを順番どおりに演習して下さい。1つの問題を理解できれば次の問題に進み，理解できなければ前の問題に戻って下さい。前の問題に戻り，それでもわからなければ，今まで使用してきた教科書・参考書の当該箇所を復

習して下さい。

(3) 「数学マニュアル」のついた**問題集**

　経済学の試験に合格するためには，ある程度の数学（とりわけ微分）の知識が必要です。短時間で経済学の受験勉強をするときに，数学を学んでいる時間はありません。本書では，経済学の試験に合格するのに必要な最低限の数学知識だけを「数学マニュアル」として整理しています。

　本文中には，数学が不得手な読者のために【数学チェック】を設けています。また，拙著『経済学計算問題の楽々攻略法』税務経理協会，2000年6月は数学の苦手な人のための数学の手引書です。利用して下さい。

　2000年9月

　　　　　　　　　　　神戸大学大学院経済学研究科　滝川　好夫

（付記）

　本書の作成にあたっては，税務経理協会・税経セミナー編集部の清水香織氏にたいへんお世話になった。図表の作成には，神戸大学経済学研究科の金山貴美助手に全面的にお世話になった。ここに，記して感謝申し上げる次第です。

目　　次

序　　文
経済学問題演習のための数学マニュアル……………………………………1

第1部　ミクロ経済学試験問題の全パターン

第1章　消費者行動の理論……………………………………………9
- 問題1－1　選好関係……………………………………………………11
- 問題1－2　効用，限界効用および限界代替率………………………12
- 問題1－3　無差別曲線と限界代替率…………………………………16
- 問題1－4　予算集合と予算制約線……………………………………19
- 問題1－5　効用最大化と間接効用関数（国Ⅱ96，ＣＰＡ98，国税95）……21
- 問題1－6　効用最大化問題のコーナー解……………………………26
- 問題1－7　支出最小化と支出関数（国Ⅰ96，97）……………………28
- 問題1－8　所得消費曲線とエンゲル曲線（国Ⅰ96，97，99，国Ⅱ96）……32
- 問題1－9　価格消費曲線とマーシャルの需要関数（普通の需要関数）…34
- 問題1－10　マーシャルの需要関数とヒックスの需要関数……………38
- 問題1－11　需要の価格弾力性と需要の所得弾力性（国Ⅰ97，98，国Ⅱ95，98）……………………………………………………………42
- 問題1－12　代替効果・所得効果とヒックスの需要曲線・マーシャルの需要曲線（国Ⅱ98，国税97）……………………………50
- 問題1－13　全体効果（代替効果と所得効果）による財の分類………52
- 問題1－14　代替財と補完財……………………………………………55
- 問題1－15　労働供給（ＣＰＡ96，ＲＥＡ97）…………………………56

問題1－16　貯蓄の決定（国Ⅰ95, 96, 99, ＲＥＡ98） ……………60
問題1－17　顕示選好理論……………………………………………64

第2章　生産者行動の理論……………………………………………67

問題2－1　生産関数の性質…………………………………………70
問題2－2　コブ・ダグラス型生産関数の性質……………………72
問題2－3　等産出量曲線（生産の無差別曲線）…………………74
問題2－4　費用方程式（生産の予算線）…………………………75
問題2－5　産出量最大化……………………………………………76
問題2－6　費用最小化と長期費用関数……………………………78
問題2－7　短期の費用関数（ＣＰＡ97, 国税96, 98）……………80
問題2－8　損益分岐点と操業停止点………………………………81
問題2－9　利潤の最大化，最適産出量および供給関数（国Ⅱ97, 98, 国税95）………………………………………………………85
問題2－10　短期の費用関数と長期の費用関数（国Ⅱ95, 96, 国税95）……87
問題2－11　供給の価格弾力性………………………………………90

第3章　部分均衡分析と余剰分析 ……………………………………93

問題3－1　短期市場供給関数，市場需要関数および短期市場均衡（国Ⅱ99）………………………………………………………94
問題3－2　産業の長期均衡（国Ⅰ95, 99, ＣＰＡ97）……………96
問題3－3　ワルラスの価格調整とマーシャルの数量調整（国税95, 98）……………………………………………………………96
問題3－4　消費者余剰と生産者余剰（国Ⅱ95, 97, 国税98, ＣＰＡ97, ＲＥＡ96）……………………………………………………99
問題3－5　規制と余剰（国Ⅰ96, 国Ⅱ95）………………………100
問題3－6　従量税と余剰（国Ⅰ98, 99, 国Ⅱ99, 国税98）………102
問題3－7　間接税（従量税）の帰着 ……………………………105

　　　　　　　　　　　　　　　　　　　　　　　　　　　　　　目　　次　3

　問題3－8　くもの巣モデル ………………………………………108

第4章　一般均衡分析とパレート最適基準 ……………………111
　問題4－1　パレート基準とパレート最適（国Ⅰ95, 99）………112
　問題4－2　純粋交換経済下の一般均衡分析（国Ⅰ96, 99, 国Ⅱ99）………113
　問題4－3　生産経済下の一般均衡分析（ＣＰＡ99）…………115
　問題4－4　厚生経済学の基本定理 ………………………………119

第5章　不完全競争市場の理論 ……………………………………121
　問題5－1　完全競争市場と不完全競争市場の特徴（ＣＰＡ97, 国税97）………………………………………………………122
　問題5－2　独占企業（売手独占）の理論（国Ⅰ95, 96, 97, 国Ⅱ95, 96, 97, 98, 国税96, 98, ＣＰＡ99, ＲＥＡ98）………122
　問題5－3　価格差別（国Ⅰ98）……………………………………128
　問題5－4　クールノーの複占（国Ⅰ95, 96, 国Ⅱ99, ＣＰＡ97, 99, 国税95）………………………………………………131
　問題5－5　シュタッケルベルクの複占理論 ……………………133
　問題5－6　屈折需要曲線の理論 …………………………………135
　問題5－7　独占的競争（国Ⅰ99）…………………………………136
　問題5－8　売上高最大化仮説 ……………………………………139
　問題5－9　フル・コスト原則（マークアップ原理）…………141
　問題5－10　参入阻止価格の理論（国Ⅰ98）………………………141

第6章　市場の失敗 …………………………………………………143
　問題6－1　市場の失敗（国Ⅰ99）…………………………………143
　問題6－2　費用逓減産業（ＣＰＡ97）……………………………144
　問題6－3　費用逓減産業の価格設定原理 ………………………146
　問題6－4　外部性（国Ⅰ97, 98, 国Ⅱ96, 97, ＣＰＡ97, ＲＥＡ96, 99）…148

問題6－5　外部不経済とピグー税 …………………………………151
問題6－6　コースの定理 ………………………………………………155
問題6－7　公共財（国Ⅰ99，国Ⅱ97，99，ＣＰＡ97）………………156
問題6－8　公共財の最適供給とリンダール・メカニズム ……………157

第7章　ゲーム理論の基礎 …………………………………………159
問題7－1　ナッシュ均衡の求め方（ゲームの理論）（国Ⅰ95，96，98，99）………………………………………………………………159

第8章　不確実性の経済学 …………………………………………163
問題8－1　宝くじと期待効用定理（国Ⅰ95，97，ＣＰＡ98，国税96）……163
問題8－2　リスクに対する態度とリスク回避度 ………………………165
問題8－3　リスク・プレミアム ………………………………………168
問題8－4　資産選択理論 ………………………………………………170

第9章　国際貿易理論 ………………………………………………173
問題9－1　閉鎖経済下と開放経済下の生産点・消費点（国Ⅰ98）……173
問題9－2　貿易の利益 …………………………………………………177
問題9－3　貿易政策の余剰分析：関税政策（国Ⅱ95）………………180

第2部　マクロ経済学試験問題の全パターン

第10章　国民経済計算 ………………………………………………185
問題10－1　国民経済計算 ………………………………………………185
問題10－2　実質ＧＮＰとＧＮＰデフレーター（国Ⅰ93，95，98）……186
問題10－3　国民所得勘定（国Ⅰ94，95，国Ⅱ95，96，97，国税94）……187
問題10－4　資金循環表 …………………………………………………192
問題10－5　産業連関表（投入産出表）（国Ⅰ93，94，95，96，97，98，

　　　　　　　　　　　　　　　　　　　　　　　　　　　　　　　　目　　次　5

　　　　　　　99，国Ⅱ95，国税97）……………………………………………194
　　問題10－6　国民貸借対照表 ……………………………………………198
　　問題10－7　国際収支表（国Ⅰ97）………………………………………199

第11章　国民経済の需要 …………………………………………………201
　　問題11－1　ケインズ型消費関数（国Ⅰ93，96，国Ⅱ97）……………201
　　問題11－2　消費関数論争（国Ⅰ96，99，国Ⅱ97，ＲＥＡ97）………204
　　問題11－3　ライフ・サイクル仮説 ……………………………………207
　　問題11－4　恒常所得仮説 ………………………………………………208
　　問題11－5　ケインズの投資の決定（国Ⅰ93，ＲＥＡ97）……………208
　　問題11－6　投資の諸理論（国Ⅰ98）……………………………………212

第12章　45度線分析 ………………………………………………………215
　　問題12－1　国民所得勘定と45度線モデル ……………………………215
　　問題12－2　45度線分析（国Ⅰ93，94，95，97，98，99，国Ⅱ96，97，98，
　　　　　　　99，国税93，94，95）………………………………………216
　　問題12－3　貯蓄投資差額 ………………………………………………224

第13章　貨幣需要と貨幣供給 ……………………………………………227
　　問題13－1　貨幣の機能（ＣＰＡ96）……………………………………227
　　問題13－2　ハイパワードマネーとマネーサプライ（国Ⅱ96）………228
　　問題13－3　貨幣の保有動機（ＣＰＡ96，国税93，ＲＥＡ97）………231
　　問題13－4　日本銀行と金融政策（国Ⅰ96，99，国Ⅱ96，97，99，国税
　　　　　　　98）………………………………………………………………232

第14章　ＩＳ－ＬＭ分析 …………………………………………………233
　　問題14－1　ＩＳ曲線（ＣＰＡ98，ＲＥＡ96）…………………………233

問題14−2　LM曲線（国Ⅰ93, 96，国Ⅱ93, 96，ＣＰＡ98，国税93，
　　　　　　ＲＥＡ96, 97）……………………………………………236
問題14−3　ＩＳ−ＬＭモデル（Y＝C＋I）（国Ⅰ93, 94, 96, 97,
　　　　　　98, 99，国Ⅱ93, 94, 95, 96，国税94）………………238
問題14−4　ＩＳ−ＬＭモデル（Y＝C＋I＋G）（国Ⅰ96, 97, 99,
　　　　　　国Ⅱ95，国税93）……………………………………240
問題14−5　ＩＳ曲線・ＬＭ曲線の特殊ケースと金融・財政政策（国
　　　　　　Ⅰ95）……………………………………………………242

第15章　ＡＤ−ＡＳ分析 …………………………………………247
問題15−1　労働市場（国Ⅰ97，ＣＰＡ98，ＲＥＡ97）……………247
問題15−2　ＡＤ−ＡＳ（総需要−総供給）分析（国Ⅰ94, 95, 97, 99，
　　　　　　国Ⅱ94, 99，ＣＰＡ96, 98, 99，国税96, 97，ＲＥＡ96, 97）………248

第16章　フィリップス曲線 ………………………………………255
問題16−1　インフレーション（国Ⅰ93, 96）………………………255
問題16−2　フィリップス曲線（国Ⅰ95, 96, 98，ＣＰＡ97）…………256

第17章　ＩＳ−ＬＭ−ＢＰモデル…………………………………261
問題17−1　外国為替相場（国Ⅰ95，国Ⅱ96）………………………261
問題17−2　国際収支均衡線（ＢＰ線）………………………………262
問題17−3　固定為替相場制下の金融・財政政策：完全な資本移動の
　　　　　　ケース（国Ⅰ95, 96, 97, 99，国Ⅱ96，ＣＰＡ96）………263
問題17−4　変動為替相場制下の金融・財政政策：完全な資本移動の
　　　　　　ケース（国Ⅰ95, 96, 98, 99，国Ⅱ95, 96，国税96）………265
問題17−5　為替レート決定理論（国Ⅰ93, 95, 96, 97，国Ⅱ93, 94,
　　　　　　97，国税93, 95）……………………………………………267
問題17−6　Ｊカーブ効果 ………………………………………………268

目　次　7

第3部　経済動学試験問題の全パターン

第18章　新古典派成長理論 …………………………………………271
　問題18－1　成長会計（国Ⅰ95）……………………………………271
　問題18－2　新古典派成長理論（国Ⅰ95, 96, 97, 98, 99, 国Ⅱ97, 98,
　　　　　　　ＣＰＡ98, 国税95, 96）………………………………272

第19章　ハロッド＝ドーマーの成長理論 ………………………277
　問題19－1　ハロッド＝ドーマーの経済成長理論（国Ⅰ95, 97, 99,
　　　　　　　国税98）……………………………………………………277
　問題19－2　保証成長率と自然成長率 ……………………………281

　（注）　各問題名の括弧内には出題された過去の試験（年度）が記されています。
　　　　国Ⅰ，Ⅱ＝国家公務員，ＣＰＡ＝公認会計士，国税＝国税専門官，
　　　　ＲＥＡ＝不動産鑑定士

経済学問題演習のための数学マニュアル

I　2次方程式の解

① $ax^2 + bx + c = 0 \quad (a \neq 0)$

$$x = \frac{-b \pm \sqrt{b^2 - 4ac}}{2a}$$

② $ax^2 + 2b'x + c = 0 \quad (a \neq 0)$

$$x = \frac{-b' \pm \sqrt{b'^2 - ac}}{a}$$

II　乗法公式

① $m(a \pm b) = ma \pm mb$　　　　　　　　　　（複合同順）
② $(a \pm b)^2 = a^2 \pm 2ab + b^2$　　　　　　　　（複合同順）
③ $(a + b)(a - b) = a^2 - b^2$
④ $(x + a)(x + b) = x^2 + (a + b)x + ab$
⑤ $(ax + b)(cx + d) = acx^2 + (ad + bc)x + bd$
⑥ $(a \pm b)^3 = a^3 \pm 3a^2b + 3ab^2 \pm b^3$　　　（複合同順）
⑦ $(a + b + c)^2 = a^2 + b^2 + c^2 + 2ab + 2bc + 2ca$
⑧ $(a \pm b)(a^2 \mp ab + b^2) = a^3 \pm b^3$　　　　（複合同順）

III　指数の法則

① $y^m \times y^n = y^{m+n}$　　　（例：$y^5 \times y^2 = y^7$）
② $y^m \div y^n = y^{m-n}$　　　（例：$y^5 \div y^2 = y^3$）　　（$y \neq 0$）

③ $y^{-n} = \dfrac{1}{y^n}$ (例：$y^{-2} = \dfrac{1}{y^2}$)   ($y \neq 0$)

④ $y^0 = 1$ ($y \neq 0$)

⑤ $y^{\frac{1}{n}} = \sqrt[n]{y}$ (例：$y^{\frac{1}{2}} = \sqrt{y}$)

⑥ $(y^m)^n = y^{mn}$ (例：$(y^3)^2 = y^6$)

⑦ $x^m \times y^m = (xy)^m$ (例：$x^3 \times y^3 = (xy)^3$)

Ⅳ 等差数列の和（S_n）の公式

① $S_n = \dfrac{n(a+b)}{2}$

ここで，a＝初項，b＝末項，n＝項数です。

② $S_n = \dfrac{1}{2}n\{2a+(n-1)d\}$

ここで，a＝初項，d＝公差，n＝項数です。

Ⅴ 等比数列の和（S_n）の公式（$r \neq 1$ のとき）

① $S_n = \dfrac{a(1-r^n)}{1-r}$

ここで，a＝初項，r＝公比，n＝項数です。

② $S_n = \dfrac{a-br}{1-r}$

ここで，a＝初項，b＝末項，r＝公比です。

Ⅵ 無限等比級数

$\sum\limits_{n=1}^{\infty} ar^{n-1} = a + ar + ar^2 + \cdots + ar^{n-1} + \cdots$

は初項a，公比r（$r \neq 0$）の「無限等比級数」と呼ばれています。

① $|r| < 1$ のとき，収束します。

$$S = \sum_{n=1}^{\infty} a\, r^{n-1} = \frac{a}{1-r}$$

② $a \neq 0$, $|r| \geq 1$ のとき，発散します。

Ⅶ　Σ（シグマ）計算の基本形

① $\Sigma(a_k \pm b_k) = \Sigma a_k \pm \Sigma b_k$
② $\Sigma c\, a_k = c\, \Sigma a_k$
③ $\Sigma c = n c$

Ⅷ　対数と対数の法則

(1) 対数の定義

$4^2 = 16 \Leftrightarrow 2 = \log_4 16$ （⇔は同値の記号です）

(2) 対数の法則

① $\log_e(m n) = \log_e m + \log_e n$ 　　　$(m, n > 0)$
② $\log_e \dfrac{m}{n} = \log_e m - \log_e n$ 　　　$(m, n > 0)$
③ $\log_e m^c = c \log_e m$ 　　　$(m > 0)$
④ $\log_b m = (\log_b e)(\log_e m)$ 　　　$(m > 0)$
⑤ $\log_b e = \dfrac{1}{\log_e b}$

Ⅸ　$y = f(x)$ の導関数

(1) 導関数の定義

$$\frac{dy}{dx} \equiv f'(x) \equiv \lim_{\Delta x \to 0} \frac{\Delta y}{\Delta x}$$
$$= \lim_{\Delta x \to 0} \frac{f(x + \Delta x) - f(x)}{\Delta x}$$

(2) 2次の導関数

$$\frac{d^2y}{dx^2} = \frac{d}{dx}\left(\frac{dy}{dx}\right)$$

──【知っておきましょう】 原始関数 $y=f(x)$ の導関数の表示方法──

$$\frac{dy}{dx} = \frac{d}{dx}y = \frac{d}{dx}f(x) = f'(x) = y'$$

Ⅹ　原始関数と導関数

　　　　原始関数　　　　　　　　導関数

(1)　$y = f(x) = k$　　　　　　$f'(x) = 0$

　　　$y = f(x) = 5$　　　　　　$f'(x) = 0$

(2)　$y = x^n$　　　　　　　　　$f'(x) = n x^{n-1}$

　　　$y = x$　　　　　　　　　$f'(x) = 1 x^{1-1} = x^0 = 1$

　　　$y = x^3$　　　　　　　　$f'(x) = 3 x^{3-1} = 3 x^2$

　　　$y = x^0$　　　　　　　　$f'(x) = 0 x^{0-1} = 0$

　　　$y = \dfrac{1}{x^3} = x^{-3}$　　　　$f'(x) = -3 x^{-3-1} = -3 x^{-4} = \dfrac{-3}{x^4}$

　　　$y = \sqrt{x} = x^{\frac{1}{2}}$　　　　$f'(x) = \dfrac{1}{2} x^{\frac{1}{2}-1} = \dfrac{1}{2} x^{-\frac{1}{2}}$

　　　　　　　　　　　　　　　　　　　　$= \dfrac{1}{2} \dfrac{1}{\sqrt{x}}$

(3)　$y = c x^n$　　　　　　　　$f'(x) = c n x^{n-1}$

　　　$y = 4 x^3$　　　　　　　$f'(x) = 4 \cdot 3 x^{3-1} = 12 x^2$

(4)　$y = f(x) \pm g(x)$　　　　$y' = f'(x) \pm g'(x)$

　　　$y = 5 x^3 + 9 x^2$　　　　$y' = 15 x^2 + 18 x$

(5)　$y = f(x) \cdot g(x)$　　　　$y' = f'(x) \cdot g(x) + f(x) \cdot g'(x)$

　　　$y = (2x+3) \cdot 3 x^2$　　　$y' = 2 \cdot 3 x^2 + (2x+3) \cdot 6 x$

　　　　　　　　　　　　　　　　　　$= 6 x^2 + 12 x^2 + 18 x$

　　　　　　　　　　　　　　　　　　$= 18 x^2 + 18 x$

(6)　$y = \dfrac{f(x)}{g(x)}$　　　　$y' = \dfrac{f'(x)\cdot g(x) - f(x)\cdot g'(x)}{g^2}$

　　　$y = \dfrac{2x-3}{x+1}$　　　$y' = \dfrac{2(x+1)-(2x-3)1}{(x+1)^2}$

(7)　$y = \dfrac{1}{g(x)}$　　　　$y' = \dfrac{-g'(x)}{g^2}$

　　　$y = \dfrac{1}{x+1}$　　　　$y' = \dfrac{-1}{(x+1)^2}$

【知っておきましょう】 合成関数

$z = f(y)$, $y = g(x)$ を $z = f[g(x)]$ と表すことができます。2つの関数記号 f, g を用いた関数は「合成関数（関数の関数）」と呼ばれています。$z = f(y)$, $y = g(x)$ から，$\dfrac{dz}{dx}$ を求めます。

$$\dfrac{dz}{dx} = \dfrac{dz}{dy} \cdot \dfrac{dy}{dx}$$

XI　$U = U(x_1, x_2)$ の偏微分と全微分

(1)　偏導関数の定義

①　x_1 に関する U の偏導関数

$$MU_1 \equiv U_1 \equiv \dfrac{\partial U}{\partial x_1}$$
$$\equiv \lim_{\Delta x_1 \to 0} \dfrac{\Delta U}{\Delta x_1}$$
$$= \lim_{\Delta x_1 \to 0} \dfrac{U(x_1 + \Delta x_1, x_2) - U(x_1, x_2)}{\Delta x_1}$$

②　x_2 に関する U の偏導関数

$$MU_2 \equiv U_2 \equiv \dfrac{\partial U}{\partial x_2}$$
$$\equiv \lim_{\Delta x_2 \to 0} \dfrac{\Delta U}{\Delta x_2}$$
$$= \lim_{\Delta x_2 \to 0} \dfrac{U(x_1, x_2 + \Delta x_2) - U(x_1, x_2)}{\Delta x_2}$$

(2) 全微分の定義

$$dU = \frac{\partial U}{\partial x_1}dx_1 + \frac{\partial U}{\partial x_2}dx_2$$

または

$$dU = U_1 dx_1 + U_2 dx_2$$

(3) 全微分の4つの法則

2つの関数 $U=U(x_1, x_2)$, $V=V(x_1, x_2)$ を考えます。

① $d(cU^n) = cnU^{n-1}dU$

② $d(U \pm V) = dU \pm dV$

③ $d(UV) = VdU + UdV$

④ $d\left(\dfrac{U}{V}\right) = \dfrac{VdU - UdV}{V^2}$

第 1 部

ミクロ経済学試験問題
の全パターン

第1章 消費者行動の理論

―― 試験対策ポイント ――

① ミクロ経済学の構造の中で，消費者行動の理論と生産者行動の理論の2つが基本中の基本です。これらの2つの理論の論理構造はよく似ていますので，消費者行動の理論をしっかりと理解すれば，生産者行動の理論を理解することは簡単です。

② 消費者行動理論の3つの基本問題（最適消費計画の決定，個別需要曲線の導出，エンゲル曲線の導出）を理解する。

③ 効用最大化問題を定式化（Max……，s.t.……）できるようにする。無限数の無差別曲線と1本の予算線を図示しながら，最適消費計画点（効用最大化点）を理解する。第1，2財の最適消費計画量が2財の価格と予算の関数であることを理解する。

④ 価格が変化したときの最適消費計画点（効用最大化点）の変化を図示しながら理解する。価格消費曲線とマーシャルの需要曲線を理解する。

⑤ 予算が変化したときの最適消費計画点（効用最大化点）の変化を図示しながら理解する。所得消費曲線とエンゲル曲線を理解する。

⑥ 無限数の無差別曲線と1本の予算線によるものが効用最大化問題であり，逆に1本の無差別曲線と無限数の予算線によるものが支出最小化問題（Min……，s.t.……）であることを理解する。

⑦ 代替効果と所得効果を図示しながら理解する。価格が変化したとき，代替効果と所得効果の両方を考えるのがマーシャルの需要曲線，代替効果のみを考えるのがヒックスの需要曲線であることを理解する。

⑧ 代替財と補完財，粗代替財と粗補完財のちがいを理解する。
⑨ 需要曲線の性質（需要の価格弾力性，需要の所得弾力性）を理解する。
⑩ 労働供給（財と余暇の選択），貯蓄（現在財と将来財の選択）の決定は２つの現在財の選択を取り上げている通常の消費者行動理論の応用問題です。基本は２つの現在財の選択問題です。

図１－１　消費者行動理論の構造

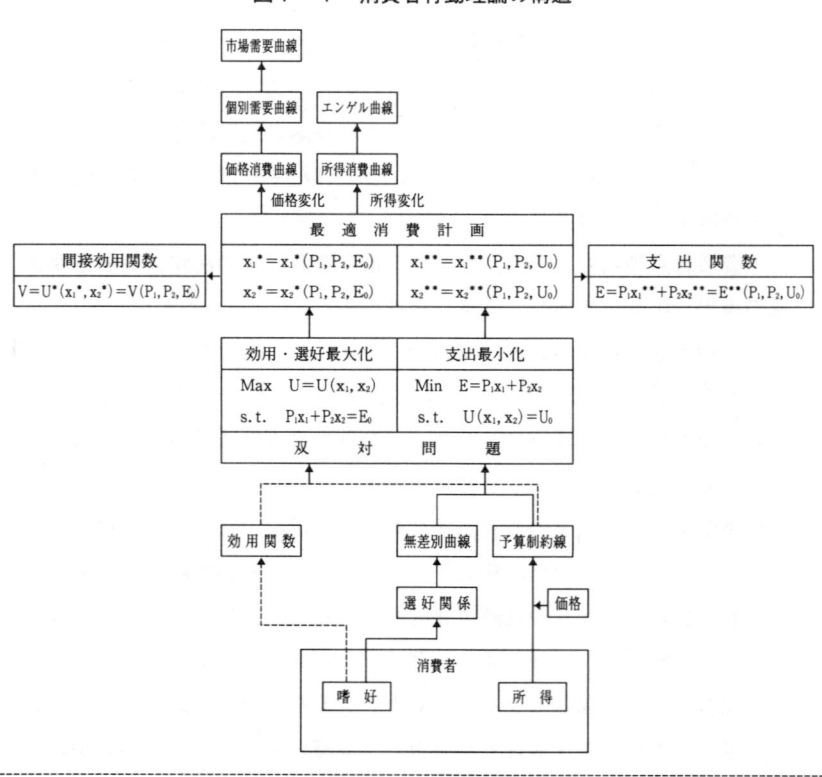

問題1−1：選好関係

(1) 選好関係とは何ですか。
(2) 選好関係の性質を説明しなさい。

≪解答＆解答の解説≫

(1) 何を買いたいのか，どれを選びたいのかといった「嗜好」がはっきりしないとショッピングはできません。合理的な消費者の嗜好を経済学では「選好関係」と呼んでいます。つまり，合理的な消費者の財の組み合わせについての好き嫌いを「選好関係」と呼んでいます。

(2) 選好関係は次の4つの性質を満たしています。ショッピングに行ったときに，3種類の「2つの財の組み合わせ」(A，B，C) があったとします。

① 完　全　性

これらの3種類の組み合わせについて，「この組み合わせよりもあの組み合わせが好き」(例えば，$A \prec B$) とか，「あの組み合わせよりもこの組み合わせが好き」(例えば，$A \succ B$) とか，「この組み合わせとあの組み合わせは同じくらい好き」(例えば，$A \sim B$) といったことが判断できることは「完全性」と呼ばれています。

② 推　移　性

好き嫌いの判断が首尾一貫していること，例えば，「AがBよりも好き ($A \succ B$) で，BがCよりも好きである ($B \succ C$)」ときには，必ず「AはCよりも好き」の判断が行われることは「推移性」と呼ばれています。

③ 単　調　性

財の量が多ければ多いほど好まれることは「単調性」と呼ばれています。

④ 凸（とつ）性

2つの財のバランスのとれた組み合わせが好まれることは「凸性」と呼ばれています。

【知っておきましょう】 ＞と≻

不等号＞は大小関係を表しています。それに対し、記号≻は選好（……より好き）を表しています。

問題1－2：効用，限界効用および限界代替率

(1) 効用とは何ですか。
(2) 効用関数$U=U(x)=x^{\frac{1}{2}}$を図示し、財Xの限界効用を求めなさい。
(3) 効用関数$U=U(x_1, x_2)=x_1 \cdot x_2$を図示し、第1、2財の限界効用を求めなさい。
(4) 限界効用逓減の法則を説明しなさい。
(5) 第2財の第1財に対する限界代替率を求めなさい。

≪解答＆解答の解説≫

(1) 財（例えば、X）あるいは財の組み合わせ（例えば、X_1とX_2）の消費からの満足は「効用（Utility）」と呼ばれています。

(2) 財を微小量追加消費したときの効用の増分は財の「限界効用（Marginal Utility）」と呼ばれています。財Xの限界効用をMUと表せば、

$$MU = \frac{d}{dx}U(x) = \frac{d}{dx}x^{\frac{1}{2}}$$
$$= \frac{1}{2}x^{\frac{1}{2}-1} = \frac{1}{2}x^{-\frac{1}{2}}$$

です（**答え**：☞数学マニュアルX）。ここで、$\frac{d}{dx}U(x)$は「xが微小量増えたときにU(x)がどれだけ変化しますか」を意味し、$\frac{dU(x)}{dx}$と書くこともできます。

【知っておきましょう】 限界と微分

経済学では「限界……」という概念がよく出て来ます。「あともう一杯飲めば、あともう1台作れば」を問題にするのが限界概念です。この限界概念を理解するには、数学の微分がどうしても必要になります。拙著の1

つに『経済学計算問題の楽々攻略法』(税務経理協会刊)がありますが，同書は数学が苦手だが，数学知識がどうしても必要な人のための手引書です。役に立つと思います。

図1－2

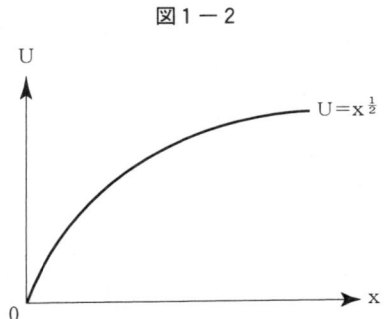

$U = x^{\frac{1}{2}}$

(3)① 第2財の消費量を不変のままで，第1財を微小量追加消費したときの限界効用をMU_1と表せば，MU_1の一般的定義は，

$$MU_1 \equiv U_1 \equiv \frac{\partial}{\partial x_1} U(x_1, x_2)$$

$$\equiv \frac{\partial U(x_1, x_2)}{\partial x_1}$$

$$\equiv \lim_{\Delta x_1 \to 0} \frac{\Delta U}{\Delta x_1}$$

$$\equiv \lim_{\Delta x_1 \to 0} \frac{U(x_1 + \Delta x_1, x_2) - U(x_1, x_2)}{\Delta x_1}$$

です。$\frac{d}{dx}U(x)$は微分，$\frac{\partial}{\partial x_1}U(x_1, x_2)$は偏微分とそれぞれ呼ばれています。∂はラウンドデルタと呼ばれ，偏微分の記号です。dxの記号dが1つの変数xしかないときの，xの微小量の増加を意味するのに対し，∂x_1の記号∂は2つ以上の変数（例えば，x_1，x_2）があるときに，その中の1つだけの変数の微小量の増加を問題にするときに用いられます。ですから，記号∂が出てきたときは，$\frac{\partial}{\partial x_1}U$で言えば，$x_1$だけの微小量の増加によるUの変化が問題となり，それ以外の変数は不変とみなされています。

$U = x_1 \cdot x_2$ において，$\dfrac{\partial}{\partial x_1} U(x_1, x_2)$ を求めるときには，x_2 を定数とみなせば（例えば，$U = x_1 \cdot 3$ のようなもの）

$$MU_1 = \dfrac{\partial}{\partial x_1} U(x_1, x_2) = x_2 \quad \boxed{答え}：第1財の限界効用$$

です（☞数学マニュアルX）。

② 第1財の消費量を不変のままで，第2財を微小量追加消費したときの限界効用を MU_2 と表せば，MU_2 の一般的定義は，

$$MU_2 \equiv U_2 \equiv \dfrac{\partial}{\partial x_2} U(x_1, x_2)$$
$$\equiv \dfrac{\partial U(x_1, x_2)}{\partial x_2}$$
$$\equiv \lim_{\Delta x_2 \to 0} \dfrac{\Delta U}{\Delta x_2}$$
$$\equiv \lim_{\Delta x_2 \to 0} \dfrac{U(x_1, x_2 + \Delta x_2) - U(x_1, x_2)}{\Delta x_2}$$

です。$U = x_1 \cdot x_2$ において，$\dfrac{\partial}{\partial x_2} U(x_1, x_2)$ を求めるときには，今度は x_1 が定数とみなされますので（例えば，$U = 3 \cdot x_2$ のようなもの）

$$MU_2 = \dfrac{\partial}{\partial x_2} U(x_1, x_2) = x_1 \quad \boxed{答え}：第2財の限界効用$$

です（☞数学マニュアルX）。

図1-3 効用曲面

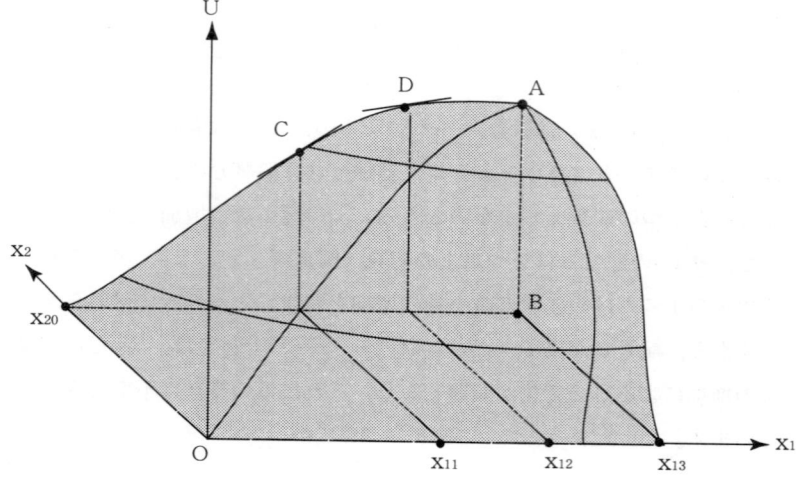

(4) 限界効用 $\frac{\partial U}{\partial x_1}$, $\frac{\partial U}{\partial x_2}$ はプラスです。限界効用がつねに正であることは「非飽和性」あるいは「局所的非飽和性」と呼ばれています。$\frac{\partial}{\partial x_1}U$, $\frac{\partial}{\partial x_2}U$ はそれぞれ x_1, x_2 が変化したときのUの変化を表していますが、x_1, x_2 が変化したときの $\frac{\partial U}{\partial x_1}$, $\frac{\partial U}{\partial x_2}$ の変化はそれぞれ、

$$\frac{\partial}{\partial x_1}\left(\frac{\partial U}{\partial x_1}\right) = \frac{\partial^2 U}{\partial x_1^2}$$

$$\frac{\partial}{\partial x_2}\left(\frac{\partial U}{\partial x_2}\right) = \frac{\partial^2 U}{\partial x_2^2}$$

と表されます。$\frac{\partial^2 U}{\partial x_1^2} < 0$ は「第1財の増大とともに、第1財の限界効用が逓減する」こと、$\frac{\partial^2 U}{\partial x_2^2} < 0$ は「第2財の増大とともに、第2財の限界効用が逓減する」ことをそれぞれ意味しています。これらは「限界効用逓減の法則」と呼ばれています。

――【知っておきましょう】 増加・減少と逓増・逓減――

「全体」効用は増加・減少と言いますが、「限界」効用・「平均」効用は逓増・逓減と言います。

(5) 第2財の第1財に対する限界代替率MRS$_{12}$は、

$$MRS_{12} \equiv -\frac{dx_2}{dx_1} = \frac{MU_1}{MU_2}$$

と定義されています。どちらのどちらに対する限界代替率であるのかは気にする必要はありません。図を描いたときに、横軸が x_1, 縦軸が x_2 であれば、MRS$_{12}$は $-\frac{dx_2}{dx_1}$ になるわけです。「MRS$_{12} = \frac{MU_1}{MU_2}$」を暗記することをすすめておきます。問(3)より、

$MU_1 = x_2$(第1財の限界効用)

$MU_2 = x_1$(第2財の限界効用)

ですので、

$MRS_{12} = \frac{x_2}{x_1}$ (**答え**:第2財の第1財に対する限界代替率)です。

【数学チェック】 限界代替率と全微分

効用関数 $U=U(x_1, x_2)$ について、x_1 だけの微小量の増加による U の変化、あるいは x_2 だけの微小量の増加による U の変化を問題にするのが偏微分でした。それに対し、x_1, x_2 両変数の微小量の増加による U の変化を問題にするのが全微分です。偏微分のときには記号 ∂ を用いましたが、全微分のときには記号 d を用います。

効用関数 $U=U(x_1, x_2)$ の「全微分の公式」は、

$$dU = \frac{\partial U}{\partial x_1} dx_1 + \frac{\partial U}{\partial x_2} dx_2$$
$$= MU_1 \cdot dx_1 + MU_2 \cdot dx_2$$

です（☞数学マニュアルⅪ）。

限界代替率とは、現行の効用水準 U_0 を維持しながらの2財 x_1, x_2 の限界的代替を取り扱うものですから、効用関数は、

$$U_0 = U(x_1, x_2)$$

で表され、その全微分は、

$$dU_0 = \frac{\partial U}{\partial x_1} dx_1 + \frac{\partial U}{\partial x_2} dx_2 = 0$$

です。ここで、現行の効用水準 U_0 は一定ですので、定数の変化はゼロということで、$dU_0=0$ であることを理解しなければなりません。上記の式から、

$$-\frac{dx_2}{dx_1} = \frac{\frac{\partial U}{\partial x_1}}{\frac{\partial U}{\partial x_2}} = \frac{MU_1}{MU_2}$$

を求めることができ、これが限界代替率 MRS_{12} です。

問題1−3：無差別曲線と限界代替率

(1) 無差別曲線とは何ですか。

(2) 下図のⅠは無差別曲線です。次の記述のうち正しいものはどれですか。

① AよりもDのほうが選好される。

② ＤとＥは無差別である。

　③ ＢよりもＥのほうが選好される。

　④ ＥよりもＣのほうが選好される。

(3) 無差別曲線の性質を説明しなさい。

(4) 下図のⅠは無差別曲線です。Ｄ点における第２財の第１財に対する限界代替率はどれですか。

　① $\dfrac{HJ}{JD}$

　② $\dfrac{OJ}{OH}$

　③ $\dfrac{JF}{JD}$

　④ $\dfrac{OH}{OJ}$

　⑤ $\dfrac{OF}{OG}$

図1−4

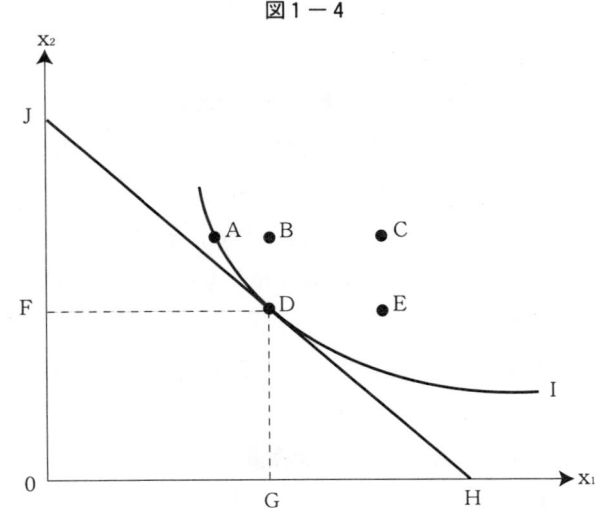

(5) 限界代替率逓減の法則を説明しなさい。

(6) 次の無差別曲線が表す財の組み合わせが正しいものは，次のうちどれ

18　第1部　ミクロ経済学試験問題の全パターン

ですか。

	A	B	C
①	ボルトとナット	食料品と衣料品	紅茶とコーヒー
②	ボルトとナット	紅茶とコーヒー	右手の手袋と左手の手袋
③	ボルトとナット	紅茶とコーヒー	10円玉1つと5円玉2つ
④	紅茶とコーヒー	10円玉1つと5円玉2つ	ボルトとナット

図1－5

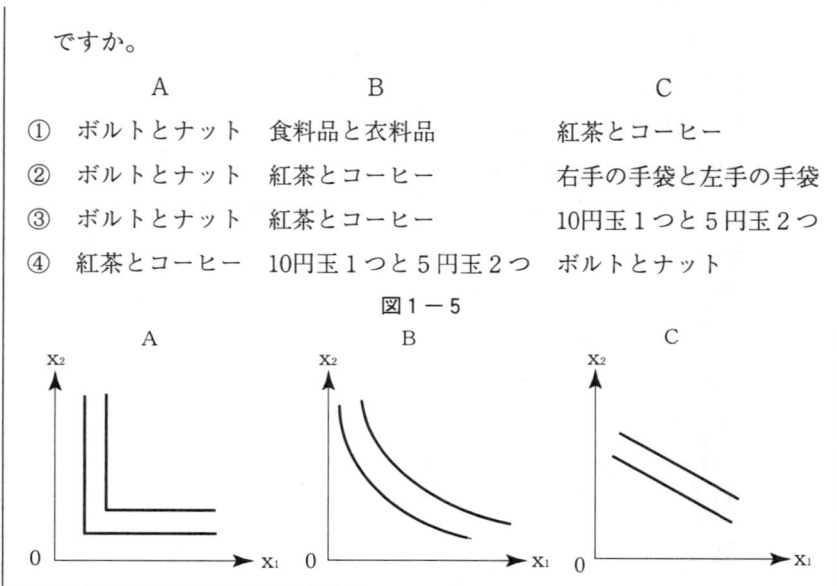

≪解答＆解答の解説≫

(1) 選好関係を図示したものは「無差別曲線」と呼ばれています。$U^i=$第 i 番目の大きさの序数的効用水準（例えば，$U^1=10$，$U^2=20$とするときは$20>10$だけで，20は10の2倍であることを意味しないのが序数です）とすれば，無差別曲線は$U^i=U^i(x_1, x_2)$を満たすx_1，x_2の組み合わせの軌跡，つまり等効用曲線です。消費者は無限の欲望をもっていますので，無限数の無差別曲線（無差別曲線群）が描かれます。

(2) 選好関係の性質の1つに単調性（財の量は多ければ多いほど好まれること）がありました。同じx_1の量であればx_2の多いものが，同じx_2の量であればx_1の多いものが好まれます。 答え ④

(3) 無差別曲線は次の4つの性質をもっています。
　① 厚さをもたない（無差別曲線が幅をもった太い線で描かれないこと）
　② 右下がり
　③ 交わらない

④ 原点に対して凸
(4) **答え** ②
(5) 無差別曲線の傾きは「限界代替率」と呼ばれています。第2財の第1財に対する限界代替率は，第1財を微小単位減らしたとき第2財をあと何単位増やせば，あるいは第2財を微小単位減らしたとき第1財をあと何単位増やせば，効用を現行水準に保てるかという比率です。限界代替率の大きさは無差別曲線上のどの点で測るかによって異なります。x_1 が多ければ多いほど，x_1 を微小単位減らしたときのダメージは小さく，効用を現行水準に維持するために必要な，すなわち x_1 に代替するための x_2 の追加的増加量は小さくて済みます。ですから，限界代替率は無差別曲線上の測定点が右下方になればなるほど小さくなります。これは「限界代替率逓減の法則」と呼ばれています。

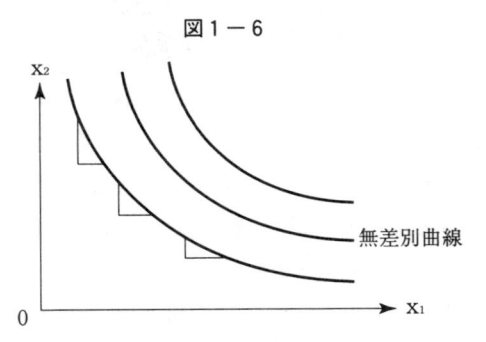

図1－6

(6) **答え** ③。A（ボルトとナット）は完全補完財，C（10円玉1つと5円玉2つ）は完全代替財の例です。

問題1－4：予算集合と予算制約線

(1) x_1，x_2 ＝第1，2財の消費量，P_1，P_2 ＝第1，2財の価格，E_0 ＝一定の所得とします。このときの予算集合と予算制約線を式で表しなさい。

(2) 予算集合と予算制約線を図示しなさい。図中に，縦軸切片，横軸切片，傾きを書き入れなさい。
(3) 第1財の価格の上昇は予算制約線をどのように変化させますか。
(4) 所得の増大は予算集合をどのように変化させますか。

≪解答＆解答の解説≫

(1) あれを欲しい，これを欲しいといっても，購入するためのお金がなくては話になりません。あれも欲しい，これも欲しいという消費者の欲望は無限ですが，消費者の予算は有限です。所与の価格と有限の予算（所得）の下で，選択可能な2財の組み合わせの集合は「予算集合」，その境界線は「予算線」とそれぞれ呼ばれています。

① 予算集合の式は $P_1 x_1 + P_2 x_2 \leqq E_0$ 答え です。
② 予算制約式は $P_1 x_1 + P_2 x_2 = E_0$ 答え です。

―【知っておきましょう】「所与の価格」と完全競争市場――――

　価格が1人の消費者にとって「所与(given)である」ということは，その消費者が価格を単独で上げ下げできないということです。交渉して価格を下げることができるならば，その消費者はある程度の買手独占者ということになります。消費者が価格を単独で上げ下げできないとき，その消費者は「完全競争市場に直面し，したがって価格は所与である」と言われます。

(2) 予算線 $P_1 x_1 + P_2 x_2 = E_0$ は $P_2 x_2 = -P_1 x_1 + E_0$ であり，両辺を P_2 で割り，

$$x_2 = -\frac{P_1}{P_2} x_1 + \frac{E_0}{P_2}$$

と書き換えることができます。傾きは $-\frac{P_1}{P_2}$ です。横軸切片は一定の所得で第1財のみを消費するときの最大量で，$\frac{E_0}{P_1}$ です。縦軸切片は一定の所得で第2財のみを消費するときの最大量で，$\frac{E_0}{P_2}$ です。

図1-7

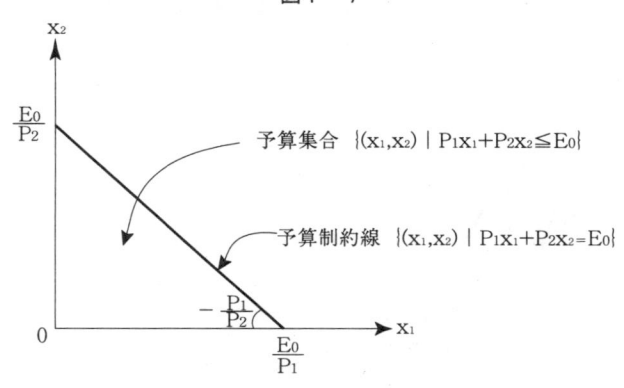

(3) 第1財の価格（P_1）の上昇は縦軸切片をそのままにしておいて，予算制約線を縦軸切片を中心に時計回りで回転させます（☞問題1-9(1)）。
(4) 所得（E_0）の増大は横軸切片（$\frac{E_0}{P_1}$）を右へ，縦軸切片（$\frac{E_0}{P_2}$）を上へシフト，つまり予算制約線を右上方へシフトさせ，これにより予算集合を拡大させます（☞問題1-8(1)）。

問題1-5：効用最大化と間接効用関数

ある1人の消費者が2つの財を消費しようとしています。消費者の効用関数は$U=U(x_1, x_2)=x_1 \cdot x_2$で与えられています。
ここで，
　x_1，x_2＝第1，2財の消費量，
　P_1，P_2＝第1，2財の価格，
　E_0＝消費者の所得（予算），
とします。
(1) この消費者の効用最大化問題を定式化しなさい。
(2) 効用最大化の1階の条件を満たしている点は図中のどれですか。

22　第1部　ミクロ経済学試験問題の全パターン

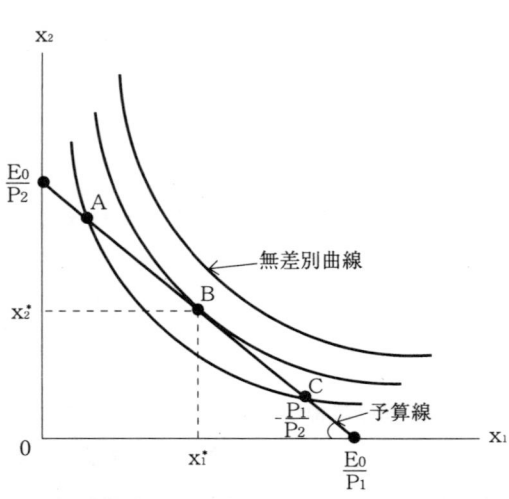

図1－8　無差別曲線・予算線と最適消費計画

[図：縦軸 x_2、横軸 x_1。縦軸切片 $\frac{E_0}{P_2}$、横軸切片 $\frac{E_0}{P_1}$ の予算線と無差別曲線。点A、B、Cが示され、B点で接している。B点から縦軸に x_2^*、横軸に x_1^* が対応。予算線の傾き $-\frac{P_1}{P_2}$。]

(3)　ここでの効用最大化問題を解いて、第1、2財の最適消費計画を求めなさい。

(4)　★ここでの間接効用関数を求めなさい。

≪解答＆解答の解説≫

(1)　ここでの効用最大化問題は次のように定式化されます。

　　　Max　$U = x_1 \cdot x_2$　　　　　（効用の最大化）
　　　s.t.　$P_1 x_1 + P_2 x_2 = E_0$　　（予算制約式）

「$x_1 \cdot x_2 =$ 一定（例えば、10, 20, 30）」の x_1 と x_2 の組み合わせ（無差別曲線）を図示すれば、それは直角双曲線と呼ばれるものになります。消費者は一方で無限の欲望（無限数の無差別曲線）をもち、他方で有限の所得（1本の予算線）をもっています。上記の「s.t.（……を条件としてのという subject to）」は、「予算制約線上にある（x_1, x_2）の組み合わせの中で」を意味し、「Max（最大化という Maximize）」は「最上位の無差別曲線に接すること」を意味しています。

(2)　効用最大化の1階の条件は図で言えば、「無差別曲線と予算制約線が接し

ていること」を意味しています。無差別曲線の傾きは限界代替率（MRS_{12} $=\dfrac{MU_1}{MU_2}$），予算制約線の傾きの絶対値は（$\dfrac{P_1}{P_2}$）ですので，効用最大化の1階の条件は，「限界代替率＝2財の価格比」あるいは「$\dfrac{MU_1}{MU_2}=\dfrac{P_1}{P_2}$」です。効用最大化の1階の条件を満たしている点はB点です。

---【知っておきましょう】　1階の条件と2階の条件---

　1階の条件は最大値・最小値のための（共通の）条件です。1階の条件が満たされていても，それだけでは最大か最小かがわかりません。2階の条件を調べないと，それが最大か最小かがわかりません。

① 利潤最大化の1階の条件

　限界利潤が正であるときは，まだ財の生産を増やせばよろしい。限界利潤が負であるときは，財の生産を減らせばよろしい。財の最適産出量は限界利潤がゼロであるときです。すなわち，π＝利潤，y＝産出量とすれば，$\dfrac{d\pi}{dy}=0$ です。$\dfrac{d\pi}{dy}$ は「1階の微分」と呼ばれていますので，$\dfrac{d\pi}{dy}=0$ は利潤最大化の1階の条件と呼ばれます。

② 利潤最大化の2階の条件

　山の頂上（利潤の最大）でも，谷の底（損失の最大）でも，$\dfrac{d\pi}{dy}=0$ ですので，両者を区別することが必要です。山の頂上のときは，上って（限界利潤は正），下ります（限界利潤は負）。谷の底のときは，下って（限界利潤は負），上ります（限界利潤は正）。したがって，山の頂上のときは，$\dfrac{d}{dy}\left(\dfrac{d\pi}{dy}\right)=\dfrac{d^2\pi}{dy^2}<0$，谷の底のときは，$\dfrac{d}{dy}\left(\dfrac{d\pi}{dy}\right)=\dfrac{d^2\pi}{dy^2}>0$ で表されます。$\dfrac{d^2\pi}{dy^2}$ は「2階の微分」と呼ばれていますので，$\dfrac{d^2\pi}{dy^2}<0$ は利潤最大化の2階の条件と呼ばれます。

(3)　ここでの効用最大化問題は次の2つの方法で解くことができます。
　① x_1，x_2 のいずれか1つの変数を消去する方法

　　目的関数（効用関数）を見れば，x_1，x_2 の2個の決定変数があることがわかります。しかし，予算制約式より，x_1^* が決まれば x_2^* が決まり，逆に

$x_2{}^*$ が決まれば $x_1{}^*$ が決まる関係にあることがわかります。ここで、*は主体均衡（最適消費計画）を表しています。つまり、この問題では、独立した決定変数は1個しかないのです。

$P_1 x_1 + P_2 x_2 = E_0$ より、 $x_2 = -\dfrac{P_1}{P_2} x_1 + \dfrac{E_0}{P_2}$ を得ます。

これをU関数に代入すると、

$$U = x_1 \cdot x_2 = x_1 \cdot \left(-\dfrac{P_1}{P_2} x_1 + \dfrac{E_0}{P_2}\right) = U(x_1)$$

を得ることができます。効用最大化問題は、

$$\text{Max} \quad U = x_1 \cdot \left(-\dfrac{P_1}{P_2} x_1 + \dfrac{E_0}{P_2}\right)$$
$$= -\dfrac{P_1}{P_2} x_1{}^2 + \dfrac{E_0}{P_2} x_1$$

になります。効用最大化の1階の条件は、

$$\dfrac{d}{d x_1} U = \dfrac{d U}{d x_1} = -2\dfrac{P_1}{P_2} x_1 + \dfrac{E_0}{P_2} = 0$$

です（☞数学マニュアルX）。効用最大化の2階の条件は、

$$\dfrac{d}{d x_1}\left(\dfrac{d U}{d x_1}\right) = \dfrac{d^2 U}{d x_1{}^2} = -2\dfrac{P_1}{P_2} < 0$$

です。効用最大化の1階の条件 $\dfrac{dU}{dx_1} = 0$ より、

$$x_1{}^* = \dfrac{E_0}{2 P_1} \quad (\text{答え：第1財についての最適消費計画})$$

を得ることができ、$x_1{}^*$ を予算制約式に代入すると、

$$x_2{}^* = -\dfrac{P_1}{P_2} x_1{}^* + \dfrac{E_0}{P_2}$$
$$= \dfrac{E_0}{2 P_2} \quad (\text{答え：第2財についての最適消費計画})$$

を得ることができます。

② ラグランジュ乗数法を用いる方法

以下のラグランジュ乗数法を用いた解法は、その手順を公式のようなつもりで理解および暗記して下さい。ラグランジュ乗数法はたいへん有用な方法です。

次のラグランジュ関数を作ります。$\lambda =$ ラグランジュ未定乗数（λ はギリシャ文字のラムダです）とすると、

$$Z = U(x_1, x_2) + \lambda \{E_0 - (P_1 x_1 + P_2 x_2)\}$$
$$= x_1 \cdot x_2 + \lambda \{E_0 - (P_1 x_1 + P_2 x_2)\} \quad (\text{ラグランジュ関数})$$
　　　（目的関数）　　　　　（制約条件）

Zが最大値をもつための1階の条件は次のものです。

$$Z_1 \equiv \frac{\partial Z}{\partial x_1} = U_1(x_1, x_2) - \lambda P_1 \quad (Zのx_1についての偏微分)$$
$$= x_2 - \lambda P_1 = 0$$

$$Z_2 \equiv \frac{\partial Z}{\partial x_2} = U_2(x_1, x_2) - \lambda P_2 \quad (Zのx_2についての偏微分)$$
$$= x_1 - \lambda P_2 = 0$$

$$Z_\lambda \equiv \frac{\partial Z}{\partial \lambda} = E_0 - (P_1 x_1 + P_2 x_2) = 0 \quad (制約条件)$$

上記の1階の条件式3本のうちの最初の2本の式より,

$$\lambda = \frac{x_2}{P_1} = \frac{x_1}{P_2}$$

ですので,

$$\frac{x_2}{x_1} = \frac{P_1}{P_2}$$

が得られます。左辺は $x_2 = \frac{\partial U}{\partial x_1} = MU_1$, $x_1 = \frac{\partial U}{\partial x_2} = MU_2$ ですので, 2財の限界効用の比率であり, 限界代替率と呼ばれているものです。右辺は2財の相対価格です。第1, 2財の最適消費計画は次の2個の未知数 x_1, x_2 をもつ, 2本の方程式を解くことによって求めることができます。

$$\frac{x_2}{x_1} = \frac{P_1}{P_2} \quad (限界代替率＝相対価格)$$
$$P_1 x_1 + P_2 x_2 = E_0 \quad (予算制約式)$$

かくて,

$$x_1^* = \frac{E_0}{2 P_1} \quad (\text{答え}：第1財についての最適消費計画)$$

$$x_2^* = \frac{E_0}{2 P_2} \quad (\text{答え}：第2財についての最適消費計画)$$

【知っておきましょう】 効用最大化の1階の条件

$$\frac{MU_1}{MU_2} = \frac{P_1}{P_2} \quad (限界代替率＝相対価格)$$
$$P_1 x_1 + P_2 x_2 = E_0 \quad (予算制約式)$$

の2式を暗記しておきましょう。そうすればラグランジュ乗数法を知らなくても, 最適消費計画 x_1^*, x_2^* を求めることができます。

> **【数学チェック】**
> $\dfrac{x_2}{x_1} = \dfrac{P_1}{P_2}$ より，$x_2 = \dfrac{P_1}{P_2} x_1$ を得ます。これを $P_1 x_1 + P_2 x_2 = E_0$ に代入します。$P_1 x_1 + P_2 x_2 = P_1 x_1 + P_2 \dfrac{P_1}{P_2} x_1 = 2 P_1 x_1 = E_0$ ですので，$x_1^* = \dfrac{E_0}{2 P_1}$ です。そして，これを $x_2 = \dfrac{P_1}{P_2} x_1$ に代入すると，$x_2^* = \dfrac{P_1}{P_2} x_1^* = \dfrac{P_1}{P_2} \left(\dfrac{E_0}{2 P_1} \right) = \dfrac{E_0}{2 P_2}$ が得られます。

> **【知っておきましょう】 ラグランジュ乗数法**
> 上記では，ラグランジュ関数が以下のように特定化されました。
> $Z = U(x_1, x_2) + \lambda \{ E_0 - (P_1 x_1 + P_2 x_2) \}$
> $\quad = x_1 \cdot x_2 + \lambda \{ E_0 - (P_1 x_1 + P_2 x_2) \}$ 　（ラグランジュ関数）
> 　（目的関数）　　　　（制約条件）
> Z の最大化は U の最大化を意味しています。ラグランジュ乗数法は便利な方法ですので，マスターしましょう。

(4) $U(x_1, x_2)$ が効用関数であるのに対し，$x_1 = x_1^*$，$x_2 = x_2^*$ を代入したときの効用関数 $U^*(x_1^*, x_2^*)$ は「間接効用関数」と呼ばれています。

$$U^* = x_1^* \cdot x_2^* = \dfrac{E_0}{2 P_1} \cdot \dfrac{E_0}{2 P_2}$$ 　**答え**：間接効用関数

問題 1－6：★効用最大化問題のコーナー解

ある1人の消費者が2つの財を消費しようとしています。消費者の効用関数は，$U = U(x_1, x_2) = 2 x_1 + x_2$ で与えられています。ここで，x_1，$x_2 =$ 第1，2財の消費量です。P_1，$P_2 =$ 第1，2財の価格，$E_0 =$ 消費者の所得（予算）とします。

(1) この消費者の効用最大化問題を定式化しなさい。
(2) 第1，2財の最適消費計画点を図示しなさい。
(3) 第1，2財の最適消費計画を求めなさい。

≪解答＆解答の解説≫

(1) ここでの効用最大化問題は次のように定式化されます。

Max　$U = U(x_1, x_2) = 2x_1 + x_2$　　（効用の最大化）

s.t.　$P_1 x_1 + P_2 x_2 = E_0$　　（予算制約式）

(2) この種の問題は図示しないと解けません。ミクロ経済学では図示できるものは図示して考えることが大切です。無差別曲線は $U_0 = U(x_1, x_2)$ を満たす x_1, x_2 の組み合わせの軌跡です。$U_0 = 10, 20, 30, \cdots$ としたとき，$10 = 2x_1 + x_2$ より $x_2 = -2x_1 + 10$ の，$20 = 2x_1 + x_2$ より $x_2 = -2x_1 + 20$ の無差別曲線を得ることができます。これらは縦軸切片が効用水準である直線です。

図1-9　最適消費計画のコーナー解

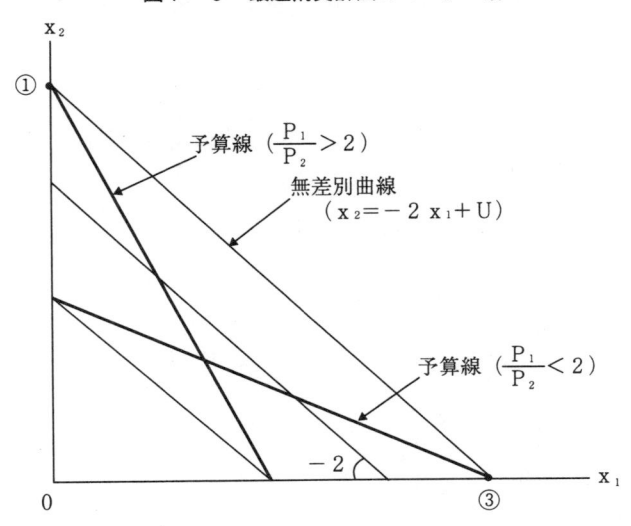

(3) 限界効用 $MU_1 = \dfrac{\partial U}{\partial x_1} = 2$，$MU_2 = \dfrac{\partial U}{\partial x_2} = 1$ であり，第1，2財の最適消費計画は次の2個の未知数 x_1, x_2 をもつ，2本の方程式を解くことによって求めることができます。

$MRS_{12} = \dfrac{MU_1}{MU_2} = \dfrac{2}{1} = \dfrac{P_1}{P_2}$　　（限界代替率＝相対価格）

$P_1 x_1 + P_2 x_2 = E_0$　　（予算制約式）

かくて,

① $\dfrac{P_1}{P_2} > 2$:　　$x_1^* = 0$,　　　　$x_2^* = \dfrac{E_0}{P_2}$　**答え**

② $\dfrac{P_1}{P_2} = 2$: $0 \leqq x_1^* \leqq \dfrac{E_0}{P_1}$, $0 \leqq x_2^* \leqq \dfrac{E_0}{P_2}$　**答え**

③ $\dfrac{P_1}{P_2} < 2$:　　$x_1^* = \dfrac{E_0}{P_1}$,　　$x_2^* = 0$　**答え**

①,③はコーナー解（端点解）と呼ばれています。

問題1－7：支出最小化と支出関数

ある1人の消費者が2つの財を消費しようとしています。消費者の効用関数は $U = U(x_1, x_2) = x_1 \cdot x_2$ で与えられています。ここで，x_1, x_2 ＝第1，2財の消費量です。P_1, P_2 ＝第1，2財の価格，E ＝消費者の所得（予算），U_0 ＝一定の効用とします。

(1) この消費者の支出最小化問題を定式化しなさい。

(2) 支出最小化の1階の条件を満たしている点は図中のどれですか。

図1－10

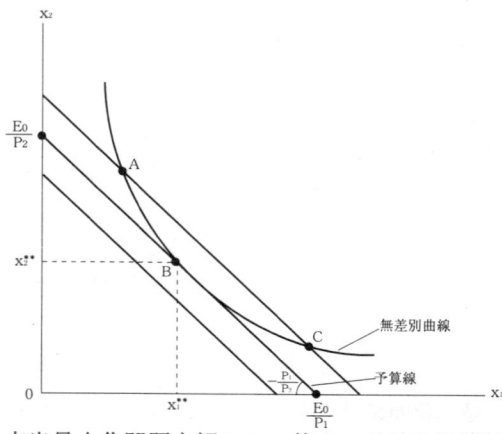

(3) ここでの支出最小化問題を解いて，第1，2財の最適消費計画を求めなさい。

(4) ★ここでの支出関数を求めなさい。

≪解答＆解答の解説≫

(1) 「**問題1－5**：効用最大化と間接効用関数」では一定の予算での効用最大化を考えました。発想を逆転して，「**問題1－7**：支出最小化と支出関数」は一定の効用水準を前提にしたうえでの，支出（予算）の最小化を考えるものです。効用最大化では，1本の予算制約線と無限数の無差別曲線を考え，消費者は予算制約線が最上位の無差別曲線と接する点（最適消費計画点）を求めました。支出最小化では，1本の無差別曲線と無限数の予算制約線（等支出線）を考え，消費者は無差別曲線が最下位の予算制約線と接する点（最適消費計画点）を求めます。

効用最大化問題が，

　　Max　$U = U(x_1, x_2) = x_1 \cdot x_2$　　　　（効用の最大化）
　　s.t.　$P_1 x_1 + P_2 x_2 = E_0$　　　　　　（1本の予算制約線）

であるのに対し，支出最小化問題は，

　　Min　$E = P_1 x_1 + P_2 x_2$　　　　　　　（支出の最小化）
　　s.t.　$U(x_1, x_2) = x_1 \cdot x_2 = U_0$　　　（1本の無差別曲線）

と定式化されます。上記の「s.t.（……を条件としてのという subject to）」は，「無差別曲線上にある (x_1, x_2) の組み合わせの中で」を意味し，「Min（最小化という Minimize）」は「最下位の予算制約線に接すること」を意味しています。

(2) 支出最小化の1階の条件は図で言えば，「無差別曲線と予算制約線が接していること」を意味しています。無差別曲線の傾きは限界代替率（$MRS_{12} = \dfrac{MU_1}{MU_2}$），予算制約線の傾きの絶対値は $\dfrac{P_1}{P_2}$ ですので，支出最小化の1階の条件は，「限界代替率＝2財の価格比」あるいは「$MRS_{12} = \dfrac{P_1}{P_2}$」です。支出最小化の1階の条件を満たしている点はB点です。

(3) ここでの支出最小化問題は次の2つの方法で解くことができます。

　① x_1，x_2のいずれか1つの変数を消去する方法

　　目的関数（支出方程式）を見れば，x_1，x_2の2個の決定変数があることがわかります。しかし，制約式（効用関数：$x_1 \cdot x_2 = U_0$）より，x_1^{**}が

決まれば $x_2{}^{**}$ が決まり，逆に $x_2{}^{**}$ が決まれば $x_1{}^{**}$ が決まる関係にあることがわかります。ここで，＊＊は主体均衡（最適消費計画）を表しています。つまり，この問題では，独立した決定変数は1個しかないのです。

$x_1 \cdot x_2 = U_0$ より，$x_2 = \dfrac{U_0}{x_1}$ を得ます。これを支出方程式に代入すると，

$$E = P_1 x_1 + P_2 x_2 = P_1 x_1 + P_2 \dfrac{U_0}{x_1}$$

を得ることができます。支出最小化問題は，

$$\text{Min} \quad E = P_1 x_1 + P_2 \dfrac{U_0}{x_1}$$

になります。支出最小化の1階の条件は，

$$\dfrac{d}{d x_1} E = \dfrac{d E}{d x_1} = P_1 - P_2 \dfrac{U_0}{x_1{}^2} = 0$$

です（☞ $\dfrac{1}{x_1}$ の微分については，数学マニュアルⅩ）。支出最小化の2階の条件は，

$$\dfrac{d}{d x_1}\left(\dfrac{d E}{d x_1}\right) = \dfrac{d^2 E}{d x_1{}^2} = \partial P_2 \dfrac{U_0}{x_1{}^3} > 0$$

です（☞ $\dfrac{1}{x_1{}^2}$ の微分については，数学マニュアルⅩ）。支出最小化の1階の条件 $\dfrac{d E}{d x_1} = 0$ より，

$$x_1{}^{**} = \left(\dfrac{P_2 U_0}{P_1}\right)^{\frac{1}{2}}$$ （**答え**：第1財についての最適消費計画）

を得ることができ，$x_1{}^{**}$ を制約式（効用関数）に代入すると，

$$x_2{}^{**} = \dfrac{U_0}{x_1{}^{**}} = \left(\dfrac{P_1 U_0}{P_2}\right)^{\frac{1}{2}}$$ （**答え**：第2財についての最適消費計画）

を得ることができます。

② ラグランジュ乗数法を用いる方法

次のラグランジュ関数を作ります（☞ p.26）。$\lambda =$ ラグランジュ未定乗数（λ はギリシャ文字のラムダです）とすると，

$$Z = E(x_1, x_2) + \lambda(U_0 - x_1 \cdot x_2)$$
$$= \underbrace{P_1 x_1 + P_2 x_2}_{\text{(目的関数)}} + \underbrace{\lambda(U_0 - x_1 \cdot x_2)}_{\text{(制約条件)}} \quad \text{（ラグランジュ関数）}$$

Z が最小値をもつための1階の条件は次のものです。

$$Z_1 \equiv \frac{\partial Z}{\partial x_1} = E_1(x_1, x_2) - \lambda x_2 = P_1 - \lambda x_2 = 0$$
（Z の x_1 についての偏微分）
$$Z_2 \equiv \frac{\partial Z}{\partial x_2} = E_2(x_1, x_2) - \lambda x_1 = P_2 - \lambda x_1 = 0$$
（Z の x_2 についての偏微分）
$$Z_\lambda \equiv \frac{\partial Z}{\partial \lambda} = U_0 - x_1 \cdot x_2 = 0 \qquad \text{（制約条件）}$$

上記の1階の条件式3本のうちの最初の2本の式より，
$$\lambda = \frac{P_1}{x_2} = \frac{P_2}{x_1}$$
ですので，
$$\frac{x_2}{x_1} = \frac{P_1}{P_2}$$
が得られます。左辺は $x_2 = \frac{\partial U}{\partial x_1} = MU_1$，$x_1 = \frac{\partial U}{\partial x_2} = MU_2$ ですので，2財の限界効用の比率であり，限界代替率と呼ばれているものです。右辺は2財の相対価格です。第1, 2財の最適消費計画は次の2個の未知数 x_1, x_2 をもつ，2本の方程式を解くことによって求めることができます。

$$\frac{x_2}{x_1} = \frac{P_1}{P_2} \qquad \text{（限界代替率＝相対価格）}$$
$$U(x_1, x_2) = x_1 \cdot x_2 = U_0 \qquad \text{（制約式：1本の無差別曲線）}$$

かくて，
$$x_1^{**} = \left(\frac{P_2 U_0}{P_1}\right)^{\frac{1}{2}} \quad \text{答え：第1財についての最適消費計画}$$
$$x_2^{**} = \left(\frac{P_1 U_0}{P_2}\right)^{\frac{1}{2}} \quad \text{答え：第2財についての最適消費計画}$$

(4) $E(x_1, x_2) = P_1 x_1 + P_2 x_2$ が支出方程式であるのに対し，$x_1 = x_1^{**}$，$x_2 = x_2^{**}$ を代入したときの $E^{**}(x_1^{**}, x_2^{**})$ は「支出関数」と呼ばれています。

$$\begin{aligned}
E^{**} &= P_1 x_1^{**} + P_2 x_2^{**} \\
&= P_1 \left(\frac{P_2 U_0}{P_1}\right)^{\frac{1}{2}} + P_2 \left(\frac{P_1 U_0}{P_2}\right)^{\frac{1}{2}} \\
&= (P_1 P_2 U_0)^{\frac{1}{2}} + (P_1 P_2 U_0)^{\frac{1}{2}} \\
&= 2(P_1 P_2 U_0)^{\frac{1}{2}} \quad \text{答え：支出関数}
\end{aligned}$$

---【より高度な学習のために】 効用最大化問題と支出最小化問題の双対性---

次の効用最大化問題と支出最小化問題を考えます。

　　　Max　$U=U(x_1, x_2)$　　　　　　　　　（効用の最大化）
　　　s.t.　$P_1 x_1 + P_2 x_2 = E_0 = P_1 x_1^{**} + P_2 x_2^{**}$（1本の予算制約線）

および

　　　Min　$E = P_1 x_1 + P_2 x_2$　　　　　　　（支出の最小化）
　　　s.t.　$U(x_1, x_2) = U_0 = U(x_1^*, x_2^*)$　　（1本の無差別曲線）

このとき，x_1^*，x_2^*（効用最大化問題の解）とx_1^{**}，x_2^{**}（支出最小化問題の解）は，$x_1^* = x_1^{**}$，$x_2^* = x_2^{**}$の関係にあることが2つの問題が「双対（そうつい）」であることを示しています。

問題1-8：所得消費曲線とエンゲル曲線

ある1人の消費者が2つの財を消費しようとしています。消費者の効用関数は$U = U(x_1, x_2) = x_1 \cdot x_2$で与えられています。ここで，$x_1$，$x_2$＝第1，2財の消費量です。第1，2財の価格を$P_1 = 6$，$P_2 = 2$，消費者の所得（予算）を$E_0$とします。
(1)　所得（予算）が変化したとき，予算制約線はどのように変化しますか。
(2)　所得消費曲線を求め，図示しなさい。
(3)　エンゲル曲線を求め，図示しなさい。

≪解答＆解答の解説≫

(1)　所得（E_0）の増大は横軸切片（$\frac{E_0}{P_1}$）を右へ，縦軸切片（$\frac{E_0}{P_2}$）を上へシフト，つまり予算制約線を右上方へシフトさせます（☞**問題1-4(4)**）。
(2)　ここでの効用最大化問題は次のように定式化されます。

　　　Max　$U = x_1 \cdot x_2$　　　　（効用の最大化）
　　　s.t.　$6 x_1 + 2 x_2 = E_0$　　（予算制約式）

「所得消費曲線」は所得が変化したときの最適消費計画（消費者の主体均

衡）の軌跡ですので，

$$\frac{MU_1(x_1, x_2)}{MU_2(x_1, x_2)} = \frac{P_1}{P_2}$$ （効用最大化の１階の条件：☞p.25）から求められます（☞**問題１－５(2)**）。

$MU_1 = x_2$，$MU_2 = x_1$，$P_1 = 6$，$P_2 = 2$ ですので，

$$\frac{x_2}{x_1} = \frac{6}{2}$$

つまり，$x_2 = \frac{6}{2} x_1 = 3 x_1$（**答え**：所得消費曲線）

が得られます。

所得（E_0）の増大により，予算制約線は，右上方へ平行シフトします。横軸切片 $\frac{E_0}{P_1}$ は右へ，縦軸切片 $\frac{E_0}{P_2}$ は上へシフトします。「所得消費曲線」は，所得が変化（$E_0 \to E_0' \to E_0''$ と増大：P_1，P_2 は一定のまま）したときの最適消費計画（消費者の主体均衡）点の軌跡として図示されます。

(3) エンゲル曲線は次の２本の方程式から x_2 を消去することによって得ることができます。

$$\frac{x_2}{x_1} = \frac{6}{2}$$ （限界代替率＝相対価格：所得消費曲線）

$$6 x_1 + 2 x_2 = E_0$$ （予算制約式）

つまり，$x_2 = \frac{6}{2} x_1 = 3 x_1$ ですので，

$$6 x_1 + 2 x_2 = 6 x_1 + 2 \times (3 x_1) = 12 x_1 = E_0$$

であり，

$$x_1 = \frac{1}{12} E_0$$ （**答え**：エンゲル曲線）

が得られます。

所得消費曲線より，所得が変化（$E_0 \to E_0' \to E_0''$ と増大：P_1，P_2 は一定のまま）したときの最適消費計画点の軌跡（$x_j^* \to x_j'^* \to x_j''^*$）を知ることができました。（$E_0 \to E_0' \to E_0''$）と（$x_j^* \to x_j'^* \to x_j''^*$）を対応させたものが「エンゲル曲線」です。

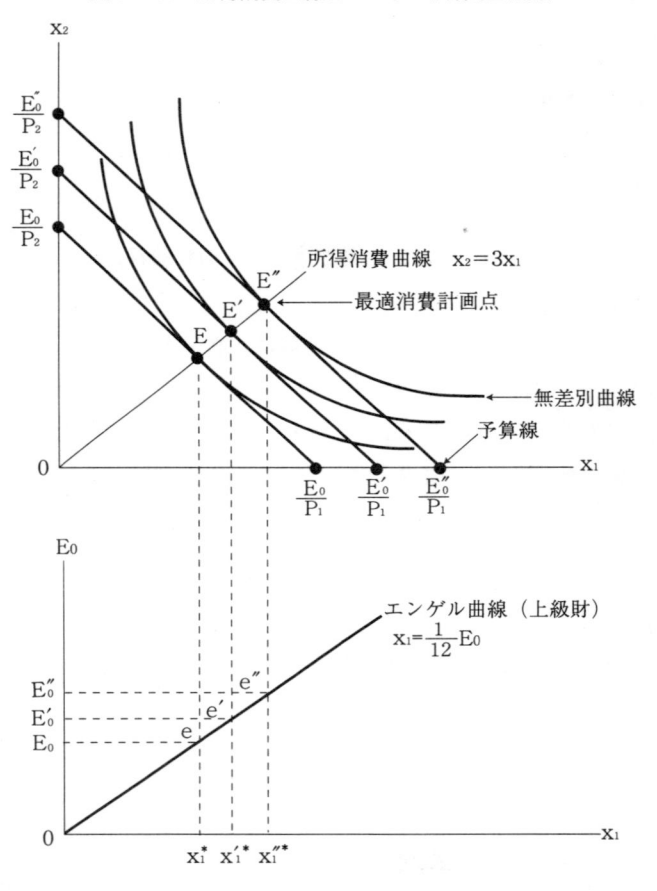

34　第1部　ミクロ経済学試験問題の全パターン

図1-11　所得消費曲線とエンゲル曲線(上級財)

所得消費曲線　$x_2 = 3x_1$
最適消費計画点
無差別曲線
予算線

エンゲル曲線（上級財）
$x_1 = \dfrac{1}{12}E_0$

問題1-9：価格消費曲線とマーシャルの需要関数（普通の需要関数）

ある1人の消費者が2つの財を消費しようとしています。消費者の効用関数は $U = U(x_1, x_2) = x_1(x_1 + x_2)$ で与えられています。ここで，x_1, $x_2 =$ 第1，2財の消費量です。P_1, $P_2 =$ 第1，2財の価格，E_0

＝消費者の所得（予算）とします。
(1) 第1財の価格（P_1）が上昇したとき，予算制約線はどのように変化しますか。
(2) 価格消費曲線を図示しなさい。
(3) $P_1=6$，$P_2=2$，$E_0=100$として，価格消費曲線を求めなさい。
(4) 第1，2財のマーシャルの需要関数（普通の需要関数）を求めなさい。
(5) いま$P_1=12$，$P_2=4$，$E_0=200$になったとき，第1，2財の最適消費量はどのように変化しますか。

≪解答＆解答の解説≫

(1) 第1財の価格（P_1）の上昇により，予算制約線は縦軸切片$\dfrac{E_0}{P_2}$を固定したまま，横軸切片$\dfrac{E_0}{P_1}$は左へ移動します。予算線は時計回りの回転をし，傾きは急になります（☞問題1−4(3)）。

(2) 価格が変化（ここでは，$P_1 \to P_1' \to P_1''$ と上昇：P_2，E_0は一定のまま）したときの最適消費計画（消費者の主体均衡）点の軌跡は「価格消費曲線」と呼ばれています（ただし，図1−12は一般のケースです）。

(3) ここでの効用最大化問題は次のように定式化されます。

　　　Max　$U = x_1(x_1 + x_2)$　　　（効用の最大化）
　　　s.t.　$P_1 x_1 + P_2 x_2 = E_0$　　（予算制約式）

「価格消費曲線」は，価格が変化（ここでは，$P_1 \to P_1' \to P_1''$ と上昇：P_2，E_0は一定のまま）したときの最適消費計画点（$x_1^* \to x_1'^* \to x_1''^*$）の軌跡ですので，$P_2=2$，$E_0=100$を定数，$x_1$，$x_2$，$P_1$を変数とし，次の2本の方程式から$P_1$を消去することによって得ることができます。

$$\dfrac{2x_1 + x_2}{x_1} = \dfrac{P_1}{2} \quad \text{（限界代替率＝相対価格）}$$
$$P_1 x_1 + 2 x_2 = 100 \quad \text{（予算制約式）}$$

つまり，
$$P_1 x_1 + 2 x_2 = \dfrac{2(2x_1 + x_2)}{x_1} x_1 + 2 x_2 = 100$$

36　第1部　ミクロ経済学試験問題の全パターン

より，$2(2x_1+x_2)+2x_2=4x_1+4x_2=100$ですので，

　　$x_2=-x_1+25$　　　　　　　　　　　（**答え**：価格消費曲線）

を得ることができます。

図1－12　価格消費曲線とマーシャルの個別需要曲線

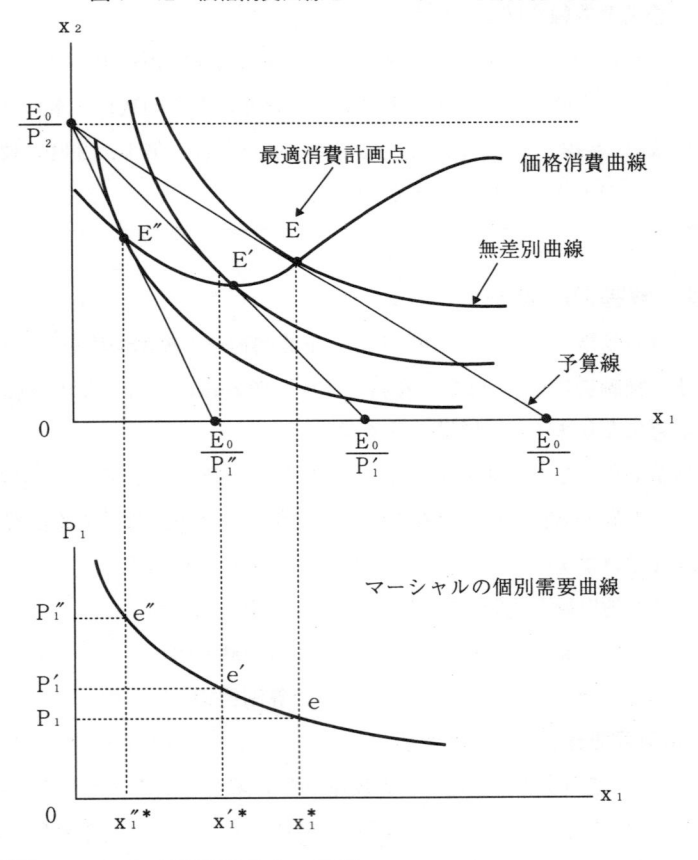

―【数学チェック】　限界代替率の計算―

$U=x_1(x_1+x_2)=x_1^2+x_1x_2$について，

$MU_1=\dfrac{\partial U}{\partial x_1}=2x_1+x_2$, $MU_2=\dfrac{\partial U}{\partial x_2}=x_1$ですので，

$MRS_{12}=\dfrac{MU_1}{MU_2}=\dfrac{2x_1+x_2}{x_1}$

(4) λ＝ラグランジュ未定乗数として，次のラグランジュ関数を作ります（☞ p.26）。

$$Z = U(x_1, x_2) + \lambda\{E_0 - (P_1 x_1 + P_2 x_2)\}$$
$$= x_1(x_1 + x_2) + \lambda\{E_0 - (P_1 x_1 + P_2 x_2)\} \quad \text{(ラグランジュ関数)}$$

　　（目的関数）　　　　　　（制約条件）

Z が最大値をもつための1階の条件は次のものです。

$$Z_1 \equiv \frac{\partial Z}{\partial x_1} = U_1(x_1, x_2) - \lambda P_1 \quad (Z の x_1 についての偏微分)$$
$$= 2x_1 + x_2 - \lambda P_1 = 0$$
$$Z_2 \equiv \frac{\partial Z}{\partial x_2} = U_2(x_1, x_2) - \lambda P_2 \quad (Z の x_2 についての偏微分)$$
$$= x_1 - \lambda P_2 = 0$$
$$Z_\lambda \equiv \frac{\partial Z}{\partial \lambda} = E_0 - (P_1 x_1 + P_2 x_2) = 0 \quad \text{(制約条件)}$$

$U_1(x_1, x_2) \equiv \dfrac{\partial U}{\partial x_1}$，$U_2(x_1, x_2) \equiv \dfrac{\partial U}{\partial x_2}$ はそれぞれ第1，2財の限界効用です。上記の1階の条件式3本のうちの最初の2本の式より，

$$\lambda = \frac{2x_1 + x_2}{P_1} = \frac{x_1}{P_2}$$

ですので，

$$\frac{2x_1 + x_2}{x_1} = \frac{P_1}{P_2} \quad \text{(限界代替率＝相対価格)}$$

が得られます。左辺は2財の限界効用の比率（$MU_1 = 2x_1 + x_2$，$MU_2 = x_1$ですので，$\dfrac{MU_1}{MU_2}$）であり，限界代替率と呼ばれているものです。右辺は2財の相対価格です。かくて，

$$\frac{2x_1 + x_2}{x_1} = \frac{P_1}{P_2} \quad \text{(限界代替率＝相対価格)}$$
$$P_1 x_1 + P_2 x_2 = E_0 \quad \text{(予算制約式)}$$

の2本の方程式から，第1，2財のマーシャルの需要関数（通常の需要関数）を得ることができます。すなわち，

$$x_1^* = \frac{E_0}{2(P_1 - P_2)} \quad \text{(答え：第1財の需要関数)}$$
$$x_2^* = \frac{(P_1 - 2P_2)E_0}{2(P_1 - P_2)P_2} \quad \text{(答え：第2財の需要関数)}$$

38　第1部　ミクロ経済学試験問題の全パターン

【知っておきましょう】　価格消費曲線とマーシャルの需要関数

　価格消費曲線より，価格が変化（$P_1 \rightarrow P_1' \rightarrow P_1''$ と上昇：P_2，E_0は一定のまま）したときの最適消費計画点（$x_1^* \rightarrow x_1'^* \rightarrow x_1''^*$）の軌跡を知ることができました。（$P_1 \rightarrow P_1' \rightarrow P_1''$）と（$x_1^* \rightarrow x_1'^* \rightarrow x_1''^*$）を対応させたものが「マーシャルの需要関数（普通の需要関数）」です。

---

(5)　$P_1 = 6$，$P_2 = 2$，$E_0 = 100$のときの効用最大化問題は，

　　　Max　$U = x_1(x_1 + x_2)$　　　（効用の最大化）
　　　s.t.　$6x_1 + 2x_2 = 100$　　　（予算制約式）

であり，$P_1 = 12$，$P_2 = 4$，$E_0 = 200$になったとき，効用最大化問題は，

　　　Max　$U = x_1(x_1 + x_2)$　　　（効用の最大化）
　　　s.t.　$12x_1 + 4x_2 = 200$　　　（予算制約式）

になります。両問題の予算制約式はまったく同じもの（両方とも縦軸切片，横軸切片はそれぞれ50，$\dfrac{100}{6}$）ですので，第1，2財の最適消費量は変わりません。

【より高度な学習のために】　k次同次関数

　k次同次関数とは，$\lambda^k x_i^*(P_1, P_2, E_0) = x_i^*(\lambda P_1, \lambda P_2, \lambda E_0)$のことです。$P_1$，$P_2$，$E_0$をすべて$\lambda$（ラムダ）倍したときの効用最大化の1階の条件は同じですので，x_1^*，x_2^*はP_1，P_2，E_0のゼロ次同次関数です。すなわち，$\lambda^0 = 1$であり，

　　　$x_1^* = \lambda^0 x_1^*(P_1, P_2, E_0) = x_1^*(\lambda P_1, \lambda P_2, \lambda E_0)$
　　　$x_2^* = \lambda^0 x_2^*(P_1, P_2, E_0) = x_2^*(\lambda P_1, \lambda P_2, \lambda E_0)$

問題1−10：マーシャルの需要関数とヒックスの需要関数

　ある1人の消費者が2つの財を消費しようとしています。消費者の効用関数は$U = U(x_1, x_2) = x_1 \cdot x_2$で与えられています。ここで，$x_1$，

x_2＝第1, 2財の消費量です。P_1, P_2＝第1, 2財の価格, E＝消費者の所得（予算），U＝効用とします。

(1) この消費者の効用最大化問題と支出最小化問題を定式化しなさい。
(2) マーシャルの需要関数（需要関数）を求めなさい。
(3) $P_1=5$, $P_2=4$, $E_0=160$ とするとき，効用を最大化する第1, 2財の最適消費量を求めなさい。
(4) ★ヒックスの需要関数（補償需要関数）を求めなさい。
(5) ★$P_1=2$, $P_2=5$, $U_0=250$ とするとき，支出を最小化する予算を求めなさい。
(6) ★当初，この消費者の所得は $E_0=80$，第1財の価格は $P_1=1$，第2財の価格は $P_2=4$ であった。いま，第1財の価格が上昇して4になったとすると，この消費者の効用水準を不変に保つためには所得はいくら増加しなくてはならないか。

≪解答＆解答の解説≫

(1) 効用最大化問題は次のように定式化されます。

  Max $U = x_1 \cdot x_2$ （効用の最大化：目的関数）
  s.t. $P_1 x_1 + P_2 x_2 = E_0$ （1本の予算制約線：制約式）

支出最小化問題は次のように定式化されます。

  Min $E = P_1 x_1 + P_2 x_2$ （支出の最小化：目的関数）
  s.t. $U(x_1, x_2) = x_1 \cdot x_2 = U_0$ （1本の無差別曲線：制約式）

(2) マーシャルの需要関数（需要関数）は次の2本の方程式から求めることができます（☞**問題1—9(4)**）。

$$\frac{MU_1(x_1, x_2)}{MU_2(x_1, x_2)} = \frac{P_1}{P_2}$$ （限界代替率＝相対価格）

$P_1 x_1 + P_2 x_2 = E_0$ （予算制約式）

つまり，本問題では，$MU_1 = x_2$，$MU_2 = x_1$ ですので，

$$\frac{x_2}{x_1} = \frac{P_1}{P_2}$$ （限界代替率＝相対価格）

$P_1 x_1 + P_2 x_2 = E_0$　　　（予算制約式）

の2本の方程式より，

$$x_1^* = \frac{E_0}{2P_1}$$　　（**答え**：第1財のマーシャルの需要関数）

$$x_2^* = \frac{E_0}{2P_2}$$　　（**答え**：第2財のマーシャルの需要関数）

を得ることができます（☞p.25）。

(3)　$x_1^* = \dfrac{E_0}{2P_1}$, $x_2^* = \dfrac{E_0}{2P_2}$ に，$P_1=5$，$P_2=4$，$E_0=160$

を代入すると，第1，2財の最適消費量は次のとおりです。

$$x_1^* = \frac{160}{2 \times 5} = 16$$　　（**答え**：第1財の最適消費量）

$$x_2^* = \frac{160}{2 \times 4} = 20$$　　（**答え**：第2財の最適消費量）

(4)　ヒックスの需要関数（補償需要関数）は次の2本の方程式から求めることができます（☞p.31）。

$$\frac{MU_1(x_1, x_2)}{MU_2(x_1, x_2)} = \frac{P_1}{P_2}$$　　（限界代替率＝相対価格）

$x_1 \cdot x_2 = U_0$　　（1本の無差別曲線：制約式）

つまり，本問題では，$MU_1 = x_2$，$MU_2 = x_1$ ですので，

$$\frac{x_2}{x_1} = \frac{P_1}{P_2}$$　　（限界代替率＝相対価格）

$x_1 \cdot x_2 = U_0$　　（1本の無差別曲線：制約式）

の2本の方程式より，

$$x_1^{**} = \left(\frac{P_2 U_0}{P_1}\right)^{\frac{1}{2}}$$　　（**答え**：第1財のヒックスの需要関数）

$$x_2^{**} = \left(\frac{P_1 U_0}{P_2}\right)^{\frac{1}{2}}$$　　（**答え**：第2財のヒックスの需要関数）

を得ることができます。

(5)　$x_1^{**} = \left(\dfrac{P_2 U_0}{P_1}\right)^{\frac{1}{2}}$, $x_2^{**} = \left(\dfrac{P_1 U_0}{P_2}\right)^{\frac{1}{2}}$ に $P_1=2$，$P_2=5$，$U_0=250$

を代入すると，第1，2財の最適消費量は，

$x_1^{**} = 25$　　　　（第1財の最適消費量）

$x_2^{**} = 10$　　　　（第2財の最適消費量）

ですので，支出を最小化する予算は，

$E^{**} = P_1 x_1^{**} + P_2 x_2^{**} = 2 \times 25 + 5 \times 10 = 100$ （**答え**：予算）です。

(6) 消費者の所得が80，第1財の価格が1，第2財の価格が4のときの効用最大化問題は次のように定式化されます。

  Max $U = x_1 x_2$ （効用の最大化：目的関数）
  s.t. $1 x_1 + 4 x_2 = 80$ （1本の予算制約線：制約式）

第1，2財の最適消費量は次の2本の方程式から求めることができます。

  $\dfrac{MU_1(x_1, x_2)}{MU_2(x_1, x_2)} = \dfrac{P_1}{P_2}$ （限界代替率＝相対価格）
  $P_1 x_1 + P_2 x_2 = E_0$ （予算制約式）

つまり，本問題では，$MU_1 = x_2$，$MU_2 = x_1$ですので，

  $\dfrac{x_2}{x_1} = \dfrac{1}{4}$ （限界代替率＝相対価格）
  $1 x_1 + 4 x_2 = 80$ （予算制約式）

の2本の方程式より，

  $x_1^* = 40$ （第1財の最適消費量）
  $x_2^* = 10$ （第2財の最適消費量）

を得ることができます。このときの最大効用は，

  $U^* = x_1^* x_2^* = 40 \times 10 = 400$

です。

第1財の価格が上昇して4になったとき，消費者の効用水準を$U^* = 400$に保つための予算は次の支出最小化問題を解くことによって得ることができます。

  Min $E = 4 x_1 + 4 x_2$ （支出の最小化：目的関数）
  s.t. $x_1 \cdot x_2 = 400$ （1本の無差別曲線：制約式）

すなわち，支出を最小化する第1，2財の最適消費量は次の2本の方程式から求めることができます。

  $\dfrac{MU_1(x_1, x_2)}{MU_2(x_1, x_2)} = \dfrac{P_1}{P_2}$ （限界代替率＝相対価格）
  $x_1 \cdot x_2 = 400$ （1本の無差別曲線：制約式）

つまり，$MU_1 = x_2$，$MU_2 = x_1$ですので，

$\dfrac{x_2}{x_1} = \dfrac{4}{4}$ 　　　　　　　（限界代替率＝相対価格）

$x_1 \cdot x_2 = 400$ 　　　　　　　（１本の無差別曲線：制約式）

の２本の方程式より，

$x_1^{**} = 20$ 　　　　　　　（第１財の最適消費量）

$x_2^{**} = 20$ 　　　　　　　（第２財の最適消費量）

を得ることができます。支出を最小化する予算は，

$E^{**} = 4x_1^{**} + 4x_2^{**} = (4 \times 20) + (4 \times 20) = 160$

であり，かくて，この消費者の効用水準を不変に保つためには所得は，
$160 - 80 = 80$ **答え** 増加しなくてはならない。

図１−13

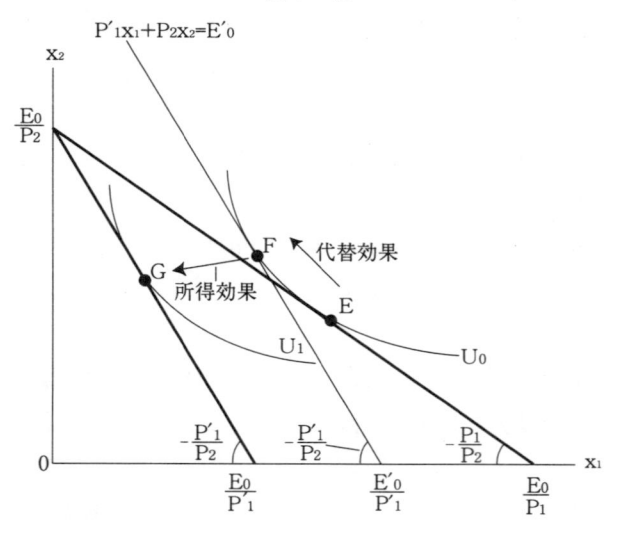

問題１−11：需要の価格弾力性と需要の所得弾力性

ある１人の消費者が２つの財を消費しようとしています。消費者の効用関数は $U = U(x_1, x_2) = 3x_1^a \cdot x_2^b$ で与えられています。ここで，x_1，x_2＝第１，２財の消費量です。P_1，P_2＝第１，２財の価格，E_0＝消費

者の所得（予算）とします。

(1) 第1財のマーシャルの需要関数を求めなさい。

(2) 第1財の需要の価格弾力性を求めなさい。

(3) 下図において，DD′は財X_1の需要曲線です。価格P_1がOAからOCに上昇したとき，需要の価格弾力性は次のうちどれですか。

① $\dfrac{EB}{AC} \cdot \dfrac{OA}{OE}$

② $\dfrac{EB}{OC} \cdot \dfrac{OA}{OB}$

③ $\dfrac{OE}{OA} \cdot \dfrac{OC}{OB}$

④ $\dfrac{EB}{AC} \cdot \dfrac{OA}{OB}$

図1－14

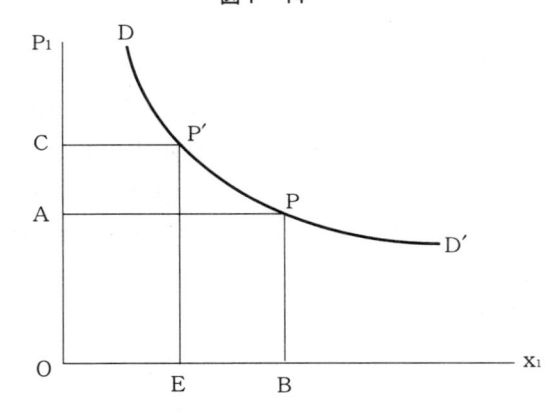

(4) ①〜⑤の需要曲線の中で，曲線上のどの点においても需要の価格弾力性が1となるものはどれですか。

図1－15

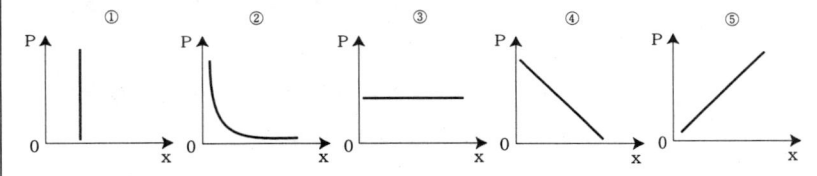

44　第1部　ミクロ経済学試験問題の全パターン

(5) 需要の価格弾力性（ε_D）に関する以下の記述のうち，正しいものはどれですか。

① $\varepsilon_D < 1$ のとき，価格が上昇すれば総収入は減少する。
② $\varepsilon_D < 1$ のとき，価格が下落すれば総収入は増加する。
③ $\varepsilon_D = 1$ のとき，価格が変化しても総収入は変化しない。
④ $\varepsilon_D > 1$ のとき，価格が上昇すれば総収入は増加する。
⑤ $\varepsilon_D > 1$ のとき，価格が下落すれば総収入は減少する。

(6) 第1財の需要の所得弾力性を求めなさい。

(7) 需要の所得弾力性を用いて，必需財と奢侈財のちがいを説明しなさい。

(8) 「所得が上昇するにつれて，エンゲル係数が低下するので，食料品は必需財である。」と言われます。これを説明しなさい。

≪解答＆解答の解説≫

(1) 「$U = 3x_1^a \cdot x_2^b$」は「コブ・ダグラス型」効用関数と呼ばれ，このタイプの関数はよく出題されます。効用最大化問題は次のように定式化されます。

$\text{Max} \quad U = 3x_1^a \cdot x_2^b$ 　　　（効用の最大化：目的関数）

$\text{s.t.} \quad P_1 x_1 + P_2 x_2 = E_0$ 　　　（1本の予算制約線：制約式）

λ ＝ラグランジュ未定乗数として，次のラグランジュ関数を作ります（☞ p.26）。

$Z = U(x_1, x_2) + \lambda \{E_0 - (P_1 x_1 + P_2 x_2)\}$

$\quad = 3x_1^a \cdot x_2^b + \lambda \{E_0 - (P_1 x_1 + P_2 x_2)\}$ 　（ラグランジュ関数）

　　（目的関数）　　　　　（制約条件）

Z が最大値をもつための1階の条件は次のものです。

$Z_1 \equiv \dfrac{\partial Z}{\partial x_1} = U_1(x_1, x_2) - \lambda P_1$ 　（Zのx_1についての偏微分）

$\qquad = 3a x_1^{a-1} \cdot x_2^b - \lambda P_1 = 0$

$Z_2 \equiv \dfrac{\partial Z}{\partial x_2} = U_2(x_1, x_2) - \lambda P_2$ 　（Zのx_2についての偏微分）

$\qquad = 3x_1^a \cdot b x_2^{b-1} - \lambda P_2 = 0$

$Z_\lambda \equiv \dfrac{\partial Z}{\partial \lambda} = E_0 - (P_1 x_1 + P_2 x_2) = 0$ 　　　（制約条件）

第1章 消費者行動の理論　45

上記の1階の条件式3本のうちの最初の2本の式より，

$$\lambda = \frac{3a\,x_1^{a-1} \cdot x_2^b}{P_1} = \frac{3x_1^a \cdot b\,x_2^{b-1}}{P_2}$$

ですので，

$$\frac{3a\,x_1^a\,\frac{1}{x_1} \cdot x_2^b}{3x_1^a \cdot b\,x_2^b\,\frac{1}{x_2}} = \frac{P_1}{P_2}$$

が得られます。左辺は2財の限界効用の比率（$\frac{MU_1}{MU_2}$）であり，限界代替率と呼ばれているものです。右辺は2財の相対価格です。上記の式を整理します（☞指数の法則については，数学マニュアルⅢ）。

$$\frac{a}{b} \cdot \frac{x_2}{x_1} = \frac{P_1}{P_2} \quad \text{（限界代替率＝相対価格）}$$

$$P_1 x_1 + P_2 x_2 = E_0 \quad \text{（予算制約式）}$$

上記は2本の方程式と2個の未知数 x_1，x_2 をもっています。かくて，

$$x_1^* = \frac{a}{a+b} \cdot \frac{E_0}{P_1} \quad \text{（\fbox{答え}：第1財の需要関数）}$$

$$x_2^* = \frac{b}{a+b} \cdot \frac{E_0}{P_2} \quad \text{（第2財の需要関数）}$$

を得ることができます。

(2) 第1財の需要の価格弾力性（ε_{D1}）の定義と具体値は次のとおりです。求め方には2通りあります。

① $\quad \varepsilon_{D1} \equiv -\dfrac{\dfrac{dx_1}{x_1}}{\dfrac{dP_1}{P_1}}$

$\quad\quad\quad \equiv -\dfrac{\partial x_1}{\partial P_1} \cdot \dfrac{P_1}{x_1} \quad$（定義）

第1財の需要関数は $x_1^* = \dfrac{a}{a+b} \cdot \dfrac{E_0}{P_1}$ ですので，

$$\frac{\partial x_1^*}{\partial P_1} = \frac{a}{a+b} \cdot \left(\frac{-E_0}{P_1^2}\right)$$

であり（☞ $\dfrac{1}{P_1}$ の微分については，数学マニュアルⅩ），

$x_1^* = \dfrac{a}{a+b} \cdot \dfrac{E_0}{P_1}$ を考慮して，

$\varepsilon_{D1} = 1 \quad$ \fbox{答え}

② $\varepsilon_{D1} \equiv -\dfrac{\partial (\ln x_1)}{\partial (\ln P_1)}$

$\equiv -\dfrac{\partial}{\partial (\ln P_1)}(\ln x_1)$　（定義：☞数学マニュアルⅩ）

これは $\ln x_1$ を $\ln P_1$ で偏微分することを意味しています。

$x_1^* = \dfrac{a}{a+b} \cdot \dfrac{E_0}{P_1}$ の自然対数をとると，

$\ln x_1^* = \ln \dfrac{a}{a+b} + \ln E_0 - \ln P_1$

ですので，

$\varepsilon_{D1} \equiv -\dfrac{\partial (\ln x_1^*)}{\partial (\ln P_1)} = -(-1) = 1$　**答え**

【知っておきましょう】 $\dfrac{d(\ln y)}{d(\ln x)}$

$\dfrac{d(\ln y)}{dy} = \dfrac{1}{y}$ ですので，$d(\ln y) = \dfrac{dy}{y}$

$\dfrac{d(\ln x)}{dx} = \dfrac{1}{x}$ ですので，$d(\ln x) = \dfrac{dx}{x}$

⇩

$\dfrac{d(\ln y)}{d(\ln x)} = \dfrac{\dfrac{dy}{y}}{\dfrac{dx}{x}}$ （弾力性の定義）

【数学チェック】 常用対数と自然対数の「対数の法則」

常用対数（log）は10を底とし，自然対数（ln）はeを底としています。

$x_1^* = \dfrac{a}{a+b} \cdot \dfrac{E_0}{P_1}$ の自然対数をとると，

$\ln x_1^* = \ln \left(\dfrac{a}{a+b} \cdot \dfrac{E_0}{P_1} \right)$

であり，$\ln \left(\dfrac{a}{a+b} \cdot \dfrac{E_0}{P_1} \right)$ は対数の法則（☞数学マニュアルⅧ）を用いて，

$\ln \left(\dfrac{a}{a+b} \cdot \dfrac{E_0}{P_1} \right)$

$= \ln \dfrac{a}{a+b} + \ln E_0 - \ln P_1$

になります。水準の掛け算は対数をとると足し算（＋），割り算は対数をとると引き算（－）になります。

(3) 一般には，需要の価格弾力性の大きさは需要曲線上のどこで測るかによって異なります。④は点Pにおける需要の価格弾力性です。

(4) **答え** ②

(5) 第1財の需要関数 $x_1^* = \dfrac{a}{a+b} \cdot \dfrac{E_0}{P_1}$ からは，両辺に P_1 をかけて，

$$P_1 x_1^* = \dfrac{a}{a+b} E_0 \quad (\text{収入})$$

を得ることができます。$P_1 x_1^*$（収入）の大きさは $\dfrac{a}{a+b} E_0$ で，P_1 には依存していません。つまり，$\varepsilon_D = 1$（☞本問題の(2)）のときは，価格が変化しても総収入は変化しません。したがって，**答え** ③。

一般には，R＝収入，P＝価格，x＝数量（需要量）とすると，

$$R = P \cdot x(P) \quad (\text{収入})$$

です。価格が変化したときの収入の変化を見るために，RをPで微分すると，

$$\dfrac{dR}{dP} = \dfrac{dP}{dP} x + P \dfrac{dx}{dP}$$
$$= x + P \dfrac{dx}{dP} \quad (\text{☞数学マニュアルX})$$

であり，

$$\varepsilon_D \equiv -\dfrac{\dfrac{dx}{x}}{\dfrac{dP}{P}}$$
$$\equiv -\dfrac{dx}{dP} \cdot \dfrac{P}{x} \quad (\text{価格弾力性の定義})$$

ですので，

$$\dfrac{dR}{dP} = x - \varepsilon_D x$$
$$= (1 - \varepsilon_D) x$$

が得られます。したがって，

$\varepsilon_D < 1$ のとき，$\dfrac{dR}{dP} > 0$ （価格上昇によって収入増加）

$\varepsilon_D = 1$ のとき，$\dfrac{dR}{dP} = 0$ （価格上昇によって収入不変）

$\varepsilon_D > 1$ のとき，$\dfrac{dR}{dP} < 0$ （価格上昇によって収入減少）

です。

(6) 第1財の需要の所得弾力性（ε_E）の定義と具体値は次のとおりです。求め方には2通りあります。

① $\varepsilon_E \equiv \dfrac{\dfrac{dx_1}{x_1}}{\dfrac{dE_0}{E_0}}$

$\equiv \dfrac{\partial x_1}{\partial E_0} \cdot \dfrac{E_0}{x_1}$ （定義）

第1財の需要関数は $x_1^* = \dfrac{a}{a+b} \cdot \dfrac{E_0}{P_1}$ ですので，

$\dfrac{\partial x_1^*}{\partial E_0} = \dfrac{a}{a+b} \cdot \dfrac{1}{P_1}$

であり（☞数学マニュアルX），

$x_1^* = \dfrac{a}{a+b} \cdot \dfrac{E_0}{P_1}$ を考慮すれば，

$\dfrac{E_0}{x_1^*} = \dfrac{a+b}{a} P_1$

ですので，

$\varepsilon_E = \dfrac{a}{a+b} \cdot \dfrac{1}{P_1} \cdot \dfrac{a+b}{a} \cdot P_1 = 1$ **答え**

② $\varepsilon_E \equiv \dfrac{\partial (\ln x_1)}{\partial (\ln E_0)}$

$\equiv \dfrac{\partial}{\partial (\ln E_0)} \ln x_1$ （定義：☞数学マニュアルX）

これは $\ln x_1$ を $\ln E_0$ で偏微分することを意味しています。

$x_1^* = \dfrac{a}{a+b} \cdot \dfrac{E_0}{P_1}$ の自然対数をとると（☞p.46），

$\ln x_1^* = \ln \dfrac{a}{a+b} + \ln E_0 - \ln P_1$

ですので，

$\varepsilon_E \equiv \dfrac{\partial (\ln x_1^*)}{\partial (\ln E_0)} = 1$ **答え**

(7) 需要の所得弾力性がプラスであるけれども1より小さい財は**必需財**，1より大きい財は**奢侈財**と呼ばれています。

(8) 第1財を食料品とすれば，支出割合 $\dfrac{P_1 x_1}{E_0}$ は「エンゲル係数」と呼ばれています。$\theta_1 = \dfrac{P_1 x_1}{E_0}$ とおくとき，価格 P_1 を一定とすれば，$\dfrac{dP_1}{P_1} =$

0 ですので,
$$\frac{d\theta_1}{\theta_1} = \frac{dx_1}{x_1} - \frac{dE_0}{E_0}$$
であり, 第1財の需要の所得弾力性 (ε_E) は,
$$\varepsilon_E \equiv \frac{\dfrac{dx_1}{x_1}}{\dfrac{dE_0}{E_0}}$$
と定義されていますので, $\dfrac{dx_1}{x_1} = \varepsilon_E \cdot \dfrac{dE_0}{E_0}$
であり (☞下の【数学チェック】), かくて,
$$\frac{d\theta_1}{\theta_1} = (\varepsilon_E - 1)\frac{dE_0}{E_0}$$
が得られます。「所得が上昇するにつれて, エンゲル係数が低下する」のは ($\varepsilon_E - 1$) ＜ 0 のとき, すなわち需要の所得弾力性 (ε_E) が1より小さいときです。需要の所得弾力性がプラスであるけれども1より小さい財は必需財であり, かくて食料品は必需財です。

【数学チェック】 水準から成長率への変換

$\theta_1 = \dfrac{P_1 x_1}{E_0}$ においては, θ_1, P_1, x_1, E_0 はすべて水準です。これらのすべてを成長率で表すと, P_1, x_1 は分子にありますので足し算 (＋) で, E_0 は分母にありますので引き算 (－) で表されます。つまり,

$$\theta_1 = \frac{P_1 x_1}{E_0} \quad (水準)$$

$$\frac{d\theta_1}{\theta_1} = \frac{dP_1}{P_1} + \frac{dx_1}{x_1} - \frac{dE_0}{E_0} \quad (成長率)$$

です。上記の問題では, P_1 は一定ですので, $\dfrac{dP_1}{P_1} = 0$ になっています。

50　第1部　ミクロ経済学試験問題の全パターン

問題1－12：代替効果・所得効果とヒックスの需要曲線・マーシャルの需要曲線

ある消費者の無差別曲線（$U = x_1 \cdot x_2$）と予算制約線（$P_1 x_1 + P_2 x_2 = E_0$）が下図のように与えられているとき，以下の問いに答えなさい。

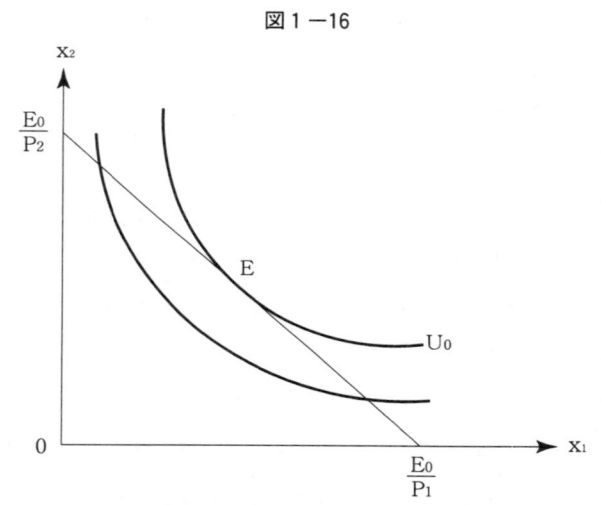

図1－16

(1) 第1財の価格（P_1）が上昇した場合の，代替効果と所得効果（スルツキー分解）を図示しなさい。

(2) 問(1)で図示された代替効果と所得効果を踏まえて，第1財のヒックスの需要曲線（補償需要曲線）を図示しなさい。

(3) 補償需要曲線の「補償」の意味を説明しなさい。

(4) 問(1)で図示された代替効果と所得効果を踏まえて，第1財のマーシャルの需要曲線を図示しなさい。

≪解答＆解答の解説≫

(1) P_1の上昇により，予算制約線は縦軸切片$\dfrac{E_0}{P_2}$を固定したまま，時計回りの回転をします（☞問題1－9(1)）。予算を補償すること（$E_0 \to E_0'$）によって，新しい予算線と同じ傾きをもち，元の効用水準U_0の無差別曲線と

接する架空の予算線,

$$x_2 = -\frac{P_1'}{P_2} x_1 + \frac{E_0'}{P_2}$$

を描くことができます。この架空の予算線と効用水準U_0の無差別曲線との接点がF点です。P_1の上昇（$P_1 \to P_1'$）による最適消費計画点の変化（E点→G点）は「E点－（代替効果）→F点－（所得効果）→G点」に分解されます。このような分解は「スルツキー分解」と呼ばれています。

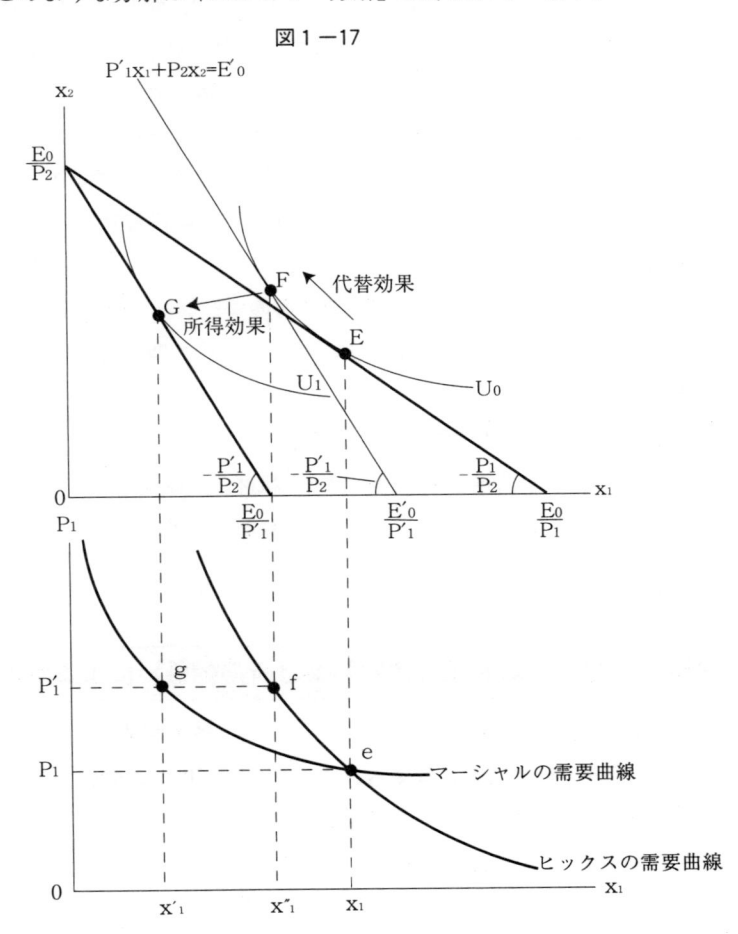

図 1 －17

(2) 代替効果はE点→F点で表されています。代替効果だけを考えれば，P_1の上昇は，必ずや第1財の購入量を減少させます。第1財の価格が高くなれば，消費者は第1財の購入を減らし，第2財の購入で代替します。

$$x_1^{**} = x_1^{**}(P_1 : P_2, U_0) \quad (第1財のヒックスの需要関数)$$

です（：以下のP_2，U_0は一定で，x_1^{**}がP_1の関数であることを示しています）。

(3) 価格が変化したとき，予算集合は変化するので，新しい最適消費計画の効用水準は価格が変化する前に達成されていた効用水準とは異なったものになります。しかし，価格が変化しても，所得を増減すれば，つまり予算集合を変化させれば，価格が変化する前に達成されていた効用水準を維持することができるのであり，このような所得の増減は「補償」と呼ばれています。

(4) P_1の上昇による最適消費計画点の全体の変化は代替効果と所得効果の両方を含んでいます。

$$x_1^{*} = x_1^{*}(P_1 : P_2, E_0) \quad (第1財のマーシャルの需要関数)$$

ですので（：以下のP_2，E_0は一定で，x_1^{*}がP_1の関数であることを示しています），

P_1の上昇→（代替効果）→x_1^{*}の減少

P_1の上昇→（所得効果）→x_1^{*}（上級財）の減少

x_1^{*}（下級財）の増大

です。

問題1−13：全体効果（代替効果と所得効果）による財の分類

ある消費者の無差別曲線（$U = x_1 \cdot x_2$）と予算制約線（$P_1 x_1 + P_2 x_2 = E_0$）が下図のように与えられているとき，以下の問いに答えなさい。

図1—16

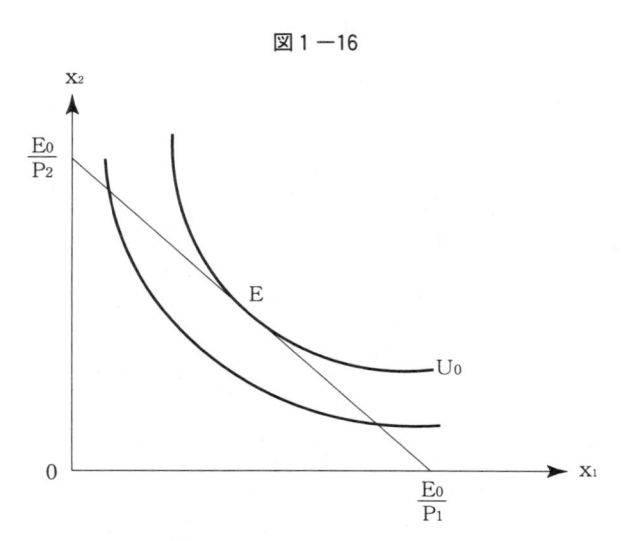

(1) P_1の上昇による所得効果を説明しなさい。
(2) 上級財（正常財）と下級財（劣等財）のちがいを説明しなさい。
(3) ギッフェン財とは何ですか。

≪解答＆解答の解説≫

(1) P_1の上昇による予算集合の縮小の効果は「所得効果」と呼ばれています（☞図1—17のF点→G点）。

(2) 予算集合が縮小したとき，最適消費量が減少する財は上級財（正常財），増大する財は下級財（劣等財）と呼ばれています。つまり，

$$x_1^* = x_1^*(P_1, P_2, E_0) \quad \text{（第1財のマーシャルの需要関数）}$$

とすると，第1財は，

$\dfrac{\partial x_1^*}{\partial E_0} > 0$ のとき，上級財（正常財）

$\dfrac{\partial x_1^*}{\partial E_0} < 0$ のとき，下級財（劣等財）

と呼ばれています。

(3) $x_1^* = x_1^*(P_1, P_2, E_0)$ （第1財のマーシャルの需要関数）

図1−18

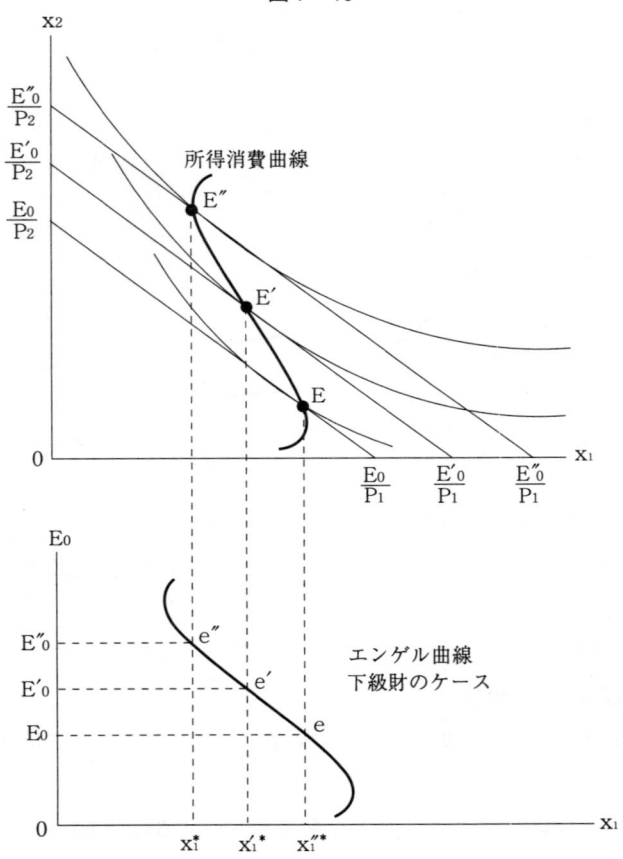

(図:上段 — 所得消費曲線、x_2軸上に $\frac{E_0}{P_2}$、$\frac{E'_0}{P_2}$、$\frac{E''_0}{P_2}$、x_1軸上に $\frac{E_0}{P_1}$、$\frac{E'_0}{P_1}$、$\frac{E''_0}{P_1}$、均衡点 E、E'、E'')

(図:下段 — エンゲル曲線 下級財のケース、縦軸 E_0 に E_0、E'_0、E''_0、横軸 x_1 に x_1^*、x'^*_1、x''^*_1、点 e、e'、e'')

とすると,

　　　P_1の上昇→(代替効果)→x_1^*の減少

　　　P_1の上昇→(所得効果:予算集合の縮小)→x_1^*(上級財)の減少

　　　　　　　　　　　　　　　　　　　　　　x_1^*(下級財)の増大

であり,財は次のように分類されます。

① 上　級　財

$$\frac{\partial x_1^*}{\partial P_1} < 0$$

② 下級財かつ「代替効果＞所得効果」

$$\frac{\partial x_1^*}{\partial P_1} < 0$$

③ 下級財かつ「代替効果＜所得効果」（ギッフェン財）

$$\frac{\partial x_1^*}{\partial P_1} > 0$$

下級財で，かつ所得効果が代替効果を上回る財はギッフェン財と呼ばれています。ギッフェン財のマーシャルの需要曲線は右上がりになります。

問題1－14：代替財と補完財

(1) 第2財の価格が上昇したとき，効用水準が一定に保たれるように所得の補償がなされたもとで，第1財の需要がどれだけ変化するかを考えます。

① 財が2種類（第1財と第2財）しか存在しない場合，第1財の需要は増加しますか，減少しますか。

② 第1財と第2財は代替財ですか，補完財ですか。

(2) ★粗代替財と粗補完財のちがいを説明しなさい。

≪解答＆解答の解説≫

(1) ヒックスの需要関数を，

$x_1^{**} = x_1^{**}(P_1, P_2, U_0)$　（第1財のヒックスの需要関数）

とします。

① $\dfrac{\partial x_1^{**}}{\partial P_2} > 0$　（交差代替効果）

つまり，第2財の価格が上昇したとき，価格変化前の効用水準を維持するように所得の補償が行われれば，第1財の需要は増加します。

② 2財は必ずや代替財の関係にあります。しかし，3財以上のときはすべての財が互いに代替財になるとは限りません。

(2) マーシャルの需要関数を，

$x_1^* = x_1^*(P_1, P_2, E_0)$　（第1財のマーシャルの需要関数）

とします。

　　P$_2$の上昇→（代替効果）→x$_1^*$の増大
　　P$_2$の上昇→（所得効果：予算集合の縮小）→x$_1^*$（上級財）の減少
　　　　　　　　　　　　　　　　　　　　　　　　x$_1^*$（下級財）の増大

であり，粗代替財と粗補完財は次のように定義されます。

① 粗代替財

$\dfrac{\partial x_1^*}{\partial P_2} > 0$ のとき，第1財と第2財は「粗代替財」であると呼ばれます。すなわち，第2財の価格が上昇したとき第2財の購入量は減少しますが，第1財の購入量は第2財に代替するために増加します。

② 粗補完財

$\dfrac{\partial x_1^*}{\partial P_2} < 0$ のとき，第1財と第2財は「粗補完財」であると呼ばれます。すなわち，第2財の価格が上昇したとき第2財の購入量は減少し，第1財の購入量は第2財と同様に減少します。

問題1－15：労働供給

ある個人の1日（24時間）当たりの最適な労働供給決定の問題を考えます。個人の効用関数はU＝U（x$_1$, x$_2$）＝x$_1$・x$_2$で与えられています。ここで，x$_1$＝財の消費量，x$_2$＝余暇の消費量です。財の単位価格をP，余暇の単位価格（機会費用：労働1時間当たりの貨幣賃金率）をwとします。

(1) この個人の予算制約式を求めなさい。
(2) 横軸にx$_1$，縦軸にx$_2$をとって，予算制約線を図示しなさい。
(3) この個人の労働供給関数を求めなさい。
(4) なぜ後屈形（backward－bending）労働供給曲線が生じるのかを説明しなさい。

≪解答&解答の解説≫

(1) これまでは，2つの現在財の選択問題を取り上げました。ここでは財と余暇の選択を取り上げますが，労働供給量＝24時間－余暇の消費量ですので，その選択は労働供給量を決定します。

$$P x_1 + w x_2 = 24w \quad (\text{答え：予算制約式})$$

――【知っておきましょう】　留　保　需　要――――

この個人は24時間だけの時間量を与えられた状態で，働くか，働くまいかの選択を行っています。「働かないこと」つまり余暇は時間を留保需要しているものと解釈されます。

(2)

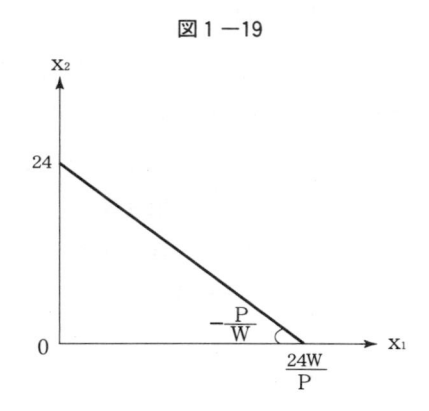

図1－19

(3) ここでの効用最大化問題は次のように定式化されます。

$\quad$ Max $\quad U = x_1 \cdot x_2$ 　　　　　　　　（効用の最大化）

$\quad$ s.t. $\quad P x_1 + w x_2 = 24w$ 　　　　（予算制約式）

次のラグランジュ関数を作ります（☞ p.26）。λ＝ラグランジュ未定乗数とすれば，

$$Z = U(x_1, x_2) + \lambda \{24w - (P x_1 + w x_2)\}$$
$$= x_1 \cdot x_2 + \lambda \{24w - (P x_1 + w x_2)\} \quad (\text{ラグランジュ関数})$$
$\quad\quad$（目的関数）　　　（制約式）

Zが最大値をもつための1階の条件は次のものです。

$$Z_1 \equiv \frac{\partial Z}{\partial x_1} = U_1(x_1, x_2) - \lambda P = x_2 - \lambda P = 0$$

$$Z_2 \equiv \frac{\partial Z}{\partial x_2} = U_2(x_1, x_2) - \lambda w = x_1 - \lambda w = 0$$

$$Z_\lambda \equiv \frac{\partial Z}{\partial x} = 24w - (Px_1 + wx_2) = 0$$

$U_1(x_1, x_2) \equiv \frac{\partial U}{\partial x_1}$, $U_2(x_1, x_2) \equiv \frac{\partial U}{\partial x_2}$ はそれぞれ財, 余暇の限界効用です。上記の式より, $\lambda = \frac{x_2}{P} = \frac{x_1}{w}$ ですので,

$$\frac{x_2}{x_1} = \frac{P}{w}$$

が得られます。左辺は財, 余暇の限界効用の比率（$MU_1 = x_2$, $MU_2 = x_1$ ですので, $\frac{MU_1}{MU_2} = \frac{x_2}{x_1}$）であり, 限界代替率と呼ばれているものです。右辺は相対価格（実質賃金率の逆数）です。

$\frac{x_2}{x_1} = \frac{P}{w}$ （限界代替率＝相対価格）

$Px_1 + wx_2 = 24w$ （予算制約式）

の2本の方程式より,

$x_1^* = 12\frac{w}{P}$ （財の最適消費量）

$x_2^* = 12$ （余暇の最適消費量）

図1－20

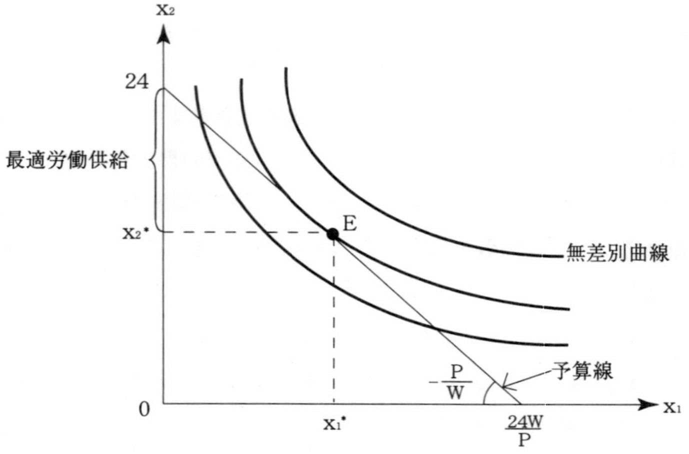

を得ることができますので，かくて，最適労働供給量をL^{S*}とすると，

$L^{S*} = 24 - x_2^* = 24 - 12 = 12$　　（**答え**：時間）

です。

(4) 労働供給曲線は貨幣賃金率の低い部分では右上がりですが，高い部分では逆に右下がりになります。余暇が上級財であるという前提の下で，貨幣賃金率の上昇により，

① 貨幣賃金率の低い部分

　余暇は上級財かつ「代替効果＞所得効果」ですので，余暇は貨幣賃金率（余暇の機会費用）の減少関数，つまり労働供給は貨幣賃金率の増加関数です（労働供給曲線は右上がり）。

② 貨幣賃金率の高い部分

　余暇は上級財かつ「代替効果＜所得効果」ですので，余暇は貨幣賃金率（余暇の機会費用）の増加関数，つまり労働供給は貨幣賃金率の減少関数です（労働供給曲線は右下がり）。

図1－21

問題1−16：貯蓄の決定

ある1人の消費者の人生が2期間（若年期の第1期と老年期の第2期）からなっているとします。消費者は生涯にわたっての効用の最大化を図ろうとしています。消費者の効用関数は $U = U(C_1, C_2) = 3C_1^a \cdot C_2^b$ で与えられています。ここで、C_1, C_2 ＝第1, 2期の消費量です。現在財と将来財の価格はともに1で一定とします。消費者の第1, 2期の予算をそれぞれ Y_1, Y_2 とします。利子率を r とします。

(1) この消費者の予算制約式を求めなさい。
(2) 予算制約線を図示しなさい。
(3) この消費者の貯蓄関数を求めなさい。
(4) この消費者の主観的時間選好率を求めなさい。
(5) 主観的時間選好率の大小と貯蓄の関係を述べなさい。
(6) 利子率の上昇が貯蓄にどのような影響を及ぼすかを、代替効果と所得効果に分けて述べなさい。

≪解答＆解答の解説≫

(1) 貯蓄とは現在財を選ばず、将来財を選ぶことです。これまでの問題は2つの現在財の選択問題でしたが、ここでの問題は現在財と将来財の選択問題です。予算制約式は次の2通りの方法で求めることができます。

① 貯蓄（S）の概念を用いる方法

$Y_1 = C_1 + S$ 　　　　　（第1期の予算制約式：貯蓄の定義）

$(1+r)S + Y_2 = C_2$ 　　（第2期の予算制約式）

上記の式からSを消去します。

$(1+r)(Y_1 - C_1) + Y_2 = C_2$ 　（**答え**：生涯にわたる予算制約式）

$C_2 = -(1+r)C_1 + \{(1+r)Y_1 + Y_2\}$

であり、$(1+r)$ で割って、整理すると、

$$Y_1 + \frac{Y_2}{1+r} = C_1 + \frac{C_2}{1+r}$$

が得られます。

② 現在価値の概念を用いる方法

$$C_1 + \frac{C_2}{1+r} = Y_1 + \frac{Y_2}{1+r}$$ （**答え**：生涯にわたる予算制約式）

現在財と将来財の価格はともに1ですが，将来財の価格の現在価値は $\frac{1}{1+r}$ です。消費者の第1期，第2期の予算はそれぞれ Y_1，Y_2 ですが，第2期の予算の現在価値は $\frac{Y_2}{1+r}$ です。

(2)

図1-22

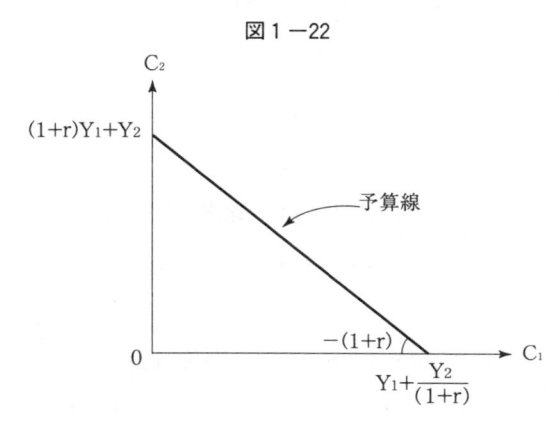

縦軸 C_2，切片 $(1+r)Y_1+Y_2$，横軸 C_1，切片 $Y_1+\frac{Y_2}{(1+r)}$，傾き $-(1+r)$ の予算線

(3) ここでの効用最大化問題は次のように定式化されます。

Max $U = 3C_1^a \cdot C_2^b$ （効用の最大化）

s.t. $C_1 + \frac{C_2}{1+r} = Y_1 + \frac{Y_2}{1+r}$ （予算制約式）

次のラグランジュ関数を作ります（☞ p.26）。λ ＝ラグランジュ未定乗数とすれば，

$$Z = U(C_1,\ C_2) + \lambda\left(Y_1 + \frac{Y_2}{1+r} - C_1 - \frac{C_2}{1+r}\right)$$

$$= \underbrace{3C_1^a \cdot C_2^b}_{\text{（目的関数）}} + \lambda \underbrace{\left(Y_1 + \frac{Y_2}{1+r} - C_1 - \frac{C_2}{1+r}\right)}_{\text{（制約条件）}}$$

Z が最大値をもつための1階の条件は次のものです。

$$Z_1 \equiv \frac{\partial Z}{\partial C_1} = U_1(C_1,\ C_2) - \lambda = 3aC_1^{a-1} \cdot C_2^b - \lambda = 0$$

$$Z_2 \equiv \frac{\partial Z}{\partial C_2} = U_2(C_1, C_2) - \frac{\lambda}{1+r}$$
$$= 3C_1{}^a \cdot bC_2{}^{b-1} - \frac{\lambda}{1+r} = 0$$
$$Z_\lambda \equiv \frac{\partial Z}{\partial \lambda} = Y_1 + \frac{Y_2}{1+r} - C_1 - \frac{C_2}{1+r} = 0$$

$U_1(C_1, C_2) \equiv \frac{\partial U}{\partial C_1}$, $U_2(C_1, C_2) \equiv \frac{\partial U}{\partial C_2}$ はそれぞれ現在財, 将来財の限界効用です。上記の1階の条件式3本のうちの最初の2本の式より,

$$\lambda = 3aC_1{}^{a-1} \cdot C_2{}^b = (3C_1{}^a \cdot bC_2{}^{b-1})(1+r)$$

ですので,

$$\frac{3aC_1{}^a \frac{1}{C_1} \cdot C_2{}^b}{3C_1{}^a \cdot bC_2{}^b \frac{1}{C_2}} = 1+r$$

が得られます。左辺は2財の限界効用の比率($MRS_{12} = \frac{MU_1}{MU_2}$) であり,「時間限界代替率」と呼ばれているものです。右辺は2財の相対価格($P_1 = 1$, $P_2 = \frac{1}{1+r}$ ですので, $\frac{P_1}{P_2} = 1+r$) です。上記の式を整理します(☞指数の法則については, 数学マニュアルⅢ)。

$$\frac{a}{b} \cdot \frac{C_2}{C_1} = 1+r \qquad \text{(時間限界代替率＝相対価格)}$$
$$C_1 + \frac{C_2}{1+r} = Y_1 + \frac{Y_2}{1+r} \qquad \text{(予算制約式)}$$

の2本の方程式より,

$$C_1{}^* = \frac{a}{a+b} \cdot \left(Y_1 + \frac{Y_2}{1+r}\right) \qquad \text{(現在財に対する需要関数)}$$

が得られ, かくて, 貯蓄関数は,

$$S^* = Y_1 - C_1{}^*$$
$$= Y_1 - \frac{a}{a+b} \cdot \left(Y_1 + \frac{Y_2}{1+r}\right)$$
$$= \frac{b}{a+b}Y_1 - \frac{a}{a+b} \cdot \frac{1}{1+r}Y_2 \quad \text{答え}\ \text{です。}$$

図1-23

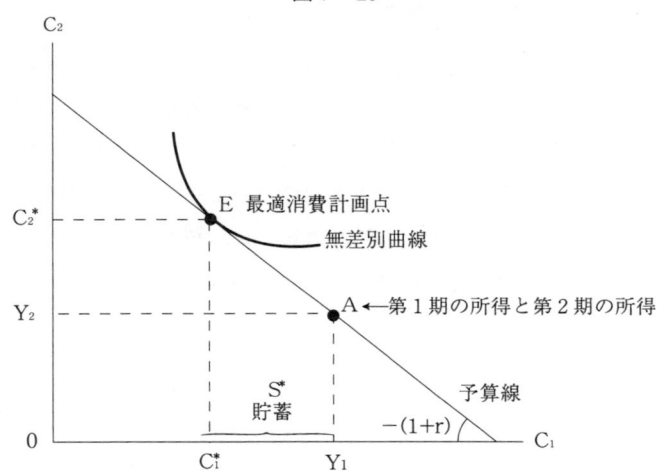

(グラフ: 縦軸 C_2、横軸 C_1。点E 最適消費計画点、無差別曲線、点A ← 第1期の所得と第2期の所得、予算線、傾き $-(1+r)$、S^* 貯蓄、C_2^*、Y_2、C_1^*、Y_1)

(4) 「1-時間限界代替率」は「将来財の主観的割引率」あるいは「主観的時間選好率」と呼ばれています。したがって，主観的時間選好率は，

$$1 - \frac{a}{b} \cdot \frac{C_2}{C_1} \quad \boxed{答え}$$

です。

(5) 主観的時間選好率が大きいときは現在財を重視して，借入（負の貯蓄）を行います。主観的時間選好率が小さいときは将来財を重視して，運用（正の貯蓄）を行います。

(6) 利子率上昇の現在消費への影響は（ただし，図1-23の無差別曲線は一般のケースです），

① 債権者であるとき

負の代替効果，正の所得効果により不明です。したがって，貯蓄への影響は不明です。

② 債務者であるとき

負の代替効果と負の所得効果により負です。したがって，利子率上昇は貯蓄の増大をもたらします。

問題1−17：★顕示選好理論

ある消費者は所得をすべて第1,2財に支出し，その予算制約線が下図の直線ABで表されるとき，点Zで示される財の組み合わせを選びました。次の時点では，第1財の価格が低下すると同時にこの消費者の所得も低下し，新たな予算制約線は点Zを通る直線CDのようになりました。このときは，この消費者は点Mで示される財の組み合わせを選びました。このような消費行動を示した消費者について，図の各点における効用の大小関係を正しく示すものはどれですか。

① L＜E＜Z
② M＜Z＜L
③ L＜M＜Z
④ E＜M＜L
⑤ E＜L＜M

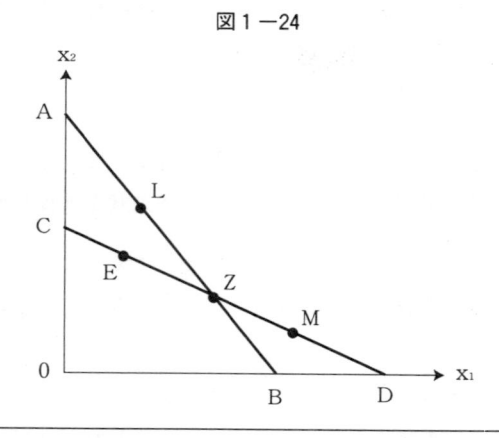

図1−24

≪解答＆解答の解説≫

$$\text{Max} \quad U = x_1 \cdot x_2 \qquad \text{（効用の最大化）}$$
$$\text{s.t.} \quad P_1 x_1 + P_2 x_2 = E_0 \qquad \text{（予算制約式）}$$

から，x_1^*，x_2^* を求めることが通常の効用最大化問題ですが，

$P_1 x_1 + P_2 x_2 = E_0$　　　　　　　　　（予算制約式）
　　　x_1^*, x_2^*　　　　　　　　　　　　　（最適消費計画）
から，$U = U(x_1, x_2)$を求めることが顕示選好理論です。
　消費者は予算制約線ＡＢに直面していたとき，
　　　$E < L$
　　　$L < Z$
でありました。消費者が予算制約線ＣＤに直面しているとき，
　　　$E < M$
　　　$Z < M$
です。$L < Z$と$Z < M$より，$L < Z < M$であり，$L < Z < M$と$E < L$より，
　　　$E < L < Z < M$
です。かくて，**答え**は⑤の$E < L < M$です。

第2章 生産者行動の理論

---── 試験対策ポイント ──---

① 生産者行動理論は，論理構造において，消費者行動理論ときわめて類似していますので，生産者行動理論と消費者行動理論を対応させながら理解する。

例えば，以下のとおりです。

消費者行動理論	生産者行動理論
嗜好	技術
効用関数	生産関数
限界効用	限界生産力
無差別曲線（等効用曲線）	等量曲線（等産出量曲線）
限界代替率	技術的限界代替率
効用最大化	産出量最大化
支出最小化	費用最小化
支出関数	費用関数

② 生産者行動理論では，生産要素がすべて可変であるのか，一部は固定であるのかによって，長期と短期が区別されます。入門のレベルでは，短期の生産者行動理論だけを学習することが多いようですが，長期の生産者行動理論が消費者行動理論とほぼ同じ論理構造をもっている点を理解する。

③ 生産者の目的は利潤（≡収入－費用）の最大化です。利潤の最大化問題を，1つは費用を一定とした産出量（収入）最大化として，1つは産

出量・収入を一定とした費用最小化として理解する。
④ 1本の等費用線（生産の予算線）と無限数の等量線（生産の無差別曲線群）を用いて，長期の産出量最大化問題を理解する。
⑤ 短期の産出量最大化問題を理解する。
⑥ 1本の等量曲線と無限数の等費用線を用いて，費用最小化問題を理解する。
⑦ 産出量最大化問題と費用最小化問題が「双対関係」（裏表の関係）にあることを理解する。
⑧ 長期と短期の費用最小化問題のちがいを理解する。
⑨ 費用方程式と費用関数のちがいを理解する。費用関数が費用最小化問題を解いた上で導出されたものであることを理解する。
⑩ 長期の費用関数と短期の費用関数のちがいを理解する。短期費用の諸概念（可変費用・固定費用と総費用・平均費用・限界費用の組み合わせ）を理解する。限界費用（MC），平均総費用（AC），平均可変費用（AVC），平均固定費用（AFC）を図示しながら，それらの位置関係を理解する。損益分岐点と操業停止点を図示しながら理解する。
⑪ 短期費用曲線と長期費用曲線を図示しながら理解する。
⑫ 短期の利潤の最大化問題より個別短期供給関数を導出できることを，図と数式の両方で理解する。
⑬ 粗利潤（≡総収入－可変費用）と純利潤（≡総収入－総費用）の大きさを図でチェックしながら，損益分岐点と操業停止点の意味を理解する。

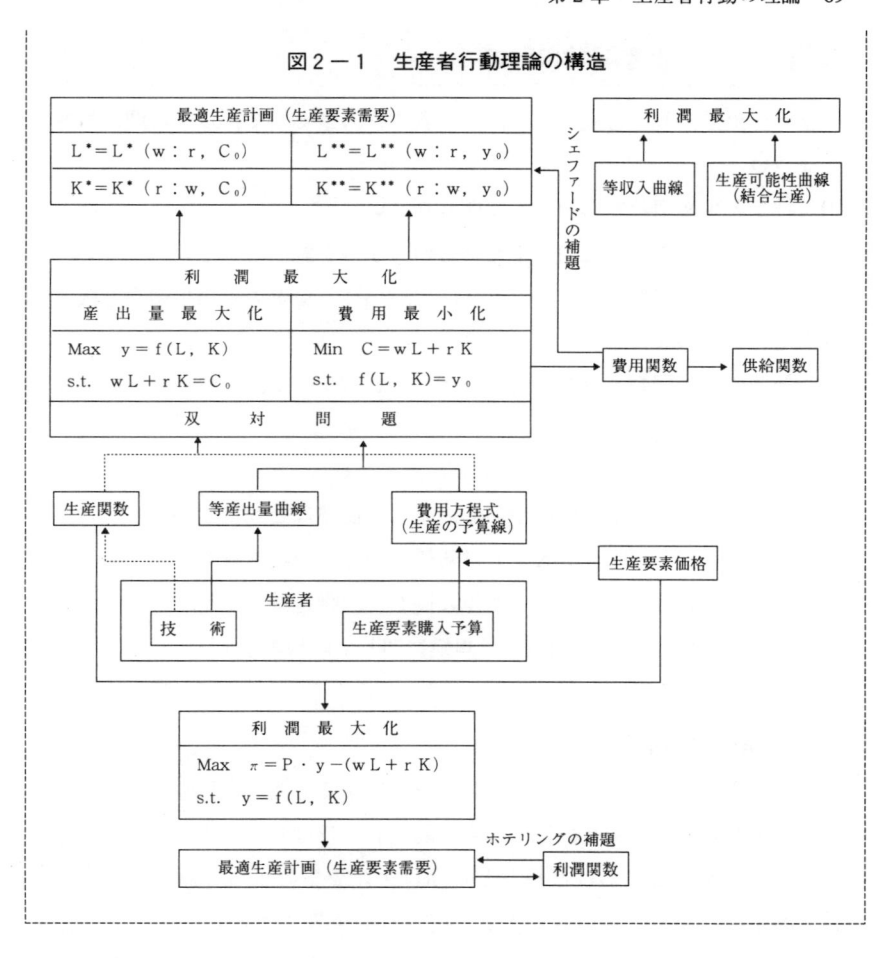

図2−1　生産者行動理論の構造

最適生産計画（生産要素需要）
- $L^* = L^*(w:r, C_0)$
- $K^* = K^*(r:w, C_0)$
- $L^{**} = L^{**}(w:r, y_0)$
- $K^{**} = K^{**}(r:w, y_0)$

利潤最大化
- 等収入曲線
- 生産可能性曲線（結合生産）

シェファードの補題

利潤最大化

産出量最大化
- Max $y = f(L, K)$
- s.t. $wL + rK = C_0$

費用最小化
- Min $C = wL + rK$
- s.t. $f(L, K) = y_0$

双対問題

→ 費用関数 → 供給関数

生産関数　等産出量曲線　費用方程式（生産の予算線）

生産者：技術、生産要素購入予算

生産要素価格

利潤最大化
- Max $\pi = P \cdot y - (wL + rK)$
- s.t. $y = f(L, K)$

最適生産計画（生産要素需要）　←ホテリングの補題→　利潤関数

問題2−1：生産関数の性質

y＝産出量，L＝労働投入量，K＝資本投入量として，以下の問いに答えなさい。

(1) 技術と生産関数のちがいを説明しなさい。
(2) 短期の生産関数と長期の生産関数のちがいを説明しなさい。
(3) 短期の生産関数 $y = f(L) = \sqrt{L}$ について，労働の平均生産力と限界生産力を求めなさい。
(4) 長期の生産関数 $y = f(L, K) = \sqrt{LK}$ について，労働と資本の限界生産力を求めなさい。
(5) 限界生産力逓減の法則を説明しなさい。
(6) 規模に関する収穫法則について，正しい記述はどれですか。
 ① $y = f(L, K) = LK + L$ は規模に関して収穫逓減です。
 ② $y = f(L, K) = LK$ は規模に関して収穫逓減です。
 ③ $y = f(L, K) = \sqrt{LK}$ は規模に関して収穫不変です。

≪解答＆解答の解説≫

(1) 生産要素を投入して財貨・サービスを産出する方法は「生産技術」，投入・産出の最も効率的な生産技術は「生産関数」と呼ばれています。

(2) 生産者行動理論における短期と長期は生産要素の1つである資本の可変性・固定性によって区別されます。短期の生産関数は $y = f(L, K_0)$，長期の生産関数は $y = f(L, K)$ です。ここで，K_0 の添字の 0 は当該変数（K）が一定であることを意味しています。

(3) $y = \sqrt{L} = L^{\frac{1}{2}}$ です。労働の平均生産力を AP_L，限界生産力を MP_L とすれば，

$$AP_L = \frac{y}{L} = \frac{L^{\frac{1}{2}}}{L} = L^{\frac{1}{2}-1} = L^{-\frac{1}{2}} \quad \text{答え}$$

$$MP_L = \frac{dy}{dL} = \frac{1}{2} L^{\frac{1}{2}-1} = \frac{1}{2} L^{-\frac{1}{2}} \quad \text{答え}$$

です（☞数学マニュアルⅢ，X）。

(4) $y=\sqrt{LK}=(LK)^{\frac{1}{2}}=L^{\frac{1}{2}}K^{\frac{1}{2}}$です。労働の限界生産力を$MP_L$，資本の限界生産力を$MP_K$とすれば，

$$MP_L=\frac{\partial y}{\partial L}=\frac{1}{2}L^{-\frac{1}{2}}K^{\frac{1}{2}}>0 \quad \text{答え}$$

$$MP_K=\frac{\partial y}{\partial K}=\frac{1}{2}L^{\frac{1}{2}}K^{-\frac{1}{2}}>0 \quad \text{答え}$$

です（☞数学マニュアルⅢ，X）。

【数学チェック】 $y=L^{\frac{1}{2}}K^{\frac{1}{2}}$の偏微分

$y=L^{\frac{1}{2}}K^{\frac{1}{2}}$をL，Kで偏微分します。Lで偏微分するときは，$K^{\frac{1}{2}}$を定数とみなし，Kで偏微分するときは，$L^{\frac{1}{2}}$を定数とみなします。

$$\frac{\partial y}{\partial L}=\frac{1}{2}L^{\frac{1}{2}-1}K^{\frac{1}{2}}$$

$$=\frac{1}{2}L^{-\frac{1}{2}}K^{\frac{1}{2}}$$

$$\frac{\partial y}{\partial K}=\frac{1}{2}L^{\frac{1}{2}}K^{\frac{1}{2}-1}$$

$$=\frac{1}{2}L^{\frac{1}{2}}K^{-\frac{1}{2}}$$

---

(5) 限界生産力（$\frac{\partial y}{\partial L}$，$\frac{\partial y}{\partial K}$）はプラスです。そして，労働の限界生産力$\frac{\partial y}{\partial L}$はLの増大とともに，資本の限界生産力$\frac{\partial y}{\partial K}$はKの増大とともに逓減します。これは「限界生産力逓減の法則」と呼ばれています。記号で書くと，次のようになります。

$$\frac{\partial}{\partial L}\left(\frac{\partial y}{\partial L}\right)=\frac{\partial^2 y}{\partial L^2}<0$$

$$\frac{\partial}{\partial K}\left(\frac{\partial y}{\partial K}\right)=\frac{\partial^2 y}{\partial K^2}<0$$

限界生産力逓減の法則は，特定の生産要素の投入量をある比率で増加させ，他のすべての生産要素の投入量を固定しておく場合，産出量はその比率ほどには増加しない，というものです。

(6) 生産関数に含まれるすべての生産要素の投入量を同一割合で変化させたときの産出量の変化についての法則は「規模に関する収穫法則」と呼ばれてい

ます。$\lambda > 1$ とすると，
① 規模に関して収穫逓増：$\lambda y < f(\lambda L, \lambda K)$
② 規模に関して収穫一定：$\lambda y = f(\lambda L, \lambda K)$
③ 規模に関して収穫逓減：$\lambda y > f(\lambda L, \lambda K)$
問題のすべての生産要素の投入量を2倍にすると，
① $(2L)(2K)+(2L)=4LK+2L=2LK+2(LK+L)=2LK+2y>2y$ ですので，規模に関して収穫逓増です。
② $(2L)(2K)=4LK=4y>2y$ ですので，規模に関して収穫逓増です。
③ $\{(2L)(2K)\}^{\frac{1}{2}}=2^{\frac{1}{2}}L^{\frac{1}{2}}2^{\frac{1}{2}}K^{\frac{1}{2}}=2L^{\frac{1}{2}}K^{\frac{1}{2}}=2y$ ですので，規模に関して収穫不変です（☞数学マニュアルⅢ）。

かくて，③が正しい記述です。 答え

問題2-2：コブ・ダグラス型生産関数の性質

y＝産出量，L＝労働投入量，K＝資本投入量として，コブ・ダグラス型生産関数 $y = A \cdot L^{\alpha} \cdot K^{1-\alpha}$　$A, \alpha > 0$ の性質について，正しい記述はどれですか。
① コブ・ダグラス型生産関数は規模に関して収穫不変だから，LまたはKを2倍するとyも2倍になる。
② コブ・ダグラス型生産関数において，生産要素報酬率がそれぞれの限界生産力に等しい場合，Lが減少すれば労働の分配率も減少する。
③ コブ・ダグラス型生産関数において，生産要素の限界生産力は資本労働比率によって決定され，生産規模には関係がない。

≪解答＆解答の解説≫
① 「規模に関する収穫法則」は生産関数に含まれるすべての生産要素の投入量を同一割合で変化させたときの産出量の変化についての法則です。「L

またはK」ではなく「LとK」を2倍にしないと規模に関する収穫法則にはなりません。$A \cdot (2L)^{\alpha} \cdot (2K)^{1-\alpha} = A \cdot 2^{\alpha} \cdot L^{\alpha} \cdot 2^{1-\alpha} K^{1-\alpha} = A \cdot 2 \cdot L^{\alpha} K^{1-\alpha} = 2y$ですので(☞数学マニュアルⅢ)，コブ・ダグラス型生産関数は規模に関して収穫不変です。

② 労働の限界生産力をMP_L，資本の限界生産力をMP_Kとすると，

$$MP_L = \frac{\partial y}{\partial L} = A \cdot \alpha \cdot L^{\alpha-1} \cdot K^{1-\alpha}$$
$$= A \cdot \alpha \cdot \left(\frac{L}{K}\right)^{\alpha-1}$$
$$MP_K = \frac{\partial y}{\partial K} = A \cdot L^{\alpha} \cdot (1-\alpha) K^{-\alpha}$$
$$= A \cdot (1-\alpha) \cdot \left(\frac{L}{K}\right)^{\alpha}$$

です(☞数学マニュアルⅢ，Ⅹ)。生産要素報酬率がそれぞれの限界生産力に等しいということは，w＝貨幣賃金率，P＝一般物価水準，r＝資本の名目レンタル料とすれば，

$$\frac{w}{P} = MP_L = A \cdot \alpha \cdot \left(\frac{L}{K}\right)^{\alpha-1} \quad (実質賃金率)$$
$$\frac{r}{P} = MP_K = A \cdot (1-\alpha) \cdot \left(\frac{L}{K}\right)^{\alpha} \quad (実質レンタル料)$$

であり，

$$労働分配率 = \frac{wL}{Py}$$
$$= \frac{A \cdot \alpha \cdot \left(\frac{L}{K}\right)^{\alpha-1} \cdot L}{A \cdot L^{\alpha} \cdot K^{1-\alpha}}$$
$$= \alpha$$
$$資本分配率 = \frac{rK}{Py}$$
$$= \frac{A \cdot (1-\alpha) \cdot \left(\frac{L}{K}\right)^{\alpha} \cdot K}{A \cdot L^{\alpha} \cdot K^{1-\alpha}}$$
$$= 1-\alpha$$

です(☞数学マニュアルⅢ)。労働分配率はLの増減にかかわらず一定です。

③ $\quad MP_L = A \cdot \alpha \cdot \left(\frac{L}{K}\right)^{\alpha-1} \quad (労働の限界生産力)$
$\quad MP_K = A \cdot (1-\alpha) \cdot \left(\frac{L}{K}\right)^{\alpha} \quad (資本の限界生産力)$

問題2－3：等産出量曲線（生産の無差別曲線）

(1) 等産出量曲線（生産の無差別曲線）とは何ですか。
(2) コブ・ダグラス型生産関数 $y = A \cdot L^{\alpha} \cdot K^{1-\alpha}$　$A, \alpha > 0$ の技術的限界代替率（$MRST_{LK}$）を求めなさい。
(3) 技術的限界代替率逓減の法則を説明しなさい。
(4) ★代替の弾力性とは何ですか。

≪解答＆解答の解説≫

(1) $y_i = i$ の大きさの産出量水準とすれば，等産出量曲線（生産の無差別曲線）とは $y_i = f(L, K)$ を満たす L, K の組み合わせの軌跡のことです。

(2) $$MRST_{LK} = -\frac{dK}{dL} = \frac{\frac{\partial y}{\partial L}}{\frac{\partial y}{\partial K}} = \frac{MP_L}{MP_K}$$

ですので（消費者行動理論の限界代替率 $MRS_{12} = \frac{MU_1}{MU_2}$ と類似しています），

$$MRST_{LK} = \frac{A \cdot \alpha \cdot \left(\frac{L}{K}\right)^{\alpha-1}}{A \cdot (1-\alpha) \cdot \left(\frac{L}{K}\right)^{\alpha}}$$

$$= \frac{\alpha}{1-\alpha} \cdot \frac{K}{L}$$ 　答え：技術的限界代替率）

です。$\frac{K}{L}$ は資本集約度と呼ばれるものであり，技術的限界代替率は資本集約度の関数です。

(3) 等産出量曲線の傾きは「技術的限界代替率」と呼ばれ，それは等効用曲線（消費の無差別曲線）の傾きである「限界代替率」と同様のものです。等産出量曲線は原点に対して凸ですので，技術的限界代替率は等産出量曲線の測定点が右下方になればなるほど小さくなります。これは「技術的限界代替率

逓減の法則」と呼ばれています。

(4) 代替の弾力性（σ）は次のように定義されています。$m=\dfrac{K}{L}$, $n=MRST_{LK}$とすれば，

$$\sigma = \dfrac{\dfrac{dm}{m}}{\dfrac{dn}{n}} \quad \text{(定義)}$$

であり，σが大きい技術は労働と資本の代替性が高いことを示しています。

問題2－4：費用方程式（生産の予算線）

(1) L＝労働投入量，K＝資本投入量，w＝貨幣賃金率（労働の価格），r＝資本のレンタル料（資本の価格），C_0＝一定の費用とします。このときの費用方程式（生産の予算線）を式で表しなさい。

(2) 費用方程式（生産の予算線）を図示しなさい。図中に，縦軸切片，横軸切片，傾きを書き入れなさい。

≪解答＆解答の解説≫

(1)　　$wL + rK = C_0$　　**答え**

(2) 生産の予算線 $wL + rK = C_0$ は，

$$rK = -wL + C_0$$

であり，

$$K = -\dfrac{w}{r}L + \dfrac{C_0}{r}$$

と書き換えることができます。傾きは $-\dfrac{w}{r}$ です。横軸切片は $\dfrac{C_0}{w}$，縦軸切片は $\dfrac{C_0}{r}$ です。

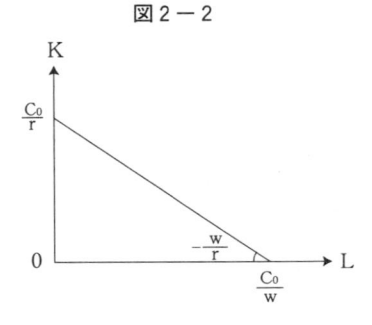

図2－2

76　第1部　ミクロ経済学試験問題の全パターン

問題2－5：産出量最大化

y＝産出量，L＝労働投入量，K＝資本投入量，w＝貨幣賃金率，r＝資本のレンタル料，C_0＝一定の費用とします。長期の生産関数 $y=\sqrt{LK}$ をもつ企業の最適生産計画についての以下の問いに答えなさい。

(1) この企業の産出量最大化問題を定式化しなさい。

(2) ここでの産出量最大化問題を解いて，労働と資本の最適投入量を求めなさい。

≪解答＆解答の解説≫

(1) ここでの産出量最大化問題は次のように定式化されます。

　　Max　$y=f(L, K)=\sqrt{LK}$　　　　　（産出量の最大化）
　　s.t.　$wL+rK=C_0$　　　　　　　　（生産の予算制約式）

(2) 産出量最大化の1階の条件（☞1階の条件については，p.23）は図でいえば，「無限数の生産の無差別曲線（等産出量曲線）と1本の生産の予算線（費用方程式）が接していること」を意味しています。次のラグランジュ関数を作ります（☞p.26）。λ＝ラグランジュ未定乗数とすると，

$$Z=f(L, K)+\lambda\{C_0-(wL+rK)\}$$
$$=\sqrt{LK}+\lambda\{C_0-(wL+rK)\}　　（ラグランジュ関数）$$
　　（目的関数）　　（制約条件）

Zが最大値をもつための1階の条件は次のものです。

$Z_L=\dfrac{\partial Z}{\partial L}=f_L(L, K)-\lambda w=0$　　（ZのLについての偏微分）

　　　$=\dfrac{1}{2}L^{-\frac{1}{2}}K^{\frac{1}{2}}-\lambda w=0$

$Z_K=\dfrac{\partial Z}{\partial K}=f_K(L, K)-\lambda r=0$　　（ZのKについての偏微分）

　　　$=\dfrac{1}{2}L^{\frac{1}{2}}K^{-\frac{1}{2}}-\lambda r=0$

$Z_\lambda=\dfrac{\partial Z}{\partial \lambda}=C_0-(wL+rK)=0$　　（制約条件）

上記の1階の条件式3本のうちの最初の2本の式より,

$$\lambda = \frac{\frac{1}{2}L^{-\frac{1}{2}}K^{\frac{1}{2}}}{w} = \frac{\frac{1}{2}L^{\frac{1}{2}}K^{-\frac{1}{2}}}{r}$$

ですので,

$$\frac{\frac{1}{2}L^{-\frac{1}{2}}K^{\frac{1}{2}}}{\frac{1}{2}L^{\frac{1}{2}}K^{-\frac{1}{2}}} = \frac{w}{r}$$

です。左辺は2生産要素の限界生産力の比率($MRST_{LK} = \frac{MP_L}{MP_K}$)であり,技術的限界代替率と呼ばれているものです。右辺は2生産要素の相対価格 $\frac{w}{r}$ です。これを整理すると(☞指数の法則については,数学マニュアルⅢ),

$$\frac{K}{L} = \frac{w}{r} \qquad (技術的限界代替率=生産要素の相対価格)$$

が得られます。そして,次の2本の方程式を解くことによって,最適生産計画(L^*, K^*)を求めることができます。つまり,

$$\frac{K}{L} = \frac{w}{r} \qquad (技術的限界代替率=生産要素の相対価格)$$
$$wL + rK = C_0 \qquad (生産の予算制約式)$$

図2-3 産出量最大化問題

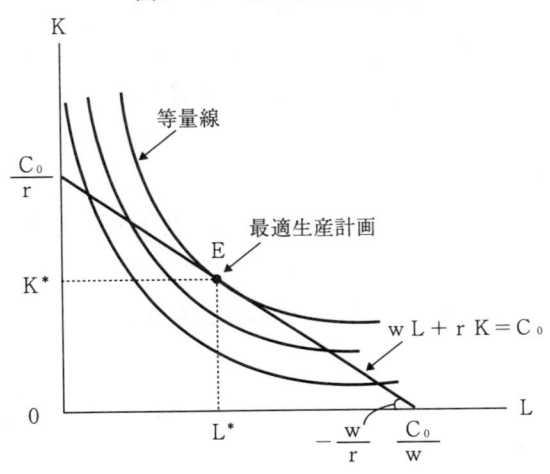

より，

$L^* = \dfrac{C_0}{2w}$　　（**答え**：労働の最適投入量）

$K^* = \dfrac{C_0}{2r}$　　（**答え**：資本の最適投入量）

問題2－6：費用最小化と長期費用関数

y_0＝一定の産出量，L＝労働投入量，K＝資本投入量，w＝貨幣賃金率，r＝資本のレンタル料，C＝費用とします。長期の生産関数 $y = \sqrt{LK}$ をもつ企業の最適生産計画についての以下の問いに答えなさい。

(1) この企業の費用最小化問題を定式化しなさい。

(2) ここでの費用最小化問題を解いて，労働と資本の最適投入量を求めなさい。

(3) 長期の費用関数を求めなさい。

≪解答＆解答の解説≫

(1) ここでの費用最小化問題は次のように定式化されます。

　　Min　$C = wL + rK$　　　　　　（費用の最小化）

　　s.t.　$f(L, K) = \sqrt{LK} = y_0$　　（生産の無差別曲線）

(2) 費用最小化の1階の条件（☞p.29）は図でいえば，「1本の生産の無差別曲線（等産出量曲線）と無限数の生産の予算線が接していること」を意味しています。次のラグランジュ関数を作ります（☞p.26）。λ＝ラグランジュ未定乗数とすると，

　　$Z = wL + rK + \lambda(y_0 - \sqrt{LK})$　（ラグランジュ関数）

　　　（目的関数）　（制約条件）

Zが最大値をもつための1階の条件は次のものです。

$Z_L = \dfrac{\partial Z}{\partial L}$

　　$= w - \lambda \dfrac{1}{2} L^{-\frac{1}{2}} K^{\frac{1}{2}} = 0$　　（ZのLについての偏微分）

$$Z_K = \frac{\partial Z}{\partial K}$$
$$= r - \lambda \frac{1}{2} L^{\frac{1}{2}} K^{-\frac{1}{2}} = 0 \quad (ZのKについての偏微分)$$
$$Z_\lambda = \frac{\partial Z}{\partial \lambda} = y_0 - \sqrt{LK} = 0 \quad (制約条件)$$

上記の1階の条件式3本のうちの最初の2本の式より,

$$\lambda = \frac{w}{\frac{1}{2}L^{-\frac{1}{2}}K^{\frac{1}{2}}} = \frac{r}{\frac{1}{2}L^{\frac{1}{2}}K^{-\frac{1}{2}}}$$

ですので,

$$\frac{\frac{1}{2}L^{-\frac{1}{2}}K^{\frac{1}{2}}}{\frac{1}{2}L^{\frac{1}{2}}K^{-\frac{1}{2}}} = \frac{w}{r}$$

です。左辺は2生産要素の限界生産力の比率 ($MRST_{LK} = \frac{MP_L}{MP_K}$) であり,技術的限界代替率と呼ばれているものです。これを整理すると (☞指数の法則については,数学マニュアルⅢ),

$$\frac{K}{L} = \frac{w}{r} \quad (技術的限界代替率=生産要素の相対価格)$$

が得られます。そして,次の2本の方程式を解くことによって,最適生産計画 (L^{**}, K^{**}) を求めることができます。つまり,

$$\frac{K}{L} = \frac{w}{r} \quad (技術的限界代替率=生産要素の相対価格)$$
$$y_0 = \sqrt{LK} \quad (1本の生産の無差別曲線)$$

より,

$$L^{**} = \sqrt{\frac{r}{w}} \cdot y \quad (\text{答え}:労働の最適投入量)$$
$$K^{**} = \sqrt{\frac{w}{r}} \cdot y \quad (\text{答え}:資本の最適投入量)$$

(3) $$C^{**} = wL^{**} + rK^{**} = w\sqrt{\frac{r}{w}} \cdot y + r\sqrt{\frac{w}{r}} \cdot y$$
$$= \sqrt{\frac{w^2 r}{w}} \cdot y + \sqrt{\frac{r^2 w}{r}} \cdot y$$
$$= 2\sqrt{wr} \cdot y \quad (\text{答え}:長期の費用関数)$$

80　第1部　ミクロ経済学試験問題の全パターン

図2－4　費用最小化問題

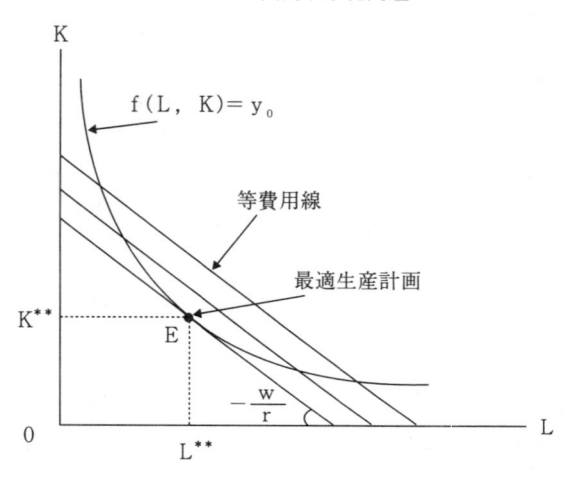

問題2－7：短期の費用関数

ある企業の生産関数が，$y = f(L) = \sqrt{L}$ で与えられています。ここで，$y =$ 産出量，$L =$ 労働投入量です。$w =$ 貨幣賃金率です。

(1) この企業の費用関数を求めなさい。
(2) 平均費用と限界費用を求めなさい。

≪解答＆解答の解説≫

(1) 短期の生産関数は $y = f(L, K_0)$，長期の生産関数は $y = f(L, K)$ です。本問題は，$K_0 = 0$（ゼロの資本投入量）とした短期の生産関数 $y = f(L)$ を考えています。$\sqrt{L}$ は $L^{\frac{1}{2}}$ のことです。

$y = f(L) = L^{\frac{1}{2}}$ の逆関数を求めると，$L = f^{-1}(y) = y^2$ です。それは $y = L^{\frac{1}{2}}$ の両辺を2乗した $y^2 = (L^{\frac{1}{2}})^2 = L$ から導かれたものです。かくて，短期の費用関数は，

　　$C \equiv w \cdot L = w \cdot y^2$　　（**答え**：短期の費用関数）

です。

―【知っておきましょう】 逆 関 数―――――――――――――

$y=f(L)$ の関数記号（写像） f は $f:L \to y$ を, $L=f^{-1}(y)$ の関数記号 f^{-1} は $f^{-1}:y \to L$ を意味しています。 f^{-1} は $\dfrac{1}{f}$ ではなく,「逆関数」であることを示す記号です。

(2) 平均費用をAC，限界費用をMCとします。

$$AC \equiv \dfrac{C}{y} = \dfrac{wy^2}{y} = wy \quad \text{答え}$$

$$MC \equiv \dfrac{dC}{dy} = 2wy \quad \text{答え}$$

問題2－8：損益分岐点と操業停止点

短期の生産関数 $y=2\sqrt{LK_0}$ をもつ企業の費用関数を考えます。 $y=$ 産出量, $L=$ 労働投入量, $K_0=$ 一定の資本投入量, $w=$ 貨幣賃金率, $r=$ 資本のレンタル料とします。以下の問いに答えなさい。

(1) 下図の短期総費用曲線に基づいて，短期平均費用，短期平均可変費用，短期限界費用，短期平均固定費用を図示しなさい。損益分岐点と操業停止点を図示しなさい。供給曲線を書き入れなさい。

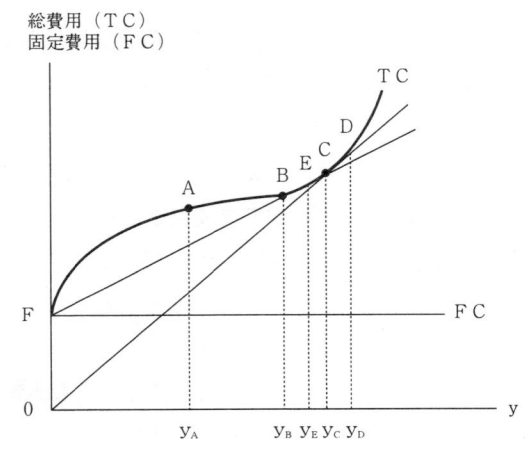

図2－5

(2) $K = K_0$（一定の資本投入量）として，この企業の短期総費用を求めなさい。

(3) この企業の短期平均可変費用，短期平均費用，短期限界費用を求めなさい。

(4) この企業の損益分岐点と操業停止点を求めなさい。

≪解答＆解答の解説≫

(1) 総費用（TC）＝可変費用（VC）＋固定費用（FC）

平均総費用（AC）＝平均可変費用（AVC）＋平均固定費用（AFC）

限界総費用（MC）＝限界可変費用（MVC）

です。

　平均可変費用（AVC）は可変費用曲線上の点と原点を結んだ直線の傾きの大きさです。平均総費用（AC）は総費用曲線上の点と原点を結んだ直線の傾きの大きさです。総費用曲線が逆S字型の形状をしているとき，平均総費用，平均可変費用はそれぞれある産出量水準まで逓減し，それらの点を越えると逓増します。

　限界費用（MC）は総費用曲線上の点における接線の傾きの大きさです。総費用曲線が逆S字型の形状をしているとき，限界費用はある産出量水準まで逓減し，その点を越えると逓増します。限界費用曲線は平均総費用・平均可変費用曲線の最低点を下から切って右上がりです。

(2) 短期の生産関数 $y = f(L, K_0) = 2\sqrt{LK_0}$ を考えています。$\sqrt{LK_0}$ は $L^{\frac{1}{2}}K_0^{\frac{1}{2}}$ のことです。$y = 2L^{\frac{1}{2}}K_0^{\frac{1}{2}}$ の逆関数を求めると，$L = f^{-1}(y, K_0) = \dfrac{y^2}{4K_0}$（☞逆関数について，p.81）です。それは $y = 2L^{\frac{1}{2}}K_0^{\frac{1}{2}}$ の両辺を2乗した $y^2 = 2^2(L^{\frac{1}{2}}K_0^{\frac{1}{2}})^2 = 4LK_0$ から導かれたものです。短期の総費用をSTCとすると，次式のようになります。

$$STC \equiv w \cdot L + r \cdot K_0 = \dfrac{wy^2}{4K_0} + r \cdot K_0 \quad \text{答え}$$

（総費用）　　　　　　　　（可変費用）（固定費用）

図2－6　損益分岐点と操業停止点

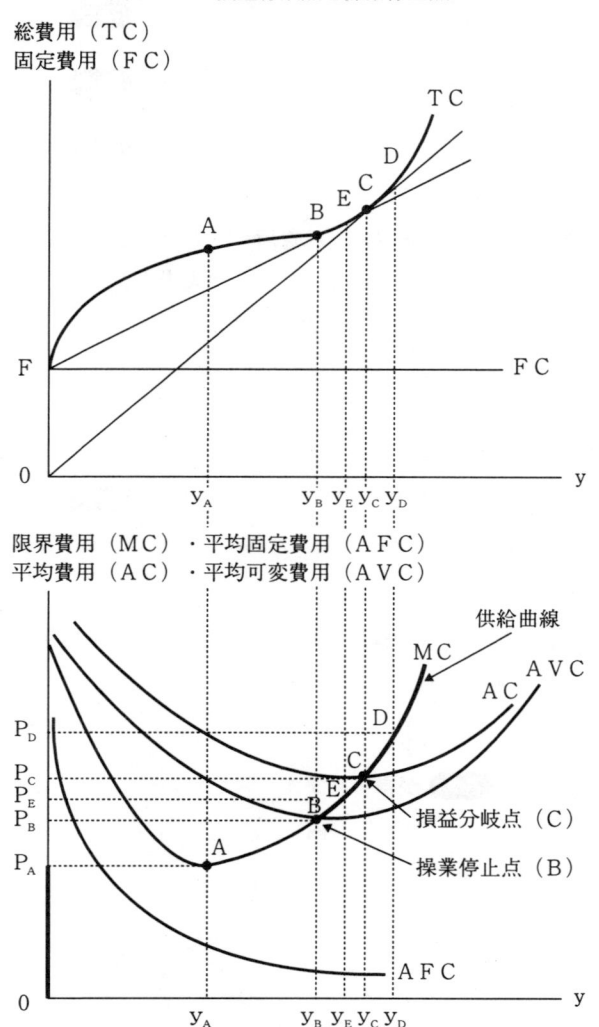

総費用（TC）
固定費用（FC）

(グラフ：TC曲線、FC曲線、点A, B, E, C, D)

限界費用（MC）・平均固定費用（AFC）
平均費用（AC）・平均可変費用（AVC）

(グラフ：MC, AC, AVC, AFC曲線、供給曲線、損益分岐点（C）、操業停止点（B）)

(3) 短期平均可変費用をSAVC，短期平均費用をSAC，短期限界費用をSMCとすると，

$$SAVC = \frac{\frac{wy^2}{4K_0}}{y} = \frac{w}{4K_0} \cdot y \quad \text{答え}$$

$$SAC = \frac{STC}{y} = \frac{w}{4K_0} \cdot y + \frac{rK_0}{y} \quad \text{答え}$$

$$SMC = \frac{dSTC}{dy} = \frac{w}{2K_0} \cdot y \quad \text{答え}$$

(4)①　損益分岐点

損益分岐点（利潤≡総収入－総費用＝0の点）は平均費用曲線（SAC）と限界費用曲線（SMC）の交点です。すなわち，

$$\frac{w}{4K_0} \cdot y + \frac{rK_0}{y} = \frac{w}{2K_0} \cdot y$$

より，$y^* = 2K_0\sqrt{\frac{r}{w}}$ を得ることができます。$y^* = 2K_0\sqrt{\frac{r}{w}}$ をSACあるいはSMCに代入すると，

$$SAC(y^*) = SMC(y^*) = \sqrt{rw} \quad \text{答え}$$

が得られます。

②　操業停止点

操業停止点は平均可変費用曲線（SAVC）と限界費用曲線（SMC）の交点です。すなわち，

$$\frac{w}{4K_0} \cdot y = \frac{w}{2K_0} \cdot y$$

より，$y^* = 0$　答え　が得られます。

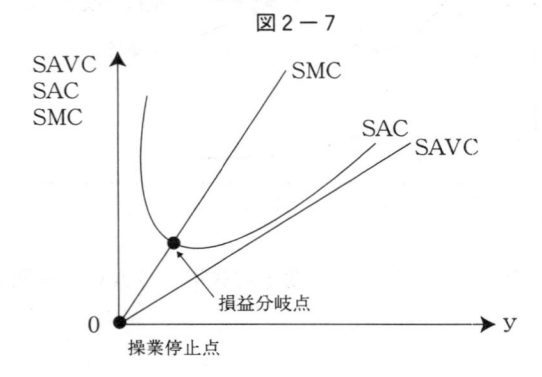

図2－7

問題２－９：利潤の最大化，最適産出量および供給関数

π＝利潤，P＝価格，y＝産出量，C＝C(y)＝費用関数とします。以下の問いに答えなさい。

(1) 利潤を定義しなさい。逆Ｓ字型の総費用曲線を前提として，
   ① 縦軸に総費用・総収入，横軸に産出量をとって利潤を図示しなさい。
   ② 縦軸に利潤，横軸に産出量をとって利潤を図示しなさい。
   ③ 利潤最大化産出量を図中に示しなさい。
(2) 利潤最大化の１階の条件，２階の条件を説明しなさい。
(3) 短期平均費用関数をＳＡＣ＝$\dfrac{w}{4K_0}y+\dfrac{rK_0}{y}$とします。短期供給関数を求め，図示しなさい。Ｐ＝２のときの利潤最大化産出量を求め，図示しなさい。

≪解答＆解答の解説≫

(1) 利潤（π）≡総収入（Ｐｙ）－総費用（Ｃ）　（☞図２－８）

(2) 完全競争市場下の企業の利潤最大化問題は次のように定式化されます。

$$\text{Max}\quad \pi = P \cdot y - C(y)$$

① 利潤最大化の１階の条件（☞p.23）

$$\dfrac{d\pi}{dy} = P - \dfrac{dC(y)}{dy}$$

$$= P - MC = 限界収入 - 限界費用 = 価格 - 限界費用 = 0$$

$\dfrac{d\pi}{dy}$は限界利潤（ＭＰ）であり，

ＭＰ＞０（Ｐ＞ＭＣ）のときは生産拡大，

ＭＰ＜０（Ｐ＜ＭＣ）のときは生産縮小，

です。ＭＰ＝０（Ｐ＝ＭＣ）が利潤最大化の１階の条件 **答え** です。

② 利潤最大化の２階の条件（☞p.23）

$$\dfrac{d}{dy}\left(\dfrac{d\pi}{dy}\right) = \dfrac{d^2\pi}{dy^2} = -\dfrac{d^2C}{dy^2} < 0 \quad \textbf{答え}$$

$\dfrac{d^2C}{dy^2}>0$は限界費用の逓増を意味しています。

図2－8

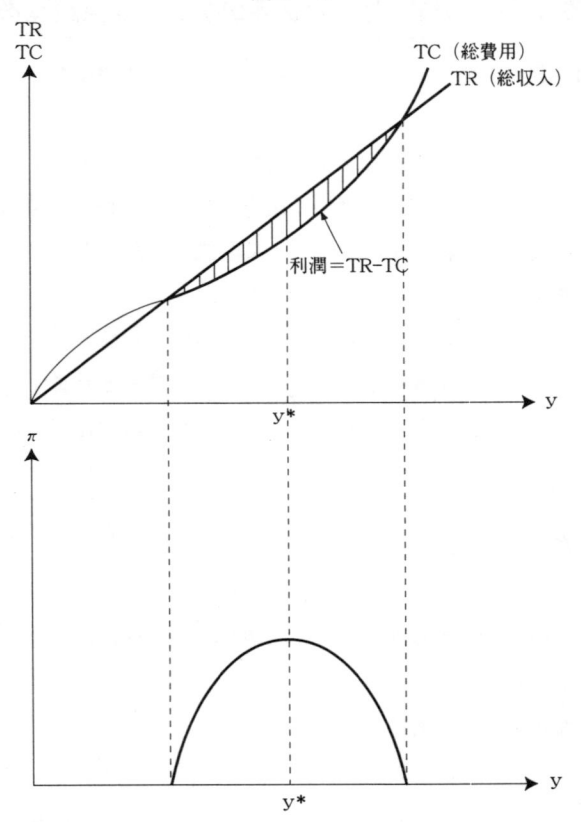

(3) 短期平均費用関数が $SAC = \dfrac{STC}{y} = \dfrac{w}{4K_0}y + \dfrac{rK_0}{y}$ ですので，短期総費用関数は，

$$STC = SAC \times y = \dfrac{w}{4K_0}y^2 + rK_0$$

です。短期平均可変費用を $SAVC$，短期限界費用を SMC とすると，

$$SAVC = \dfrac{\dfrac{wy^2}{4K_0}}{y} = \dfrac{w}{4K_0}y \quad \text{答え}$$

$$SMC = \dfrac{dSTC}{dy} = \dfrac{w}{2K_0}y \quad \text{答え}$$

です。短期供給関数は$P=SMC$より求めることができます。

$$P = \frac{w}{2K_0} y$$

ですので，

$$y = \frac{2K_0}{w} P \quad (\text{答え}：短期供給関数)$$

が得られます。$P=2$のときの利潤最大化産出量は，

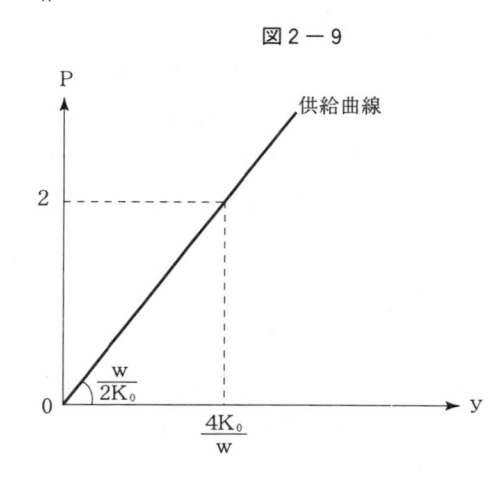

$$y = \frac{4K_0}{w} \quad \text{答え}$$

図2－9

問題2－10：短期の費用関数と長期の費用関数

(1) 短期総費用曲線と長期総費用曲線の関係を説明しなさい。
(2) 短期平均費用曲線と長期平均費用曲線の関係を説明しなさい。
(3) 短期限界費用曲線と長期限界費用曲線の関係を説明しなさい。

≪解答＆解答の解説≫

(1) $y=$産出量，$w=$貨幣賃金率，$r=$資本のレンタル料，$K_0=$一定の資本投入量とします。

$$C = C(y：w, \ r, \ K_0) \quad (短期総費用関数)$$

$$C_L = C_L(y : w, r) \qquad (長期総費用関数)$$

とします。資本投入量の各々の規模に対応した短期総費用曲線を描くことができます。$K_{01} < K_{02} < K_{03}$について,

$$STC_1 = C(y : w, r, K_{01})$$
$$STC_2 = C(y : w, r, K_{02})$$
$$STC_3 = C(y : w, r, K_{03})$$

　長期では,資本の大きさを自由に選択できますので,生産者は総費用を最小にするように,例えばy_1の産出量を生産するときK_{01}を選択し,y_2の産出量を生産するときK_{02}を選択します。すなわち,生産者はさまざまな産出量水準に対応した最適資本規模を選択します。各産出量水準にそれを生産する最小短期総費用を対応させた点を連ねると,長期総費用曲線OABDCを得ることができます。長期総費用曲線(LTC)はすべての短期総費用曲線(STC)の包絡線です。原点を通ります。

(2) 長期平均費用曲線(LAC)はすべての短期平均費用曲線(SAC)の包絡線です。

(3) 短期平均費用(SAC)曲線と長期平均費用(LAC)曲線との接点(A′,B′,C′,……)に対応した産出量水準(y_1,y_2,y_3,……)を見つけます。その産出量水準の短期限界費用(SMC)を通るように,長期限界費用(LMC)曲線が作図されます(A″,B″,C″……の軌跡)。すなわち,その産出量水準で,短期限界費用と長期限界費用は一致しています。

第 2 章　生産者行動の理論　89

図 2–10　短期費用曲線と長期費用曲線

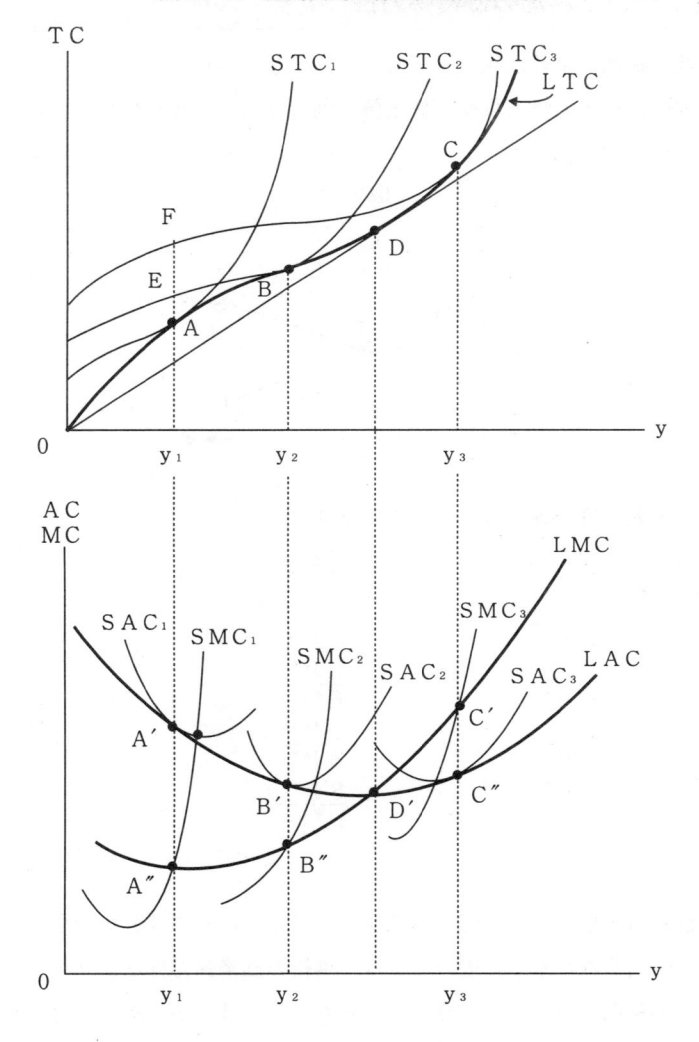

問題2-11：供給の価格弾力性

(1) 需要曲線と供給曲線とが下図のように与えられています。このとき，需要の価格弾力性と供給の価格弾力性とを正しく組み合わせているものはどれですか。

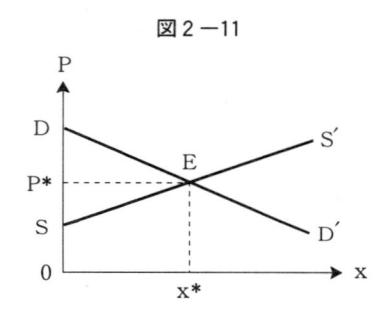

図2-11

	需要の価格弾力性	供給の価格弾力性
①	$\dfrac{OP^*}{DP^*}$	$\dfrac{OP^*}{SP^*}$
②	$\dfrac{DP^*}{OP^*}$	$\dfrac{SP^*}{OP^*}$
③	$\dfrac{P^*E}{DP^*}$	$\dfrac{SP^*}{P^*E}$
④	$\dfrac{P^*E}{DP^*}$	$\dfrac{OP^*}{SP^*}$
⑤	$\dfrac{DP^*}{P^*E}$	$\dfrac{SP^*}{P^*E}$

(2) 供給の価格弾力性に関する記述として正しいものはどれですか。
 ① 供給曲線が水平に近いときは，供給の価格弾力性はより小さい。
 ② 供給曲線が直線のときには，垂直に近いほうが，水平に近いほうよりも供給の価格弾力性は大きい。
 ③ 供給曲線が原点を通る直線のとき，価格弾力性は1です。

≪解答＆解答の解説≫

(1) **答え** ①

(2) 供給の価格弾力性は，

$$\varepsilon_s = \frac{\frac{dS}{S}}{\frac{dP}{P}} = \frac{\frac{P}{S}}{\frac{dP}{dS}} \quad (定義：☞ p.46)$$

と定義されますので，供給の価格弾力性（ε_s）と市場供給曲線の傾きは逆の動きをします。

ε_s の大きさ	供給の価格弾力性	市場供給曲線の傾き
ε_s が大きい→	弾 力 的 →	緩やか
$\varepsilon_s = \infty$ →	完全弾力的 →	水平
ε_s が小さい→	非 弾 力 的 →	急
$\varepsilon_s = 0$ →	完全非弾力的 →	垂直

ですので，**答え** ③。

第3章　部分均衡分析と余剰分析

―――― 試験対策ポイント ――――

① 個別需要関数から市場需要関数，個別供給関数から短期の市場供給関数の導出を理解する。短期と長期の市場供給関数のちがいを理解する。
② 市場需要関数と市場供給関数の性質（需要の価格弾力性と供給の価格弾力性）を理解する。
③ 市場全体の需給均衡による価格・数量の決定（短期市場均衡）を理解する。
④ 市場需要曲線と市場供給曲線の交点の3つの意味を理解する。
⑤ 不均衡状態から市場均衡への2つの調整過程（ワルラスの価格調整とマーシャルの数量調整）を理解する。ワルラスの安定性とマーシャルの安定性のちがいを理解する。
⑥ 市場短期供給曲線と市場長期供給曲線，短期市場均衡と産業の長期均衡のちがいを理解する。
⑦ 消費者余剰と生産者余剰，社会的総余剰の大きさを図示しながら理解する。
⑧ 政府の規制（数量規制と価格規制）の余剰（消費者余剰，生産者余剰，社会的総余剰）への影響を理解する。規制によって生じる死重的損失を理解する。
⑨ 課税（従量税）の余剰（消費者余剰，生産者余剰，社会的総余剰）への影響を理解する。
⑩ 間接税（従量税）が最終的に消費者によって負担されるのか，生産者によって負担されるのか（租税の帰着）を理解する。
⑪ 蜘蛛の巣モデルを図示しながら理解する。

94　第1部　ミクロ経済学試験問題の全パターン

> **問題3－1：短期市場供給関数，市場需要関数および短期市場均衡**
>
> (1) 個別企業の短期の総費用（STC）をSTC＝$4+y^2$とします。平均費用，限界費用を求めなさい。
> (2) P＝価格として，この個別企業の短期供給関数を求めなさい。
> (3) 同質的な企業数をnとして，短期市場供給関数を求めなさい。
> (4) 市場需要関数がD＝100－Pで与えられ，短期均衡市場価格が10であることがわかっているとします。このときの，企業数および個別企業の利潤を求めなさい。

《解答＆解答の解説》

(1) 短期の平均費用をSAC，限界費用をSMCとすると，

$$SAC = \frac{STC}{y} = \frac{4}{y} + y \quad \boxed{答え}$$

$$SMC = \frac{dSTC}{dy} = 2y \quad \boxed{答え}$$

です（☞数学マニュアルX）。

(2) 個別企業の利潤最大化の1階の条件P＝SMC（価格＝限界費用：☞p.23）より，

$$P = 2y \quad （逆短期供給関数）$$

あるいは，

$$y = \frac{P}{2} \quad \boxed{答え}：短期供給関数$$

を得ることができます。平均可変費用（SAVC）は，$SAVC = \frac{y^2}{y} = y$ であり，操業停止点（平均可変費用曲線と限界費用曲線の交点）は原点ですので，個別短期供給曲線は限界費用曲線と完全に一致しています。

第3章　部分均衡分析と余剰分析　95

図3－1

```
SAVC        SMC(供給曲線)
SAC
SMC              SAC
                 SAVC



0                         → y
  操業停止点
```

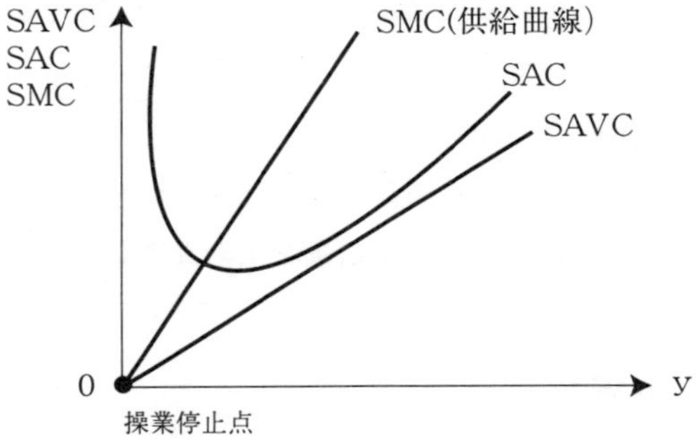

(3) 市場供給量をSとすると，短期市場供給関数は，

$$S = n \cdot y = n \cdot \frac{P}{2} \quad \text{答え}$$

です。

(4) 需給均衡方程式は「供給＝需要（S＝D）」ですので，

$$n \cdot \frac{P}{2} = 100 - P \quad （供給＝需要）$$

です。需給均衡価格は $P^* = 10$ で与えられていますので，需給均衡取引量は90であることがわかります。

$$S^* = 90 = n \cdot \frac{P^*}{2} = n \cdot \frac{10}{2}$$

より，$n^* = 18$　（**答え**：企業数）

が得られます。

このときの個別企業の生産量は，

$$S^* = 90 = n^* \cdot y = 18 \cdot y \quad \text{あるいは} \quad y = \frac{P^*}{2} = \frac{10}{2}$$

より，$y^* = 5$ です。したがって，

$$\pi^* \equiv P^* \cdot y^* - C(y^*) = P^* \cdot y^* - (4 + y^{*2})$$
$$= 10 \cdot 5 - (4 + 5^2) = 21 \quad （\text{**答え**}：個別企業の利潤）$$

です。

問題3－2：産業の長期均衡

(1) 個別企業の長期の総費用（LTC）をLTC＝4yとします。平均費用，限界費用を求めなさい。

(2) P＝価格として，市場需要関数がD＝100－Pで与えられているとき，産業の長期均衡価格および長期供給量を求めなさい。

《解答＆解答の解説》

(1) 平均費用をLAC，限界費用をLMCとすると，

$$LAC = \frac{LTC}{y} = 4 \quad \text{答え}$$

$$LMC = \frac{dLTC}{dy} = 4 \quad \text{答え}$$

です。

(2) 長期においては企業数が変化し，長期の市場供給関数は個別長期供給関数の単純な水平和ではありません。産業の長期均衡においては，

P＝LMC＝LAC　（価格＝長期限界費用＝長期平均費用）

が成立しています。したがって，産業の長期均衡価格は4 答え です。市場需要関数はD＝100－Pですので，長期供給量は，

$$100 - P^* = 100 - 4 = 96 \quad \text{答え}$$

です。

問題3－3：ワルラスの価格調整とマーシャルの数量調整

市場需要関数がD＝a－bP，市場供給関数がS＝－c＋dPでそれぞれ与えられています。

(1) 市場均衡がワルラス的に安定となるための条件を示しなさい。

(2) 市場均衡がマーシャル的に安定となるための条件を示しなさい。

(3) 下図で，均衡がマーシャル的に安定であり，ワルラス的に不安定であ

るものの組み合わせとして正しいものはどれですか。

図3－2

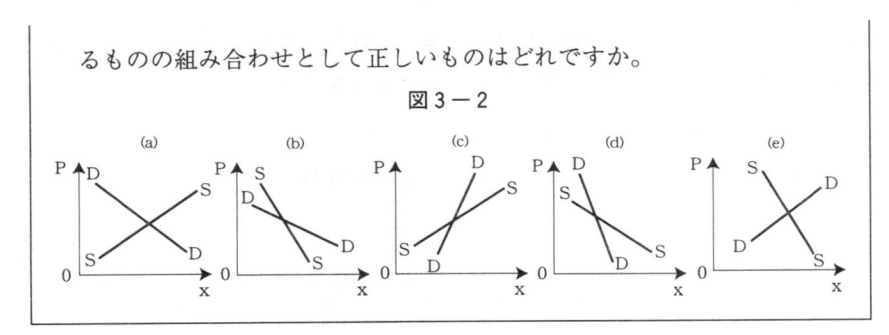

(a) (b) (c) (d) (e)

《解答＆解答の解説》

(1) ワルラスの安定条件は $\dfrac{d(D-S)}{dP} < 0$ です。均衡が安定であれば，図（縦軸価格，横軸数量）を縦方向に見て，価格の上昇が超過需要量（D－S）の幅を小さくするはずです。すなわち，

$$\frac{d(D-S)}{dP} = \frac{d\{a+c-(b+d)P\}}{dP}$$
$$= -(b+d) < 0 \quad \text{答え}$$

図3－3　ワルラスの価格調整

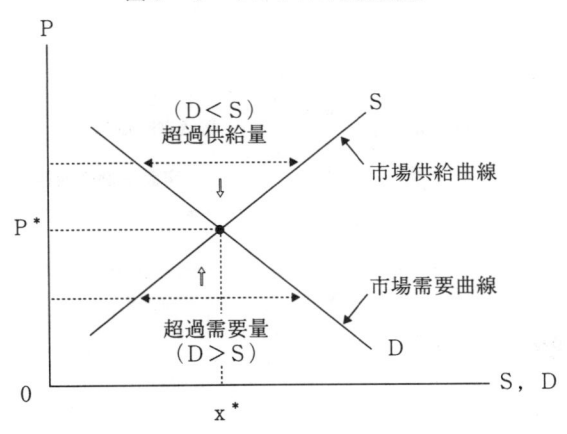

(D＜S) 超過供給量
市場供給曲線
P*
市場需要曲線
超過需要量
(D＞S)
x*

(2) P^D＝需要者価格（限界的需要量に対して消費者が支払ってもよいと考える最高価格），P^S＝供給者価格（限界的供給量に対して生産者が要求する最低価格）とします。マーシャルの安定条件は $\dfrac{d(P^D - P^S)}{dx} < 0$ です。均衡が

安定であれば，図（縦軸価格，横軸数量）を横方向に見て，数量の増大が超過需要者価格（$P^D - P^S$）の幅を小さくするはずです。

$D = a - bP$ より，

$$P^D = \frac{a}{b} - \frac{D}{b} = \frac{a}{b} - \frac{1}{b}x \quad （需要者価格）$$

$S = -c + dP$ より，

$$P^S = \frac{c}{d} + \frac{S}{d} = \frac{c}{d} + \frac{1}{d}x \quad （供給者価格）$$

です。

$$\frac{d(P^D - P^S)}{dx} = \frac{d\{(\frac{a}{b} - \frac{c}{d}) - (\frac{1}{b} + \frac{1}{d})x\}}{dx}$$

$$= -(\frac{1}{b} + \frac{1}{d}) < 0 \quad \text{答え}$$

図3-4 マーシャルの数量調整

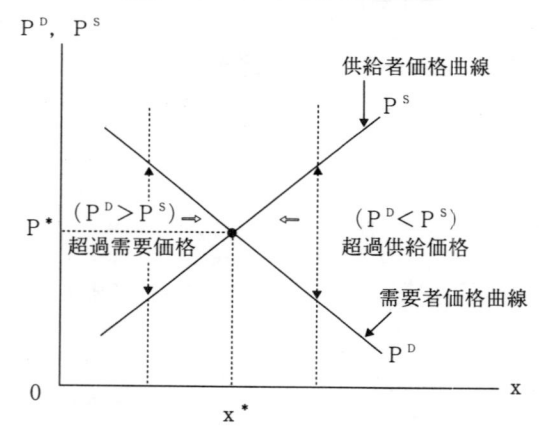

(3) (d) 答え

問題3－4：消費者余剰と生産者余剰

市場需要関数，市場供給関数がそれぞれ次のように与えられています。

$$D = 400 - \frac{1}{3}P \quad \text{（市場需要関数）}$$

$$S = -100 + \frac{1}{2}P \quad \text{（市場供給関数）}$$

(1) 市場で成立する均衡取引量（x^*），均衡価格（P^*）を求めなさい。
(2) 市場需要曲線と市場供給曲線の交点が何を意味するのかを説明しなさい。
(3) 消費者余剰，生産者余剰および社会的総余剰を求め，図示しなさい。

《解答＆解答の解説》

(1) 市場の需給均衡条件式はD＝S（需要＝供給）です。

$$400 - \frac{1}{3}P = -100 + \frac{1}{2}P \quad \text{（需要＝供給）}$$

ですので，$P^* = 600$, $x^* = 200$ 答え です。

(2) 市場需要曲線と市場供給曲線の交点は次の3つのことを意味しています。

① 市場需要曲線上の点は消費者の主体均衡条件（☞p.24）を満たしていますので，交点は消費者の効用最大化を達成しています。

② 市場供給曲線上の点は生産者の主体均衡条件を満たしていますので，交点は生産者の利潤最大化を達成しています。

③ 交点は「需要＝供給」の市場均衡条件を満たしています。

(3) 縦軸にP，横軸にx（D，S）をとって図示しましょう。市場需要関数，市場供給関数より，需要者価格（逆需要）関数，供給者価格（逆供給）関数を求めましょう。

$$P^D = 1,200 - 3x \quad \text{（需要者価格関数）}$$

$$P^S = 200 + 2x \quad \text{（供給者価格関数）}$$

消費者余剰，生産者余剰，社会的総余剰をそれぞれCS，PS，TSとします。

$$CS = (1,200-600) \times 200 \times \frac{1}{2} = 60,000 \quad \text{答え}$$

$$PS = (600-200) \times 200 \times \frac{1}{2} = 40,000 \quad \text{答え}$$

$$TS = CS + PS = 60,000 + 40,000 = 100,000 \quad \text{答え}$$

完全競争市場均衡（E点）は社会的総余剰を最大にし，効率的な資源配分を実現します。

図3－5　消費者余剰と生産者余剰

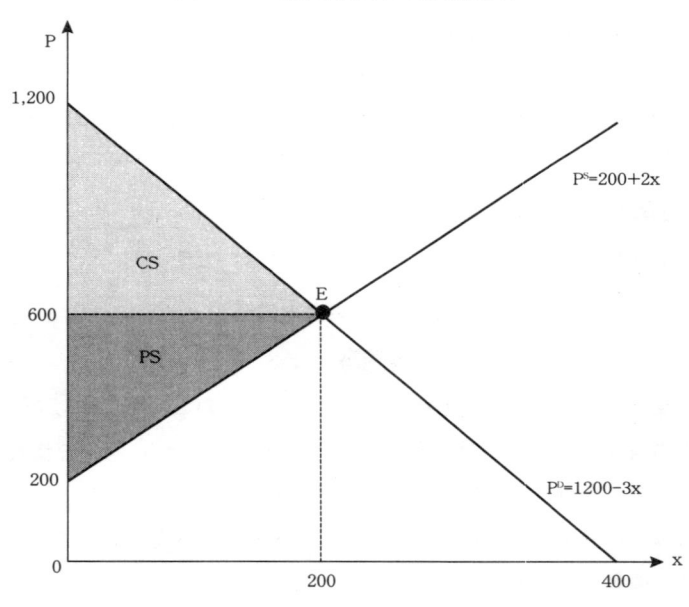

問題3－5：規制と余剰

(1) 市場供給量を x' に制限する政府の規制を考えます。図中の記号を用いて，消費者余剰，生産者余剰，死重的損失の大きさを説明しなさい。

図 3−6　数量規制と余剰

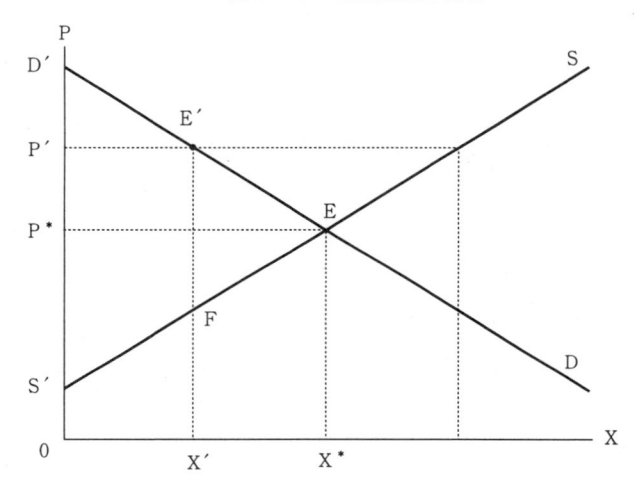

(2) 価格を P′ に制限する政府の規制を考えます。図中の記号を用いて，消費者余剰，生産者余剰，死重的損失の大きさを説明しなさい。

図 3−7　価格規制と余剰

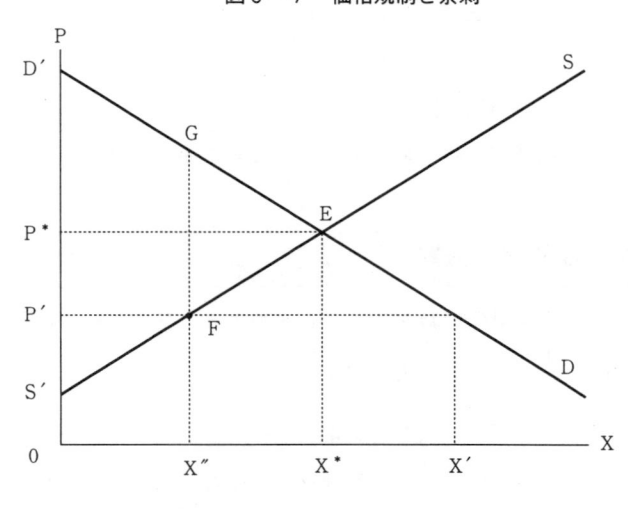

《解答＆解答の解説》

(1) 数量規制下,

　　市場均衡点：E′点
　　均 衡 価 格：P′＞P*
　　均衡取引量：x′＜x*

であり,

　　消費者余剰　（D′E′P′＜DEP*）
　　生産者余剰　（P′E′FS′≦P*ES′）
　　社会的総余剰（D′E′FS′＜DES′）

ですので，政府の数量規制は死重的損失（E′EF：非効率性）を生みます。

(2) 価格規制下,

　　市場均衡点：F点
　　均 衡 価 格：P′＜P*
　　均衡取引量：x″＜x*

であり,

　　消費者余剰　（D′GFP′≦DEP*）
　　生産者余剰　（P′FS′＜P*ES′）
　　社会的総余剰（D′GFS′＜D′ES′）

ですので，政府の価格規制は死重的損失（GEF：非効率性）を生みます。

問題3－6：従量税と余剰

市場需要関数，市場供給関数がそれぞれ次のように与えられています。

$$D = 400 - \frac{1}{3}P \quad （市場需要関数）$$

$$S = -100 + \frac{1}{2}P \quad （市場供給関数）$$

政府が1単位の生産についてtの従量税を生産者に課税するとします。

(1) 消費者価格（P），生産者価格（P′）で測った均衡価格を求めなさい。

(2) 消費者余剰，生産者余剰，厚生上の損失（死荷重）の大きさを求める計算式を示しなさい。

(3) 政府の税収を最大にする t の水準を求めなさい。

《解答＆解答の解説》

(1) 課税の問題には，従量税と従価税の２種類のものがありますが，間接税（従量税・従価税）の導入によって，消費者価格（消費者が支払う価格）と生産者価格（生産者が受け取る価格）の区別が必要になります。

消費者価格（P）と生産者価格（P′）の関係は，P＝P′＋t です。したがって，問題の逆需要関数，逆供給関数（☞ p.99）は次のように書かれなくてはいけません。

$P^D = 1{,}200 - 3x$ （消費者価格で測った需要者価格関数）

$P^{S'} = 200 + 2x$ （生産者価格で測った供給者価格関数）

縦軸にP，P′のいずれをとって図示するのかを決めなければなりません。縦軸にPをとりますと，供給者価格関数は，

$P^{S'} = P^S - t = 200 + 2x$

ですので，問題の逆需要関数，逆供給関数は、

$P^D = 1{,}200 - 3x$ （消費者価格で測った需要者価格関数）

$P^S = 200 + 2x + t$ （消費者価格で測った供給者価格関数）

になります。

均衡条件式は $P^D = P^S$（需要者価格＝供給者価格）ですので，

$1{,}200 - 3x = 200 + 2x + t$

より，

$x^* = 200 - \dfrac{1}{5}t$

$P^* (= P^{D*} = P^{S*}) = 600 + \dfrac{3}{5}t$

　　　　　　　（**答え**：消費者価格で測った均衡価格）

$P'^* (= P^{D'*} = P^{S'*}) = 600 - \dfrac{2}{5}t$

　　　　　　　（**答え**：生産者価格で測った均衡価格）

が得られます。

(2) 余剰を計算するときには，同じ価格（消費者価格，生産者価格）で測る必要があります。消費者余剰，生産者余剰，厚生上の損失をそれぞれＣＳ，ＰＳ，ＤＷとします。厚生上の損失は，政府の経済への介入（課税）によって生じる社会的総余剰の損失の大きさのことです。

$$CS = \{1,200-(600+\frac{3}{5}t)\} \times (200-\frac{1}{5}t) \times \frac{1}{2}$$ 答え

$$PS = \{(600-\frac{2}{5}t)-200\} \times (200-\frac{1}{5}t) \times \frac{1}{2}$$ 答え

$$DW = t \times \{200-(200-\frac{1}{5}t)\} \times \frac{1}{2}$$ 答え

従量税による死重的損失はとくに「税の超過負担」と呼ばれています。

(3) 政府の税収をＴとします。

$$T = t \times (200-\frac{1}{5}t) = 200t - \frac{1}{5}t^2$$

図３－８　消費者余剰・生産者余剰と税

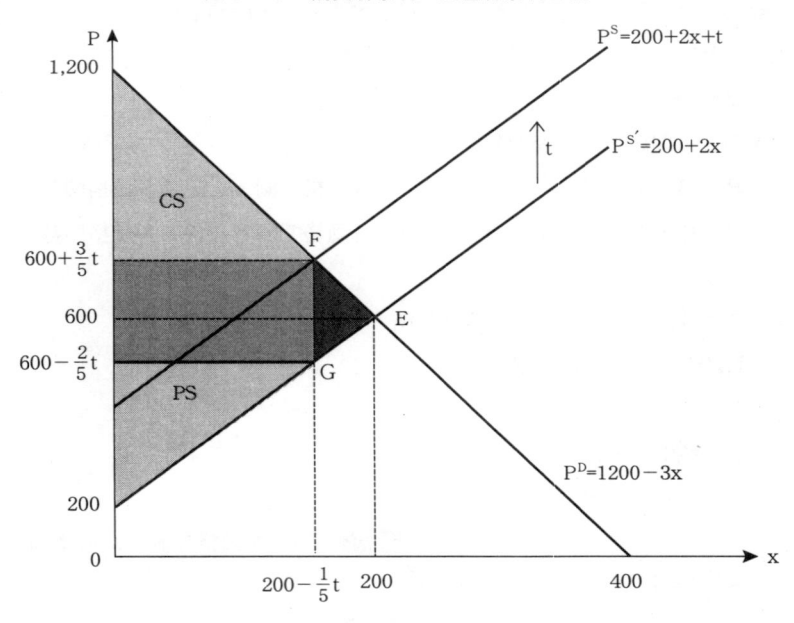

Tを最大にする1階の条件（☞p.23）は，
$$\frac{dT}{dt} = 200 - \frac{2}{5}t = 0$$
ですので，$t^* = 500$ 答え

問題3－7：間接税（従量税）の帰着

(1) 市場需要関数と需要の価格弾力性に関する記述として，正しいものはどれですか。
   ① 需要の価格弾力性が1より大きいときは，需要曲線の傾斜は急になります。
   ② 需要の価格弾力性が1より小さいときは，需要曲線の傾斜は急になります。
   ③ 需要の価格弾力性が無限大のときは，需要曲線は垂直になります。

(2) 市場供給関数と供給の価格弾力性に関する記述として，正しいものはどれですか。
   ① 供給の価格弾力性が1より大きいときは，供給曲線の傾斜は急になります。
   ② 供給の価格弾力性が1より小さいときは，供給曲線の傾斜は急になります。
   ③ 供給の価格弾力性がゼロのときは，供給曲線は水平になります。

(3) 間接税（従量税）は納税者が他の経済主体に課税を転嫁できることを想定した税ですので，税負担転嫁が問題になります。消費者と生産者の単位当たりの税負担を図中の記号を用いて説明しなさい。

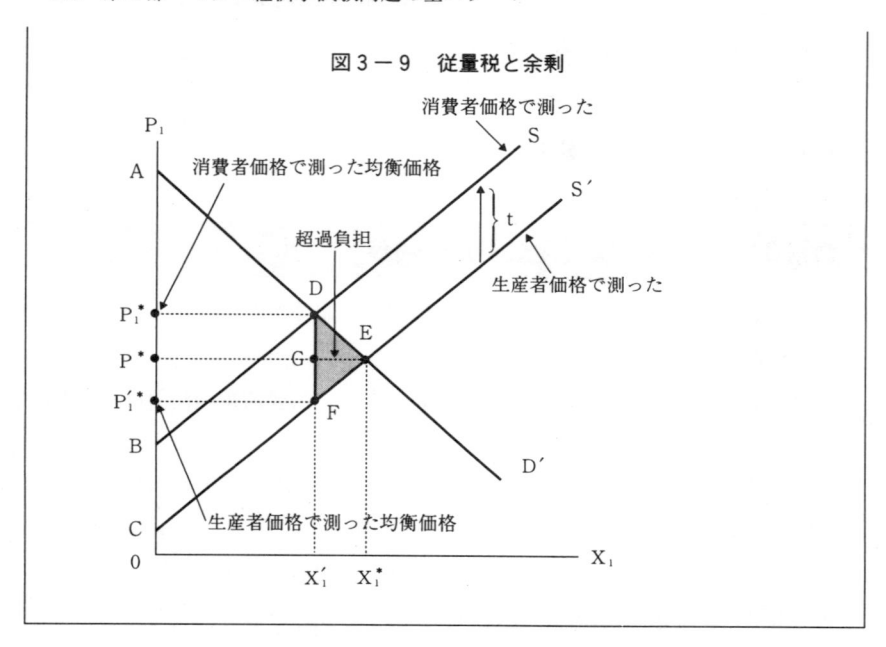

106　第1部　ミクロ経済学試験問題の全パターン

図3-9　従量税と余剰

(図：縦軸 P_1、横軸 X_1。供給曲線 S（消費者価格で測った）と S′（生産者価格で測った）、その差が従量税 t。需要曲線 AD′。均衡点 E（P^*, X_1^*）、課税後消費者価格 P_1^*（点D）、生産者価格 $P_1'^*$（点F）。三角形DEF（DGF）が超過負担。点B、C、Gも図示。)

《解答＆解答の解説》

(1) 需要の価格弾力性は,

$$\varepsilon_D = -\frac{\dfrac{dD}{D}}{\dfrac{dP}{P}} = -\frac{\dfrac{P}{D}}{\dfrac{dP}{dD}} \quad (\text{需要の価格弾力性の定義})$$

と定義されますので, 需要の価格弾力性（ε_D）と市場需要曲線（縦軸P, 横軸D）の傾きは逆の動きをします。

ε_Dの大きさ	需要の価格弾力性	市場需要曲線の傾き
ε_Dが大きい →	弾力的 →	緩やか
$\varepsilon_D = \infty$ →	完全弾力的 →	水平
ε_Dが小さい →	非弾力的 →	急
$\varepsilon_D = 0$ →	完全非弾力的 →	垂直

したがって, **答え** は②です。

(2) 供給の価格弾力性は,

$$\varepsilon_S = \frac{\frac{dS}{S}}{\frac{dP}{P}} = \frac{\frac{P}{S}}{\frac{dP}{dS}} \quad (供給の価格弾力性の定義)$$

と定義されますので，供給の価格弾力性（ε_S）と市場供給曲線（縦軸P，横軸S）の傾きは逆の動きをします。

ε_Sの大きさ	供給の価格弾力性	市場供給曲線の傾き
ε_Sが大きい →	弾 力 的 →	緩やか
$\varepsilon_S = \infty$ →	完全弾力的 →	水平
ε_Sが小さい →	非 弾 力 的 →	急
$\varepsilon_S = 0$ →	完全非弾力的 →	垂直

したがって，答えは②です。

(3) 租税の負担の最終的帰着は「租税の帰着」と呼ばれています。

P^*＝課税前（消費者価格＝生産者価格）の市場均衡価格

P_1^*＝消費者価格で測った市場均衡価格（D点）

$P_1'^*$＝生産者価格で測った市場均衡価格（F点）

であり，消費者と生産者の単位当たりの負担は，

① 消費者の負担（DG）＝ $P_1^* - P^*$

　　　　　　　　　＝課税後の均衡消費者価格－課税前の市場均衡価格

② 生産者の負担（GF）＝ $P^* - P_1'^*$

　　　　　　　　　＝課税前の市場均衡価格－課税後の均衡生産者価格

です。負担比率は，

① 消費者の負担率＝$\dfrac{DG}{DF}$

② 生産者の負担率＝$\dfrac{GF}{DF}$

であり，△DEG，△GEFを考えて，E点における需要の価格弾力性，供給の価格弾力性は，

$$\varepsilon_D = -\frac{\frac{dx_1^*}{x_1^*}}{\frac{dP^*}{P^*}} = \frac{\frac{GE}{x_1^*}}{\frac{DG}{P^*}}$$

$$\varepsilon_S = \frac{\dfrac{dx_1^*}{x_1^*}}{\dfrac{dP^*}{P^*}} = \frac{\dfrac{GE}{x_1^*}}{\dfrac{GF}{P^*}}$$

ですので,

$$\text{負担比率} = \frac{DG}{GF} = \frac{\text{供給の価格弾力性}(\varepsilon_S)}{\text{需要の価格弾力性}(\varepsilon_D)}$$

です。需給曲線をE点を支点とした「はさみ」とみなして,

① 供給の価格弾力性 (ε_S) =∞（水平の供給曲線）のケース

$$\text{負担比率} = \frac{\text{消費者の負担}}{\text{生産者の負担}} = \frac{\varepsilon_S}{\varepsilon_D} = \infty$$

このとき, 租税の負担は100％消費者負担です。

② 需要の価格弾力性 (ε_D) =∞（水平の需要曲線）のケース

$$\text{負担比率} = \frac{\text{消費者の負担}}{\text{生産者の負担}} = \frac{\varepsilon_S}{\varepsilon_D} = 0$$

このとき, 租税の負担は100％生産者負担です。

問題3－8：くもの巣モデル

くもの巣モデルが以下のように与えられています。

$D_t = S_t$　　　　　　　　　　　（需給均衡条件式）

$D_t = D_t(P_t) = a - bP_t$　　　　（需要関数）

$S_t = S_t(P_{t-1}) = c + dP_{t-1}$　　（供給関数）

(1) 「需要曲線の傾きの絶対値＜供給曲線の傾きの絶対値（b＜d）のとき, 上下に振動しながら次第に長期均衡に収束します。」これを図示しながら説明しなさい。

(2) 「需要曲線の傾きの絶対値＞供給曲線の傾きの絶対値（b＞d）のとき, 発散します。」これを図示しながら説明しなさい。

《解答＆解答の解説》

くもの巣モデルの特徴は次の２点です。

① 需要量は価格の変化に対して期間内に調整されます。

② 供給量の調整は価格の変化に対して1期の遅れがあります。すなわち、生産者は前期に今期の市場価格を予想し、それに基づいて生産計画を立て、今期に産出量が実現します。例えば、農作物を考え、今期の市場価格を予想して前期に種を蒔き、今期に収穫することを想定することができます。今期の供給量は今期の価格に対して完全に非弾力的（垂直の市場供給曲線）です。

(1) $P^* = \dfrac{a-c}{b+d}$（長期均衡価格）であり、P_0^*（第0期の市場均衡価格）からスタートします。

⇩

$_0P_1^e = P_0^*$（第0期に第1期において成立するであろう価格を予想します）

⇩

$S_1(_0P_1^e) = S_1(P_0^*) = D_1(P_1)$（第1期の市場の需給均衡式）

⇩（供給曲線はx_1で垂直、需要曲線は右下がりです）

第1期の市場均衡はB点で達成されます。

⇩（市場均衡価格の低下：$P_0^* \to P_1^*$）

$_1P_2^e = P_1^*$（第1期に第2期において成立するであろう価格を予想します）

⇩

$S_2(_1P_2^e) = S_2(P_1^*) = D_2(P_2)$（第2期の市場の需給均衡式）

⇩（供給曲線はx_2で垂直、需要曲線は右下がりです）

第2期の市場均衡はC点で達成されます。

⇩（市場均衡価格の上昇：$P_1^* \to P_2^*$）

かくして、市場均衡価格は$P_0^* \to P_1^* \to P_2^*$と乱高下し、市場均衡取引量も$x_1 \to x_2 \to x_3$と乱高下します。その軌跡はくもの巣のような形をしています。

図3−10 くもの巣モデル（安定）

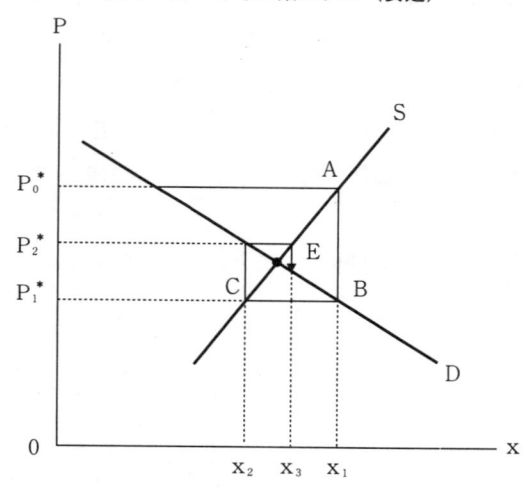

(2)

図3−11 くもの巣モデル（不安定）

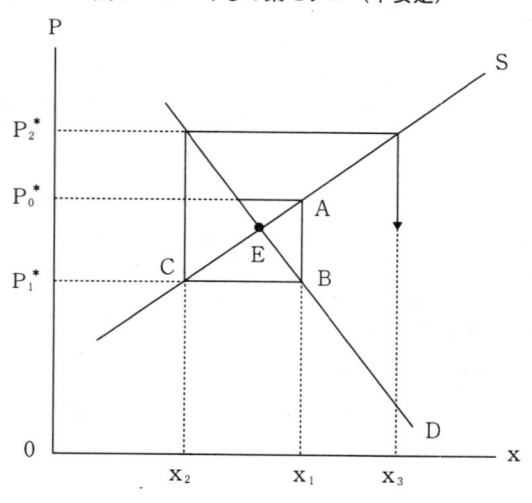

第4章 一般均衡分析とパレート最適基準

―― 試験対策ポイント ――

① 部分均衡分析（個別市場の均衡）と一般均衡分析（全市場の同時均衡）のちがいを理解する。
② 経済厚生を評価するための概念として、「余剰の最大化」（部分均衡分析）と「パレート最適」（一般均衡分析）を理解する。
③ 純粋交換経済下のワルラスの法則を理解する。
④ 純粋交換経済下のエッジワースのボックス・ダイヤグラム、契約曲線、効用可能性曲線を図示しながら理解する。
⑤ 純粋交換経済のパレート最適条件を理解する。
⑥ 純粋交換経済と生産経済のちがいを理解する。
⑦ 生産経済下のワルラスの法則を理解する。
⑧ 生産経済下のエッジワースのボックス・ダイヤグラム、生産効率性軌跡（生産の契約曲線）、生産可能性曲線を図示しながら理解する。
⑨ 生産経済のパレート最適条件を理解する。
⑩ 厚生経済学の第1基本定理と第2基本定理を理解する。

問題4－1：パレート基準とパレート最適

(1) パレート基準とは何ですか。
(2) パレート最適とは何ですか。

《解答＆解答の解説》

(1) パレート基準とはベクトル（複数の要素をもつ経済状態）の効率性を比較するための基準のことです。パレートの意味では，下図のAとBではBが優れており，AとCでは優劣を比較できません。AからBへの移行はパレート改善と呼ばれています。

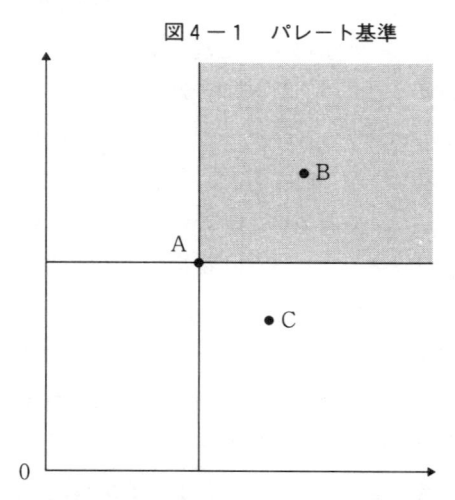

図4－1　パレート基準

(2) 異なった経済状態の経済厚生（効率性）を評価するための概念としては，部分均衡分析では「余剰の最大化」，一般均衡分析では「パレート最適」が用いられています。ベクトルで示されるある経済状態があり，選択可能集合の中からその経済状態よりもパレートの意味で優れたものを選択できないとき，その経済状態は「パレート最適」であると言われています。

問題4－2：純粋交換経済下の一般均衡分析

2人の消費者・2つの財のみから構成される純粋交換経済を考えます。2人の消費者の効用最大化問題は，

$$\text{Max} \quad U_1 = U_1(x_{11}, x_{12}) \quad \text{（第1消費者の効用最大化）}$$
$$\text{s.t.} \quad P_1 x_{11} + P_2 x_{12} = P_1 x_{11}^0 + P_2 x_{12}^0$$
$$\text{（第1消費者の予算制約式）}$$

$$\text{Max} \quad U_2 = U_2(x_{21}, x_{22}) \quad \text{（第2消費者の効用最大化）}$$
$$\text{s.t.} \quad P_1 x_{21} + P_2 x_{22} = P_1 x_{21}^0 + P_2 x_{22}^0$$
$$\text{（第2消費者の予算制約式）}$$

と定式化されています。第1，2消費者の交換前の第1，2財の保有量は，

$$W_1 = (x_{11}^0, x_{12}^0) \quad \text{（第1消費者の交換前保有量）}$$
$$W_2 = (x_{21}^0, x_{22}^0) \quad \text{（第2消費者の交換前保有量）}$$

です。以下の問いに答えなさい。

(1) エッジワースのボックス・ダイヤグラムの横軸を第1財，縦軸を第2財とするとき，ボックスの横軸の長さ，縦軸の長さを求めなさい。
(2) エッジワースのボックス・ダイヤグラムと契約曲線を図示しなさい。
(3) 純粋交換経済下のワルラスの法則を説明しなさい。
(4) 純粋交換経済のパレート最適条件を示しなさい。

《解答＆解答の解説》

(1) エッジワースのボックス・ダイヤグラムの横軸の長さ，縦軸の長さは次のとおりです。

① ボックスの横軸の長さ

$$x_{11}^0 + x_{21}^0 = x_1^0 \quad \text{（答え：第1財の生産量は一定）}$$

② ボックスの縦軸の長さ

$$x_{12}^0 + x_{22}^0 = x_2^0 \quad \text{（答え：第2財の生産量は一定）}$$

(2) 2人の無差別曲線（等効用曲線）のうち第2消費者の無差別曲線を180度回転し、W_1点とW_2点を重ねる（W点）ようにして作図した箱型の図はエッジワースのボックス・ダイヤグラムと呼ばれています。

エッジワースのボックス・ダイヤグラムにおいて、2人の消費者の無差別曲線が互いに接する点の軌跡は「契約曲線」と呼ばれています。契約曲線上では、2人の消費者はパレート最適状態にあります。すなわち、契約曲線上のある経済状態から一方の選好を高めようとすると、他方の選好を低めなくてはいけません。

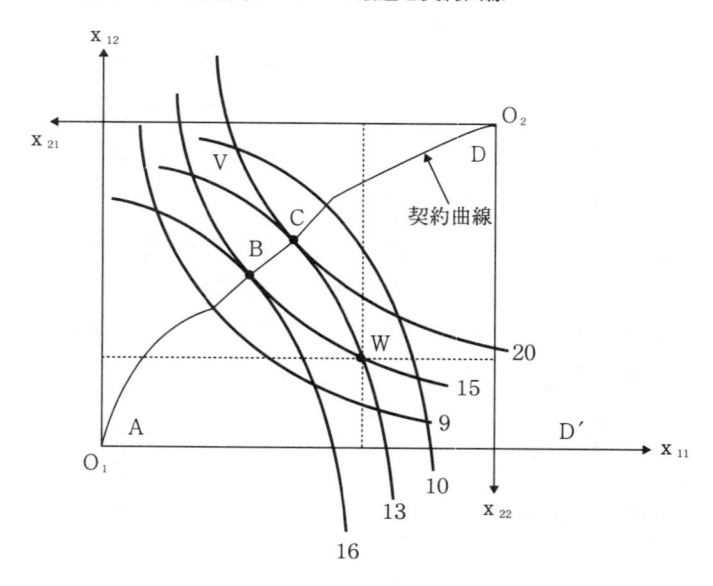

図4－2　財空間のパレート最適と契約曲線

(3) 各消費者の予算制約式を経済全体として集計したものは「ワルラスの法則」と呼ばれています。2人の消費者の予算制約式は、

$$P_1 x_{11} + P_2 x_{12} \equiv P_1 x_{11}^0 + P_2 x_{12}^0$$

$$P_1 x_{21} + P_2 x_{22} \equiv P_1 x_{21}^0 + P_2 x_{22}^0$$

であり、これらを集計すると、

$$P_1(x_{11} + x_{21}) + P_2(x_{12} + x_{22})$$

$$\equiv P_1(x_{11}{}^0 + x_{21}{}^0) + P_2(x_{12}{}^0 + x_{22}{}^0)$$

つまり、

$$P_1\{(x_{11}+x_{21})-(x_{11}{}^0+x_{21}{}^0)\} + P_2\{(x_{12}+x_{22})-(x_{12}{}^0+x_{22}{}^0)\} \equiv 0$$

が得られます。これは、

（第1財の超過需要）＋（第2財の超過需要）≡0　　（ワルラスの法則）

を意味しています。

市場需給均衡条件式として、2本の方程式（$D_1=S_1$, $D_2=S_2$）がありますが、「ワルラスの法則」より、独立な方程式は1本だけです。$D_1=S_1$あるいは$D_2=S_2$のいずれか1本の需給均衡方程式で1個の未知数$\dfrac{P_1}{P_2}$が決定されます。

(4) 純粋交換経済のパレート最適条件は次のとおりです。

$MRS_{12}{}^1 = MRS_{12}{}^2$　　　　（第1, 2消費者の限界代替率の均等）

$x_{11} + x_{21} = x_{11}{}^0 + x_{21}{}^0 = x_1{}^0$　　（第1財の完全利用）

$x_{12} + x_{22} = x_{12}{}^0 + x_{22}{}^0 = x_2{}^0$　　（第2財の完全利用）

問題4－3：生産経済下の一般均衡分析

(1) 純粋交換経済と生産経済のちがいを説明しなさい。
(2) 2人の消費者、2人の生産者、2つの生産要素、2つの財から構成される生産経済を考え、生産経済下のエッジワースのボックス・ダイヤグラムと生産効率性軌跡（生産の契約曲線）を図示しなさい。
(3) 生産可能性曲線を作図しなさい。
(4) 限界変形率とは何ですか。
(5) 生産経済のパレート最適条件を挙げなさい。

《解答＆解答の解説》

(1) 純粋交換経済は生産活動を行わず、交換だけを行う経済です。2人の消費者はすでに生産された財をもって、交換に出かけます。それに対し、生産経

済は生産，交換活動をともに行う経済です。経済は希少な生産要素を与えられています。生産要素の効率的配分を考えて生産し，次にでき上がった生産物の効率的分配を考えます。

(2) 社会に存在している資源（生産要素）の効率的配分を問題にしますので，第1，2生産者が生産活動を行う前に各生産要素（労働，資本）をそれぞれどれだけもっているのかは問題になりません。

① ボックスの横軸の長さ

$L_1 + L_2 = L^0$ （社会に存在している一定の労働量）

② ボックスの縦軸の長さ

$K_1 + K_2 = K^0$ （社会に存在している一定の資本量）

上記の①，②を満たすように作図された箱型の図は生産経済下のエッジワースのボックス・ダイヤグラムと呼ばれています。

エッジワースのボックス・ダイヤグラムにおいて，2人の生産者の等量曲線が互いに接する点の軌跡は生産効率性軌跡（生産の契約曲線）と呼ばれています。生産効率性軌跡上では，2人の生産者はパレート最適状態にあります。すなわち，生産の契約曲線上のある経済状態から一方の産出量を高めようとすると，他方の産出量を低めなくてはいけません。

第4章　一般均衡分析とパレート最適基準　117

図4-3　生産経済下のエッジワースのボックス・ダイヤグラム

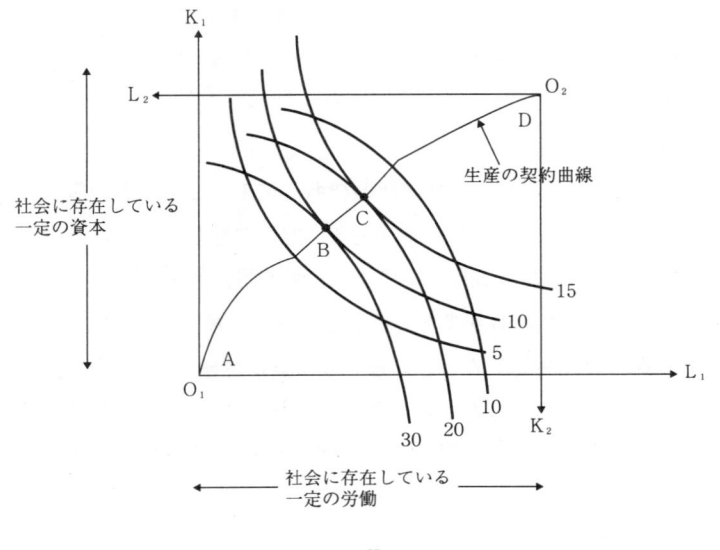

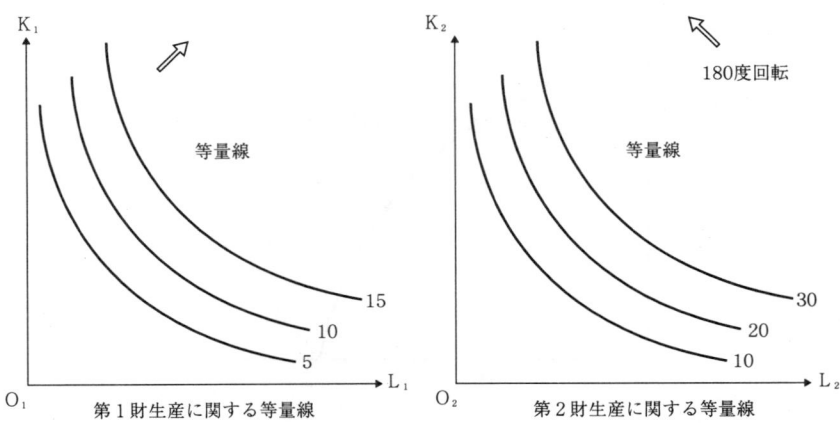

第1財生産に関する等量線

第2財生産に関する等量線

(3)　エッジワースのボックス・ダイヤグラムは縦軸，横軸に生産要素投入量をとった図です。この図を縦軸に y_2，横軸に y_1 をとった図に変換したものが「生産可能性曲線」と呼ばれるものです。第1，2生産者の等産出量曲線の水準の高さ（産出量の水準）に任意の数字（序数）を割り当てます。例えば，$y_1 = 5, 10, 15$，$y_2 = 10, 20, 30$ です。生産の契約曲線上の点，例えば，

B点：$y_1 = f_1(L_1^B, K_1^B) = 10$, $y_2 = f_2(L_2^B, K_2^B) = 30$

C点：$y_1 = f_1(L_1^C, K_1^C) = 15$, $y_2 = f_2(L_2^C, L_2^C) = 20$

を考えます。これらを横軸にy_1，縦軸にy_2をとった図に，

　B′点 = (10, 30)

　C′点 = (15, 20)

としてプロットし，パレート最適状態にある第1，2生産者の産出量水準の組み合わせの軌跡を求めたものが「生産可能性曲線」あるいは「生産可能性フロンティア」と呼ばれるものです。生産可能性曲線上では，2人の生産者はパレート最適状態にあります。所与の資源（労働と資本）量すべてを使用して，y_1財のみを生産したときの最大産出量は横軸OD′で表されます。同様に，y_2財のみを生産したときの最大産出量は縦軸OA′で表されます。

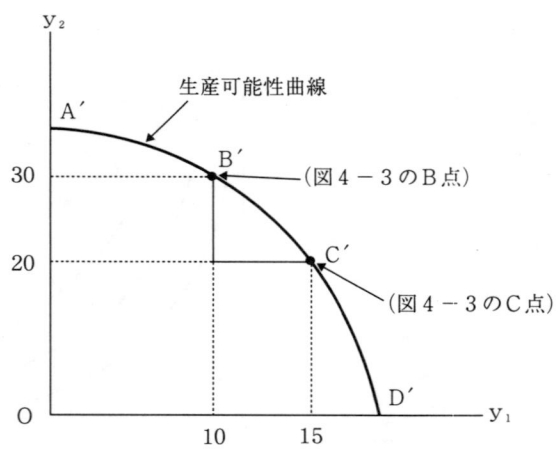

図4－4　財空間パレートの最適と生産可能性曲線

(4) 限界変形率とは生産可能性曲線の接線の傾きの絶対値のことです。限界変形率は次の2つの意味をもっています。

① 第2財の生産を1単位減少させることで解放される資源（生産要素）で第1財を何単位生産できるかを示す比率です。

② 第2財で測った第1財生産の社会的限界費用です。

(5) 生産のパレート最適条件は次のものです。
① 第1, 2生産者の技術的限界代替率の均等
$MRST_{LK}^1 = MRST_{LK}^2$
② 消費のパレート最適条件：第1, 2消費者の限界代替率の均等
$MRS_{12}^1 = MRS_{12}^2$
③ 全体のパレート最適条件：限界変形率と限界代替率の均等
$MRT_{12} = MRS_{12}^1 = MRS_{12}^2$

問題4－4　厚生経済学の基本定理

(1) 厚生経済学の第1基本定理を説明しなさい。
(2) 厚生経済学の第2基本定理を説明しなさい。

《解答＆解答の解説》

(1) 完全競争市場均衡はパレート最適であり，完全競争市場メカニズムはパレート最適を実現します。すなわち，完全競争市場メカニズムに委ねると，W点からA，B，C，D…点（パレート最適点）のいずれかに到達することができます。

(2) 任意のパレート最適状態は，交換前の保有量を再配分することによって，あとは完全競争市場メカニズムにより実現することができます。すなわち，A，B，C，D…点はパレート最適点で効率性という点ではすべて同じですが，公平性という点では異なります。W点－（市場メカニズム）→A点のとき，B点を達成しようと思えば，まず交換前の保有量を財政政策などによって再配分し，あとは市場メカニズムにまかせればよいのです。

120 第1部 ミクロ経済学試験問題の全パターン

図4－5 純粋交換経済下のエッジワースのボックス・ダイヤグラム

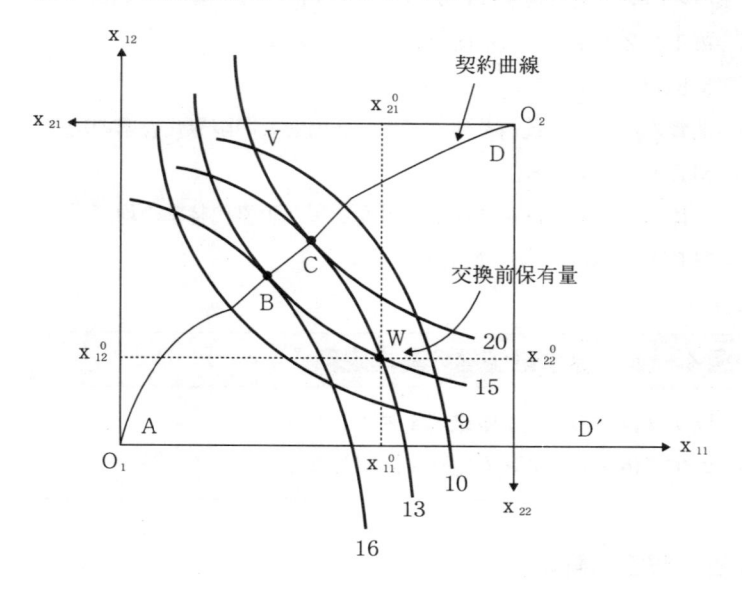

第5章　不完全競争市場の理論

---試験対策ポイント---

① 完全競争市場の4つの特徴（財の同質性，多数の売手・買手，完全情報，参入・退出の自由）を理解する。どのような意味で不完全競争市場であるのかを理解する。

② 不完全競争市場の諸理論（独占的競争の理論，複占・寡占の理論，参入阻止価格理論など）はすべて独占モデルが基本であることを理解する。すなわち，独占的競争，複占，寡占の理論はすべて「残余需要曲線」に直面する生産者の独占理論であることを理解する。独占理論があらゆる試験にもっともよく出る問題です。

③ 供給独占の企業は完全競争市場下の生産者とどこが異なるのかを理解する。供給独占の弊害を理解する。

④ 独占的競争の長期均衡を理解する。

⑤ クールノーの複占理論とシュタッケルベルクの複占理論を理解する。

⑥ 屈折需要曲線の理論を理解する。

⑦ フル・コスト原則（マークアップ原理）を理解する。

⑧ 自然独占産業の特徴と自然独占産業に対する政策を理解する。

⑨ 参入阻止価格を理解する。

問題5－1：完全競争市場と不完全競争市場の特徴

完全競争市場の特徴を挙げなさい。

《解答＆解答の解説》

市場は，次の4つの条件をすべて満たしておれば「完全競争市場」，いずれかを満たしていなければ「不完全競争市場」と呼ばれます。

① 財の同質性
② 多数の売手・買手
③ 完全情報
④ 参入・退出の自由

4つの中で1つだけを挙げるとすれば，「多数の売手・買手」です。売手が多数の中の1人であれば，いくら売っても値段は下がりません。あるいは，いくら売り惜しみをしても値段を引き上げることはできません。売手が現行の市場価格でいくらでも売ることができること，現行の価格に単独では何ら影響を与えられないことは，売手が「価格受容者」（price taker）であることの意味です。

問題5－2：独占企業（売手独占）の理論

$C = C(y) = y^2$ の形の総費用関数をもっている独占企業を考えます。市場需要関数は，$D = D(P) = 1,200 - P$ で与えられています。以下の問いに答えなさい。

(1) 完全競争市場下の企業と不完全競争市場下の企業の利潤最大化問題の違いを説明しなさい。
(2) この独占企業の限界収入を求めなさい。
(3) 限界収入を需要の価格弾力性を用いて表しなさい。
(4) 需要曲線，限界収入曲線，限界費用曲線，平均費用曲線を図示しなさ

い。
(5) 利潤最大化産出量を求めなさい。
(6) この独占企業の設定する価格水準(市場均衡価格)を求めなさい。
(7) 消費者余剰,生産者余剰,社会的総余剰,厚生上の損失(死荷重)の大きさを求める計算式を示しなさい。
(8) この独占企業の超過利潤を求めなさい。
(9) この企業の独占度を求めなさい。
(10) 完全競争市場の場合と完全独占の場合との価格差を求めなさい。

《解答＆解答の解説》

(1)① 完全競争市場下の企業の利潤最大化問題

完全競争市場下の一人の生産者は,多数の生産者の中の小さなマーケットシェアしかもっていませんので,価格支配力をもっていません。一人の生産者が直面する需要曲線は市場均衡価格で水平であり,それは当該生産者がいかに多く供給しようが,しまいが市場均衡価格に何らの影響を及ぼすことができないことを意味しています。完全競争市場下の生産者の意思決定にとっては市場均衡価格は所与であり,その意味で,生産者は価格受容者(price taker)です。完全競争市場下の生産者の利潤最大化問題は,

$$\text{Max} \quad \pi = P \cdot y - C(y) \quad (\text{利潤の最大化})$$
$$\text{s.t.} \quad P = P^* \quad (\text{生産者によって所与の市場均衡価格})$$

です。利潤最大化の1階の条件(☞p.23)は,

$$P^* = \frac{dC}{dy} \quad (\text{市場均衡価格＝限界費用})$$

です(☞p.85)。

② 不完全競争市場下の企業の利潤最大化問題

売手独占下の生産者は100％のマーケットシェアをもっていますので,価格支配力をもっています。生産者は一人で市場のすべての需要者を相手にしていますので,直面する需要曲線は右下がりの市場需要曲線です。それは生

産者の供給量の多寡が市場均衡価格水準を左右することを意味しています。供給独占下の生産者の意思決定にとっては市場価格は設定可能であり，その意味で，生産者は価格設定者（price setter）です。供給独占者の利潤最大化問題は，

$$\text{Max} \quad \pi = P \cdot y - C(y) \quad （利潤の最大化）$$
$$\text{s.t.} \quad P = P(y) \quad （逆市場需要関数：需要者価格関数）$$

であり，利潤最大化の1階の条件は，

$$\frac{d\pi}{dy} = \frac{d(P(y) \cdot y)}{dy} - \frac{dC(y)}{dy} = 0$$

すなわち，

$$\frac{dP(y)}{dy} \cdot y + P(y) \cdot \frac{dy}{dy} - \frac{dC(y)}{dy} = 0$$

つまり，

$$\underbrace{\frac{dP}{dy} \cdot y + P}_{（限界収入）} = \underbrace{\frac{dC(y)}{dy}}_{（限界費用）}$$

です（☞積 $P(y) \cdot y$ の微分については，数学マニュアルX）。

(2) $D = D(P) = 1,200 - P$ （需要関数）より，

$P = 1,200 - y$ （逆需要関数）

が得られます。総収入をR，限界収入をMRとすると，

$$R = Py = (1,200 - y)y = 1,200y - y^2$$
$$MR = \frac{dR}{dy} = 1,200 - 2y \quad \boxed{答え}：限界収入）$$

です。

(3) 需要の価格弾力性 $\varepsilon_D = -\dfrac{\frac{dy}{y}}{\frac{dP}{P}} = -\dfrac{dy}{dP} \cdot \dfrac{P}{y}$ より，

$\dfrac{1}{\varepsilon_D} = -\dfrac{dP}{dy} \cdot \dfrac{y}{P}$ であり，$\dfrac{dP}{dy} \cdot y = -P \cdot \dfrac{1}{\varepsilon_D}$ です。

$$MR = \frac{dP}{dy} \cdot y + P \quad （限界収入）$$

において，$\dfrac{dP}{dy} \cdot y = -P \cdot \dfrac{1}{\varepsilon_D}$ ですので，

$$MR = -P \cdot \frac{1}{\varepsilon_D} + P = P\left(1 - \frac{1}{\varepsilon_D}\right)$$ 答え

です。

(4) 限界費用をMC，平均費用をACとすれば，$C = y^2$ですので，

$$MC = \frac{dC}{dy} = 2y$$
$$AC = \frac{C}{y} = y$$

です。

図5-1 供給独占の余剰分析

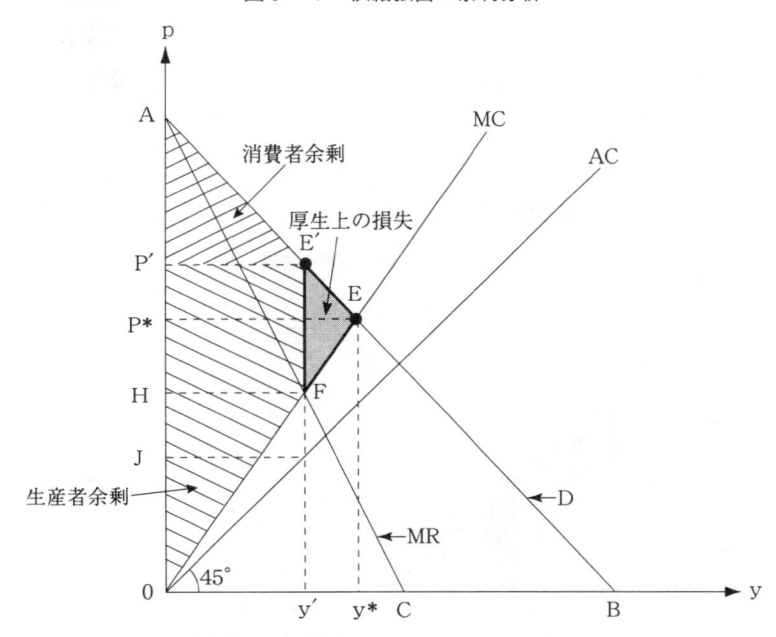

(5) この独占企業の利潤最大化問題は次のように定式化されます。利潤をπとします。市場需要関数$D = 1,200 - P$より，$P = 1,200 - y$（逆需要関数）を得ることができます。

$$\text{Max} \quad \pi = P \cdot y - C(y) = (1,200 - y) \cdot y - y^2 = 1,200y - 2y^2$$

利潤最大化の1階の条件（☞p.23）は，

$$\frac{d\pi}{dy} = 1,200 - 4y = 0$$

126　第1部　ミクロ経済学試験問題の全パターン

です。$y^* = 300$ 【答え】

(6) 独占企業の供給曲線は $y^* = 300$ で垂直です。したがって，市場の需給均衡条件式は，$y^* = 1,200 - P$ であり，独占企業の設定する価格水準は $P^* = 900$ 【答え】です。

(7) 消費者余剰，生産者余剰，社会的総余剰，厚生上の損失（死荷重）をそれぞれCS，PS，TS，DWとします。

$CS = (1,200 - 900) \times 300 \times \dfrac{1}{2}$ 【答え】

$PS = \{(900 - 600) + (900 - 0)\} \times 300 \times \dfrac{1}{2}$ 【答え】

$TS = CS + PS$ 【答え】

$DW = (900 - 600) \times (400 - 300) \times \dfrac{1}{2}$ 【答え】

(8) $\pi^* = P(y^*) \cdot y^* - C(y^*)$

　　　$= (1,200 - y^*) \cdot y^* - y^{*2} = (1,200 - 300) \cdot 300 - 300^2$

　　　$= 180,000$　（【答え】：超過利潤）

図5－2　独占企業の理論

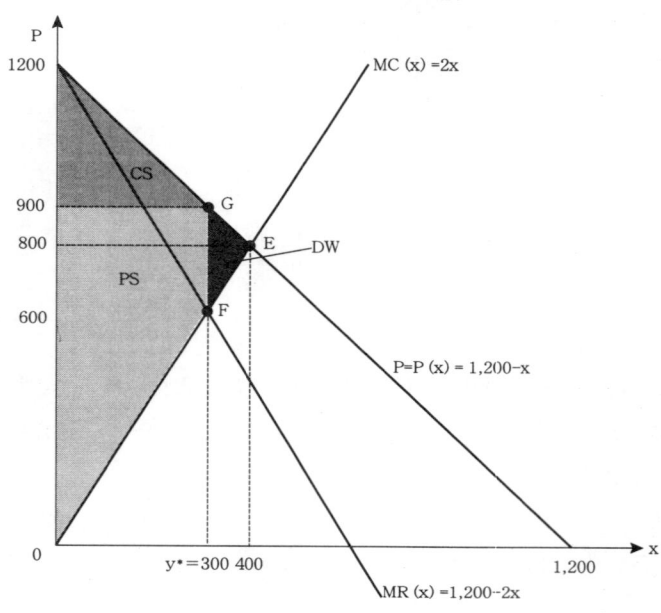

(9) ラーナーの独占度は, $\dfrac{P-MC}{P}=1-(1-\dfrac{1}{\varepsilon_D})=\dfrac{1}{\varepsilon_D}$ で定義されます。
MC＝2 y です。

$P^* = 900$

$MC(y^*) = 2 \times 300 = 600$

ですので，

$\dfrac{P-MC}{P} = \dfrac{900-600}{900} = \dfrac{1}{3}$ （**答え**：独占度）

です。

(10) 総費用関数 $C=y^2$ より, 限界費用（MC）

$MC = \dfrac{dC}{dy} = 2y$

を得ることができ，P＝2 y が逆供給関数です。完全競争市場均衡は，

S＝D　　　（市場需給均衡式）
$S = \dfrac{P}{2}$　　　（供給関数）
D＝1,200－P　（需要関数）

より，

$\dfrac{P}{2} = 1,200 - P$　（供給＝需要）

したがって，

$P^{**} = 1,200 \times \dfrac{2}{3} = 800$　（完全競争市場の場合の価格）

が得られます。かくて，

$P^* - P^{**} = 900 - 800 = 100$　（**答え**：価格差）

です。

【参考】 需要曲線の導出

以下の図の需要曲線を求めます。P＝a－b y を考えます。2 点 (M, 0) と (0, N) が需要曲線を通りますので，

$0 = a - bM$

$N = a - b \cdot 0$

です。$M = \dfrac{a}{b}$，N＝a であり，したがって

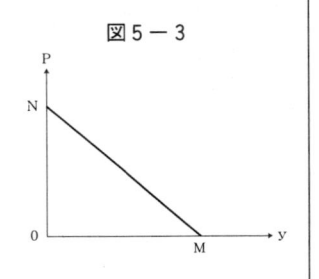

図 5－3

$b = \dfrac{N}{M}$ です。かくて，

$P = N - \dfrac{N}{M} y$ （**答え**：逆需要関数）

──【知っておきましょう】 独占理論と複占理論──

需要曲線が $P = a - by$ であるとき，限界収入曲線は，総収入 $TR = P \cdot y = (a - by) \cdot y$ を計算し，$\dfrac{dTR}{dy}$ を求めなくても，需要曲線からただちに，$MR = a - 2by$ （需要曲線と同じ縦軸切片，傾きは2倍）を求めることができます。

問題 5－3：価格差別

ある売手独占者が需要の価格弾力性の異なった，かつ互いに独立した（すなわち転売のできない）2つの市場（例えば，国内市場・海外市場，業務用市場・家庭用市場，大人向け市場・学生向け市場）へ同一生産物を供給している状態を考えます。2つの異なった市場の需要曲線はそれぞれ，

$P_1 = P_1(y_1) = 80 - 5 y_1$

$P_2 = P_2(y_2) = 180 - 20 y_2$

と定式化されています。この売手独占者の総費用関数は，

$C = 50 + 20(y_1 + y_2)$

です。以下の問いに答えなさい。

(1) この売手独占者の利潤最大化問題を定式化しなさい。

(2) 各市場で設定される均衡価格 P_1^*，P_2^* を求めなさい。

(3) この均衡価格のもとでの，各市場における需要の価格弾力性を求めなさい。

(4) 需要の価格弾力性と均衡価格の関係を説明しなさい。

《解答＆解答の解説》

(1) ここでの売手独占者の利潤最大化問題は次のように定式化されます。

$$\text{Max} \quad \pi = P_1 y_1 + P_2 y_2 - C(y_1 + y_2) \quad (\text{利潤の最大化})$$
$$= P_1 y_1 + P_2 y_2 - \{50 + 20(y_1 + y_2)\}$$
$$\text{s.t.} \quad P_1 = P_1(y_1)$$
$$= 80 - 5 y_1$$
$$P_2 = P_2(y_2)$$
$$= 180 - 20 y_2$$

(2) 利潤最大化問題は次のように整理されます。

$$\text{Max} \quad \pi = P_1 y_1 + P_2 y_2 - C(y_1 + y_2) \quad (\text{利潤の最大化})$$
$$= (80 - 5 y_1) y_1 + (180 - 20 y_2) y_2 - \{50 + 20(y_1 + y_2)\}$$

利潤最大化の1階の条件（☞p.23）は，

$$\frac{\partial \pi}{\partial y_1} = 80 - 10 y_1 - 20 = 0 \quad (\pi \text{の} y_1 \text{についての偏微分})$$
$$\frac{\partial \pi}{\partial y_2} = 180 - 40 y_2 - 20 = 0 \quad (\pi \text{の} y_2 \text{についての偏微分})$$

であり，

$$y_1^* = 6$$
$$y_2^* = 4$$

が得られます。2つの異なった市場の均衡価格は需給均衡によって決定されますので，

$$P_1^* = P_1(y_1^*) = 80 - 5 y_1^* = 80 - 5 \times 6 = 50 \quad \boxed{\text{答え}}$$
$$P_2^* = P_2(y_2^*) = 180 - 20 y_2^* = 180 - 20 \times 4 = 100 \quad \boxed{\text{答え}}$$

です。

(3) 需給均衡点における，2つの市場における需要の価格弾力性は次のようにして求められます。

$$\varepsilon_1 = -\frac{\dfrac{d y_1}{y_1}}{\dfrac{d P_1}{P_1}}$$
$$= -\frac{d y_1}{d P_1} \cdot \frac{P_1^*}{y_1^*}$$

$$= -\left(-\frac{1}{5}\right) \cdot \frac{50}{6} = \frac{5}{3} \quad \boxed{答え}$$

$$\varepsilon_2 = -\frac{\dfrac{dy_2}{y_2}}{\dfrac{dP_2}{P_2}}$$

$$= -\frac{dy_2}{dP_2} \cdot \frac{P_2{}^*}{y_2{}^*}$$

$$= -\left(-\frac{1}{20}\right) \cdot \frac{100}{4} = \frac{5}{4} \quad \boxed{答え}$$

(4) 一般的に言えば，利潤最大化の1階の条件「限界収入＝限界費用」より，

$$P_1 + \frac{dP_1}{dy_1} \cdot y_1 = P_1\left(1 - \frac{1}{\varepsilon_1}\right)$$
$$= C'(y_1 + y_2) = MC$$

$$P_2 + \frac{dP_2}{dy_2} \cdot y_2 = P_2\left(1 - \frac{1}{\varepsilon_2}\right)$$
$$= C'(y_1 + y_2) = MC$$

ですので，

$$P_1{}^*\left(1 - \frac{1}{\varepsilon_1}\right) = P_2{}^*\left(1 - \frac{1}{\varepsilon_2}\right)(= MC)$$

が得られ，

$$\varepsilon_1 > \varepsilon_2 \quad \Leftrightarrow \quad P_1{}^* < P_2{}^*$$

です。⇔は同値の記号です。本問題では，

$$\frac{5}{3} > \frac{5}{4} \quad \Leftrightarrow \quad 50 < 100 \quad (需要の価格弾力性と均衡価格の関係)$$

です。売手独占者は需要の価格弾力性（ε_1，ε_2）の異なる市場に供給するときは，価格差別を行い，需要の価格弾力性の小さい市場にはより高い価格を設定します。需要の価格弾力性が大きいことは「価格に対して敏感であること」，需要の価格弾力性が小さいことは「価格に対して鈍感であること」を意味しています。ですから，売手独占者は「価格に対して敏感である」人には低い価格を，「価格に対して鈍感である」人には高い価格をつけます。学生に対してはお金をもっていないからという社会的理由で低い価格をつけるのではなく，価格に対して敏感であるので，利潤最大化のために低い価格をつけるのです。

問題 5 − 4：クールノーの複占

供給複占市場における第 1, 2 生産者の総費用関数を,

$C_1 = C_1(y_1) = 10y_1$ （第 1 生産者の総費用関数）

$C_2 = C_2(y_2) = 10y_2$ （第 2 生産者の総費用関数）

とし, 市場需要関数を,

$P = 20 - y_1 - y_2$

とします。ここで, P ＝価格, y_1, y_2 ＝第 1, 2 生産者の産出量です。以下の問いに答えなさい。

(1) 第 1, 2 生産者の利潤最大化問題を定式化しなさい。
(2) 第 1, 2 生産者の反応関数を求め, 図示しなさい。
(3) クールノー均衡（クールノー・ゲームのナッシュ均衡）を求めなさい。

《解答＆解答の解説》

(1) 第 1, 2 生産者の利潤最大化問題はそれぞれ次のように定式化されます。

$\text{Max} \quad \pi_1 = P \cdot y_1 - C_1(y_1)$ （第 1 生産者の利潤最大化）

$\qquad\qquad = P \cdot y_1 - 10y_1$

$\text{s.t.} \quad P = P(y_1 + y_2)$ （逆市場需要関数）

$\qquad\qquad = 20 - y_1 - y_2$

$\text{Max} \quad \pi_2 = P \cdot y_2 - C_2(y_2)$ （第 2 生産者の利潤最大化）

$\qquad\qquad = P \cdot y_2 - 10y_2$

$\text{s.t.} \quad P = P(y_1 + y_2)$ （逆市場需要関数）

$\qquad\qquad = 20 - y_1 - y_2$

(2) 上記の利潤最大化問題において, 2 人の生産者の戦略変数は産出量です。各生産者はライバル生産者の産出量を予想し, 残余需要量（＝市場全体の需要量－ライバル生産者の予想供給量）を求めます。右下がりの残余需要曲線下, 各複占生産者は独占供給者になります。

第 1, 2 生産者の利潤最大化問題はそれぞれ,

$$\text{Max} \quad \pi_1 = P \cdot y_1 - C_1(y_1) \quad \text{(第1生産者の利潤最大化)}$$
$$= (20 - y_1 - y_2) \cdot y_1 - 10y_1$$
$$= 20y_1 - y_1^2 - y_2 y_1 - 10y_1$$
$$\text{Max} \quad \pi_2 = P \cdot y_2 - C_2(y_2) \quad \text{(第2生産者の利潤最大化)}$$
$$= (20 - y_1 - y_2) \cdot y_2 - 10y_2$$
$$= 20y_2 - y_1 y_2 - y_2^2 - 10y_2$$

であり,利潤最大化の1階の条件(☞p.23)はそれぞれ,

$$\frac{\partial \pi_1}{\partial y_1} = 20 - 2y_1 - y_2 - 10 = 0$$

$$\frac{\partial \pi_2}{\partial y_2} = 20 - y_1 - 2y_2 - 10 = 0$$

です。第1,2生産者の反応関数は,

$$y_1 = R_1(y_2) = 5 - \frac{1}{2} y_2 \quad \text{(答え:第1生産者の反応関数)}$$

$$y_2 = R_2(y_1) = 5 - \frac{1}{2} y_1 \quad \text{(答え:第2生産者の反応関数)}$$

です。

図5-4

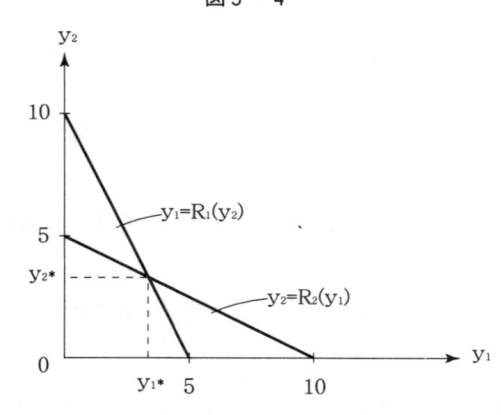

―――【知っておきましょう】 独占理論と複占理論―――

独占のときには,「限界収入=限界費用(MR=MC)」より産出量が決定されましたが,複占のときには,MR=MCより,

$$y_1 = R_1(y_2) \quad \text{(第1生産者の反応関数)}$$

$y_2 = R_2(y_1)$　（第2生産者の反応関数）

を得ることになります。

(3) 各生産者は互いにライバル生産者の産出量を所与として，利潤最大化産出量を相互独立に決定します。2本の反応関数からクールノー均衡を求めることができます。

$$y_1 = R_1(y_2) = 5 - \frac{1}{2}y_2$$　（第1生産者の反応曲線）

$$y_2 = R_2(y_1) = 5 - \frac{1}{2}y_1$$　（第2生産者の反応曲線）

の2本の曲線の交点を求めると，

$$y_1^* = \frac{10}{3}$$　**答え**

$$y_2^* = \frac{10}{3}$$　**答え**

が得られます。

問題5－5：シュタッケルベルクの複占理論

ある産業内に第1，2の2人の生産者がいて，第1生産者は利潤最大化を目指し，第2生産者は利潤に関係なく，マーケットシェアをつねに40%占めたいと考えています。第1生産者は第2生産者のこのような行動を知っているものとします。第1生産者の総費用関数を，

$$C_1 = C_1(y_1) = 10y_1$$

とし，市場需要関数を，

$$P = 20 - y_1 - y_2$$

とします。ここで，P＝価格，y_1，y_2＝第1，2生産者の産出量です。以下の問いに答えなさい。

(1) 第2生産者の行動を定式化しなさい。
(2) 第1生産者の利潤最大化問題を定式化し，最適産出量を求めなさい。
(3) 第2生産者の最適産出量を求めなさい。

《解答＆解答の解説》

(1) $\dfrac{y_2}{y_1+y_2}=0.4(40\%)$ ですので，$y_2=0.4(y_1+y_2)$ であり，

$$y_2=\dfrac{0.4}{0.6}y_1=\dfrac{2}{3}y_1 \quad \boxed{\text{答え}}$$

が得られます。

(2) 第1生産者の利潤最大化問題は次のように定式化されます。

$$\text{Max} \quad \pi_1 = P \cdot y_1 - C(y_1) \quad \text{（第1生産者の利潤最大化）}$$
$$= P \cdot y_1 - 10 y_1$$
$$\text{s.t.} \quad P = P(y_1+y_2) \quad \text{（逆市場需要関数）}$$
$$= 20 - y_1 - y_2$$
$$y_2 = R_2(y_1) \quad \text{（第2生産者の反応関数）}$$
$$= \dfrac{2}{3} y_1$$

上記の利潤最大化問題は，

$$\text{Max} \quad \pi_1 = (20 - y_1 - y_2) \cdot y_1 - 10 y_1 \quad \text{（第1生産者の利潤最大化）}$$
$$= \left(20 - y_1 - \dfrac{2}{3} y_1\right) \cdot y_1 - 10 y_1$$

に整理され，

$$\dfrac{d\pi_1}{dy_1} = 10 - \dfrac{10}{3} y_1 = 0 \quad \text{（利潤最大化の1階の条件）}$$

より，

$$y_1^* = 3 \quad (\boxed{\text{答え}}：\text{第1生産者の最適産出量})$$

を得ることができます。

(3) 第2生産者の反応関数 $y_2 = \dfrac{2}{3} y_1$（問(1)の答）に $y_1^* = 3$ を代入すると，

$$y_2^* = \dfrac{2}{3} y_1^* = \dfrac{2}{3} \cdot 3 = 2 \quad (\boxed{\text{答え}}：\text{第2生産者の最適産出量})$$

が得られます。

---【知っておきましょう】　クールノーとシュタッケルベルクの複占理論───

　クールノー理論では，第1，2生産者が相互に独立して産出量を決めています。シュタッケルベルク理論は，第1生産者が先導者として産出量を決め，第2生産者がそれを見た後に追随者として産出量を決めます。追随者は先導者の産出量の決定を所与として利潤最大化を図り，先導者は追随者の反応関数を読み込んだ上で利潤最大化を図ります。ただし，問題5－5では第2生産者は利潤最大化ではなく，マーケットシェアの維持に関心をもっています。

問題5－6：屈折需要曲線の理論

　下図は，ある寡占企業の直面する需要曲線，限界費用曲線を表しています。以下の問いに答えなさい。

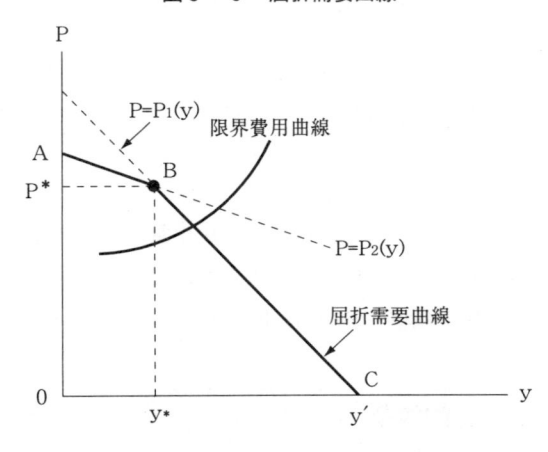

図5－5　屈折需要曲線

(1) 需要曲線がなぜB点で屈折しているのかを説明しなさい。
(2) 限界収入曲線MRを図示しなさい。
(3) 寡占企業の価格の硬直性を説明しなさい。

《解答＆解答の解説》

(1) 寡占状態にある1人の生産者が直面する市場需要曲線は現行の市場均衡価格（P^*）で屈折しています。というのは，少数生産者間に競争がある場合，生産者は単独で値上げ（$P>P^*$）を行おうとすると，ライバル生産者はそれに追随しないので大きな需要量を失い，値下げ（$P<P^*$）を行おうとすると，ライバル生産者はそれに追随するので小さな需要量しか増やすことができないからです。

(2) 限界収入曲線（MR_1，MR_2）は現行の産出量で不連続になります。

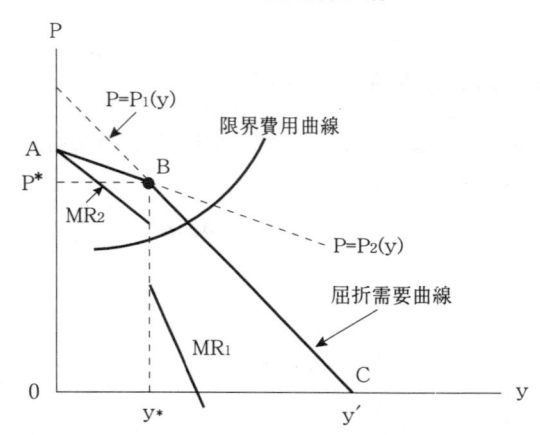

図5－6　屈折需要曲線

(3) 限界収入曲線（MR_1，MR_2）は現行の産出量で不連続となり，限界収入曲線が不連続の範囲内では，何らかの理由で限界費用曲線が上下にシフトしたとしても，市場均衡価格（P^*）は不変です。

問題5－7：独占的競争

(1) 独占的競争とはどのような状態であるのかを説明しなさい。
(2) 下図で，独占的競争市場下における生産者の短期最適産出量（y^*）と長期最適産出量（y^{**}）はどれですか。

図5－7

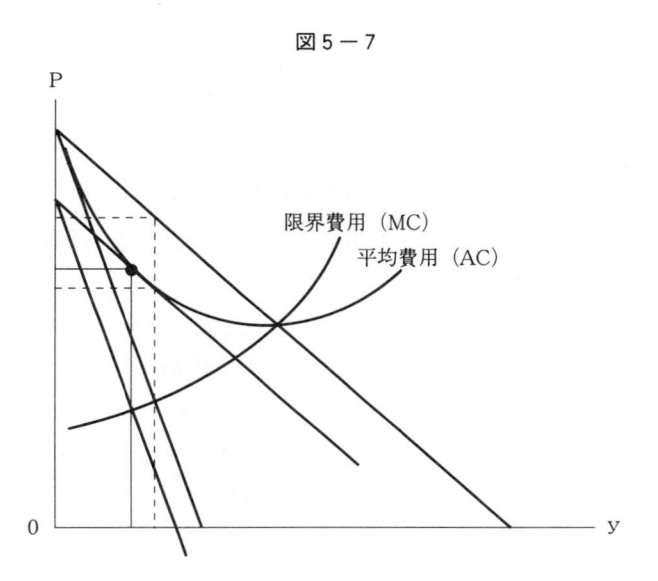

P 限界費用（MC）
平均費用（AC）

0　　　　　　　　　　　　　　　　y

(3) 独占的競争市場下における生産者の短期の超過利潤と長期の超過利潤を図示しなさい。

(4) 完全競争市場下と独占的競争市場下における長期均衡における産出量の違いを説明しなさい。

《解答＆解答の解説》

(1) 独占的要因（製品差別化のために右下がりの需要曲線に直面しています）と完全競争的要因（参入・退出の自由があり，マーケットシェアは小さい）が混在している状態は「独占的競争」と呼ばれています。独占的競争は，同質ではないが，密接な代替関係にある財（差別化された財：ブランド商品）を多数の生産者（潜在的生産者）が生産する市場形態です。

(2)① 短期最適産出量は y^* です。「市場全体の需要量－ライバル生産者の供給量」は「残余需要量」と定義されます。独占的競争企業は，製品差別化のために右下がりの残余需要曲線に直面しています。各生産者の直面してい

る「残余需要曲線」は右下がりですので、各生産者は価格支配力をもっています。

② 長期最適産出量は y^{**} です。長期においては自由に参入・退出できますので、独占利潤がプラスである限り、新規参入が続き、ライバル生産者の供給量が増大するので、残余需要曲線は左へシフトします。独占的競争の長期均衡では、残余需要曲線が平均費用曲線と接し、独占利潤（超過利潤）はゼロになります。超過利潤はゼロですので、参入・退出はなく、残余需要曲線はもはや左へシフトしません。各生産者は最適規模産出量以下の水準しか生産していませんので、過剰生産設備を保有することになります。

(3) 残余需要曲線が平均費用曲線と接するまでの均衡（短期均衡）では超過利潤はプラスです。接したときの均衡（長期均衡）では独占利潤はゼロです。

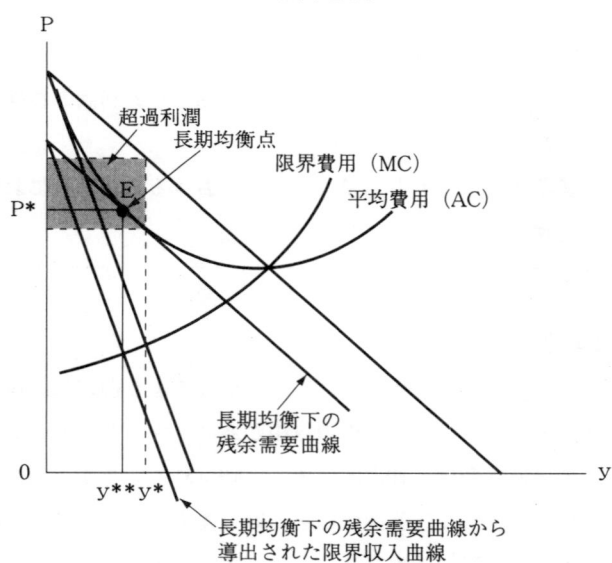

図5-8　独占的競争

(4) 完全競争市場下の長期均衡点は平均費用の最低点と一致しています。独占的競争市場の長期均衡下の産出量は平均費用の最低点より産出量は小さくなります。

問題5－8　売上高最大化仮説

(1) 寡占市場におけるある生産者の総費用曲線（TC），総収入曲線（TR），総利潤曲線（π），最低利潤の水準（π min）が下図で示されています。この生産者が売上高最大化仮説に従って行動すると，最適産出量はいくらですか。

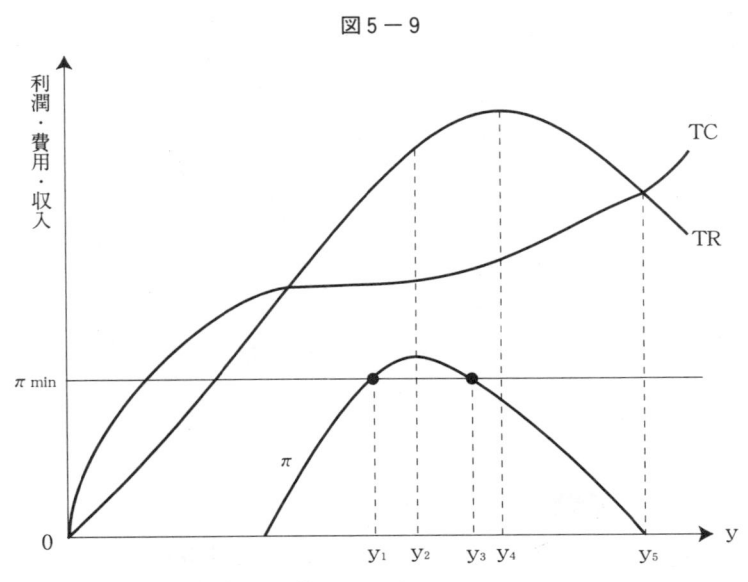

図5－9

(2) 市場需要関数と総費用関数がそれぞれ，

　　$P = 12 - 0.4y$　　　　　　（逆市場需要関数）

　　$C = 0.6y^2 + 4y + 5$　　　（総費用関数）

のとき，利潤最大化と売上高最大化（ただし，利潤≧10という制約条件のもとで）の下での最適産出量はそれぞれいくらですか。

	利潤最大化	売上高最大化
①	3	10
②	4	5
③	4	6

④	4	15
⑤	5	15

《解答＆解答の解説》

(1)　y ₃　**答え**

(2)　この企業の利潤（π）最大化問題は次のように定式化されます。

$$\text{Max} \quad \pi = Py - C(y) \quad \text{（利潤の最大化）}$$
$$= Py - (0.6y^2 + 4y + 5)$$
$$\text{s.t.} \quad P = 12 - 0.4y \quad \text{（逆市場需要関数）}$$

上記の問題は，

$$\text{Max} \quad \pi = (12 - 0.4y)y - (0.6y^2 + 4y + 5)$$
$$= 12y - 0.4y^2 - 0.6y^2 - 4y - 5$$

に再定式化されますので，利潤最大化の1階の条件（☞p.23）は，

$$\frac{d\pi}{dy} = 8 - 2y = 0$$

であり，利潤最大化産出量，

$$y^* = 4 \quad （\text{答え}：利潤最大化産出量）$$

を得ることができます。他方，売上高（R）最大化問題は次のように定式化されます。

$$\text{Max} \quad R = Py \quad \text{（売上高の最大化）}$$
$$= (12 - 0.4y)y$$
$$= 12y - 0.4y^2$$

売上高最大化の1階の条件（☞p.23）は，

$$\frac{dR}{dy} = 12 - 0.8y = 0$$

であり，売上高最大化産出量，

$$y^{**} = 15 \quad （利潤制約なしの売上高最大化産出量）$$

を得ることができます。しかし，この $y^{**} = 15$ を利潤の定義式に入れると，

$$\pi^{**} = (12 - 0.4y^{**})y^{**} - (0.6y^{**2} + 4y^{**} + 5)$$
$$= 8y^{**} - y^{**2} - 5$$
$$= 8 \times 15 - 15^2 - 5 = 120 - 225 - 5 = -110$$

ですので，最低利潤の水準（$\pi \min = 10$）を満たしていません。したがって，問題の②，③，④（$y^* = 4$）を利潤の定義式に入れて計算すると，

$$\pi^{**}(5) = 8y^{**} - y^{**2} - 5 = 8 \times 5 - 5^2 - 5 = 10$$
$$\pi^{**}(6) = 8y^{**} - y^{**2} - 5 = 8 \times 6 - 6^2 - 5 = 7$$
$$\pi^{**}(15) = 8y^{**} - y^{**2} - 5 = 8 \times 15 - 15^2 - 5 = -110$$

ですので，$y^{**} = 5$（ 答え ：利潤制約ありの売上高最大化産出量）のみが，最低利潤の水準（$\pi \min = 10$）を満たしています。かくて， 答え は②です。

問題5－9：フル・コスト原則（マークアップ原理）

フル・コスト原則（マークアップ原理）を説明しなさい。

《解答＆解答の解説》

寡占企業の価格設定方式として「フル・コスト原則」があります。生産者は直面する需要曲線・限界収入曲線についての情報を知らなくても，費用条件のみから価格の設定を行うことができます。利潤は費用の一部として取り扱われます。

　　　　価格＝（1＋マークアップ率）×平均可変費用

問題5－10：参入阻止価格の理論

下図で，
　　AC_1＝既存企業の平均費用曲線
　　AC_2＝新規参入企業の平均費用曲線
とするとき，参入阻止価格はどのように決定されますか。

図5 —10

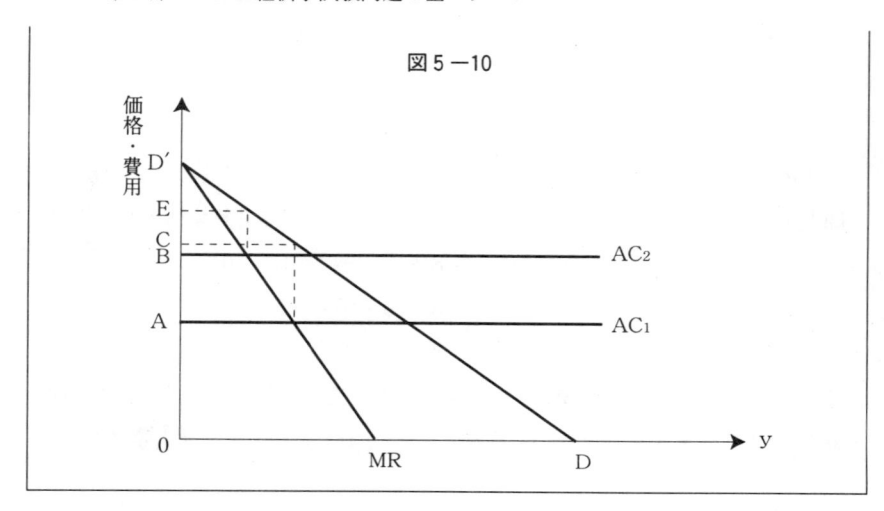

《解答＆解答の解説》

　新規参入生産者に対する既存生産者の競争上の優位性，すなわち新規参入を阻止できる要因は「参入障壁」と呼ばれています。平均費用＞価格のとき，負の利潤が発生し，退出が生じます。本問題の価格はAC_2よりやや低い水準に決定されます。

第6章 市場の失敗

試験対策ポイント

① 市場の失敗の定義，市場の失敗の3つの事例（費用逓減，外部性，公共財）を理解する。
② 費用逓減による市場の失敗を理解する。市場の失敗の補正手段を理解する。
③ 外部性（外部不経済と外部経済）による市場の失敗を理解する。社会的費用と私的費用の区別，社会的便益と私的便益の区別，私的均衡と社会的均衡のちがいを図示しながら理解する。市場の失敗の補正手段としての分権的解決（合併，交渉），集権的解決（ピグーの課税・補助金政策）を理解する。
④ 公共財の定義と具体例を理解する。
⑤ 公共財の最適供給と費用負担（リンダール・メカニズム）を理解する。

問題6−1：市場の失敗

(1) 市場の失敗とは何ですか。
(2) 市場の失敗の事例を挙げなさい。

≪解答＆解答の解説≫

(1) 市場メカニズムに任せておけば，効率的資源配分（社会的総余剰の最大化あるいはパレート最適）が達成されます。しかし，これは前提条件（凸性と

普遍性）が満たされた上での話です。前提条件が満たされないと，市場（完全競争市場）は資源の効率的配分に失敗します。これが「市場の失敗」の意味です。
(2)　2つの前提条件（凸性と普遍性）のいずれかが満たされないときの事例として，次の3つのものがあります。
　① 費用逓減産業
　② 外　部　性
　③ 公　共　財

問題6－2：費用逓減産業

下図は費用逓減産業の直面している市場需要曲線（D），限界収入曲線（MR），平均費用曲線（AC），限界費用曲線（MC）を示しています。以下の問いに答えなさい。

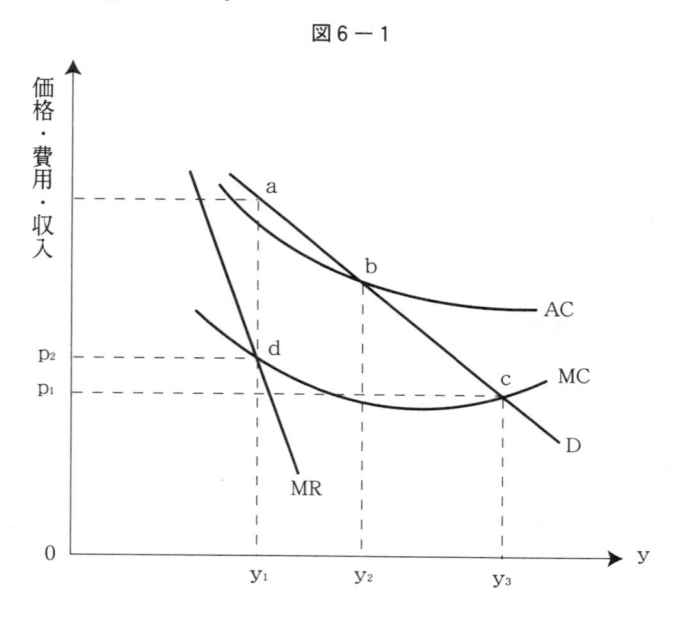

図6－1

(1) 費用逓減産業の例を挙げなさい。
(2) 平均費用逓減の原因を挙げなさい。
(3) 費用逓減産業はなぜ規制されているのですか。
(4) 費用逓減産業に対してはどのような価格規制が行われますか。

≪解答＆解答の解説≫

(1) 費用逓減産業の例としては，ガス・電気・水道等の公益企業，鉄道・バス等の公益事業があります。
(2) 平均費用逓減の原因としては，次の2つがあります。
　① 規模に関して収穫逓増の生産技術
　② 固定費用の存在
(3) 費用逓減産業における生産者は独占者になり，「独占の弊害」をもたらすからです。
(4) 費用が逓減する領域が大きい産業（自然独占産業）では，単一の生産者による独占的な供給が生産の効率性の点で望ましいことです。独占状態が望ましいといっても，それはあくまでも生産構造の効率性の点でいえることであって，独占供給者に価格支配力の行使を許してしまうようであれば，消費者余剰の逸失などの独占の弊害が生じます。

　政府は費用逓減産業に対しては独占を認める一方で，次の2つのタイプの価格規制を行っています。
　① 限界費用価格形成原理
　　限界費用曲線と市場需要曲線との交点（c点）に対応する価格を設定します。完全競争市場均衡下と同じように，「価格＝限界費用」であり，社会的総余剰を最大化します。しかし，価格＜平均費用ですので赤字が生じ，赤字を補塡する費用の分担が問題になります。
　② 平均費用価格形成原理
　　平均費用曲線と市場需要曲線との交点（b点）に対応する価格を設定しま

す。生産者の独立採算（利潤ゼロ）は可能になりますが、厚生上の損失を発生させます。

問題6-3：費用逓減産業の価格設定原理

費用逓減産業としての公益企業が直面している市場需要関数、平均費用（ＡＣ）関数がそれぞれ次のように与えられています。

$$P = 100 - y \quad \text{（逆市場需要関数）}$$
$$AC = 70 - 0.25y \quad \text{（平均費用関数）}$$

以下の問いに答えなさい。

(1) 市場需要曲線、平均費用曲線、限界費用曲線を図示しなさい。
(2) 平均費用価格形成原理を用いると、価格はいくらに設定されますか。
(3) 限界費用価格形成原理を用いると、価格はいくらに設定されますか。
(4) 限界費用価格形成原理によって価格を設定したとき、公益企業の赤字をカバーしようと思えば、政府はいくらの補助金額を与えなければなりませんか。
(5) なぜ政府は上記の補助金を与えるのですか。

≪解答＆解答の解説≫

(1) $AC = \dfrac{TC}{y}$ですので、総費用（ＴＣ）関数は、

$$TC = AC \cdot y = (70 - 0.25y) \cdot y$$
$$= 70y - 0.25y^2$$

であり、限界費用関数は、

$$MC = \dfrac{dTC}{dy} = 70 - 0.5y$$

です。

図6－2

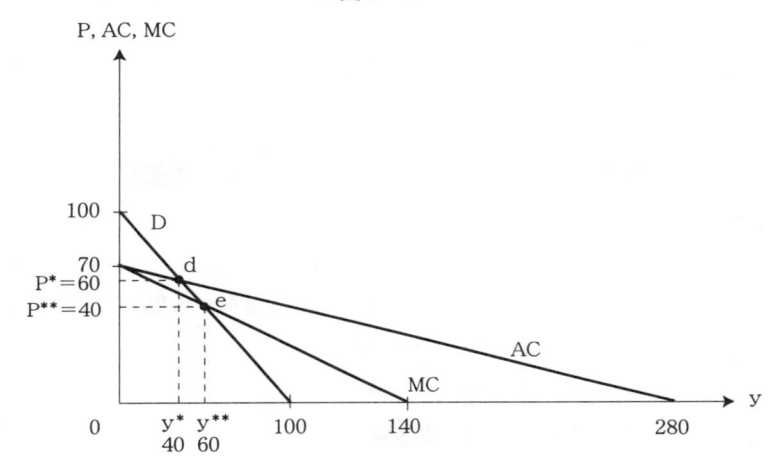

P, AC, MC 軸に、D（需要曲線、切片100）、AC（切片70、y=280で0）、MC（切片70、y=140で0）が描かれている。点dは(40, 60)、点eは(60, 40)。$P^*=60$、$P^{**}=40$、$y^*=40$、$y^{**}=60$。

(2) 平均費用価格形成原理においては，価格は平均費用曲線と市場需要曲線との交点（d点）に設定されます（P＝AC：価格＝平均費用）。

$$P = 100 - y$$
$$AC = 70 - 0.25y$$

であり，

$$100 - y = 70 - 0.25y \quad （価格＝平均費用）$$

より，

$$y^* = 40$$

が得られますので，

$$P^* = AC^* = 70 - 0.25y^* = 70 - 0.25 \times 40 = 60 \quad \boxed{答え}$$

です。

(3) 限界費用価格形成原理においては，価格は限界費用曲線と市場需要曲線との交点（e点）に設定されます（P＝MC：価格＝限界費用）。

$$P = 100 - y$$
$$MC = 70 - 0.5y$$

であり，

$100 - y = 70 - 0.5y$　　　（価格＝限界費用）

より，

$y^{**} = 60$

が得られますので，

$P^{**} = MC^{**} = 70 - 0.5y^{**} = 70 - 0.5 \times 60 = 40$　**答え**

です。

(4) この公益企業の利潤は，

$\pi^{**} = P^{**}y^{**} - C(y^{**}) = P^{**}y^{**} - (70y^{**} - 0.25y^{**2})$
$= 40 \times 60 - (70 \times 60 - 0.25 \times 60^2)$
$= 2,400 - (4,200 - 900) = -900$

ですので，政府の補助金額は900 **答え** です。

(5) 公益企業は900の赤字ですが，もしそのために生産を停止すると，$(100-40) \times 60 \times \frac{1}{2} = 1,800$ の大きさの消費者余剰が失われます。政府は消費者から900の税金をとって，公益企業に900の補助金を与えれば，消費者は900の消費者余剰を得ることができます。「消費者余剰＞負の超過利潤の補償（1,800＞900）」である限り，操業停止はパレート最適ではありません。

問題6－4：外　部　性

(1) 外部性とは何ですか。

(2) 次頁の図は外部不経済がある場合の私的均衡（E点）と社会的均衡（E′点）を表しています。私的均衡と社会的均衡それぞれにおける社会的総余剰の大きさを求めなさい。

図6－3　技術的外部不経済の余剰分析

(3) 下図は外部経済がある場合の私的均衡（E点）と社会的均衡（E′点）を表しています。私的均衡と社会的均衡それぞれにおける社会的総余剰の大きさを求めなさい。

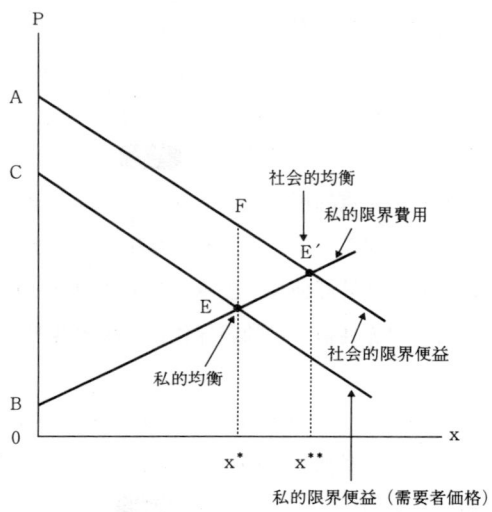

図6－4　技術的外部経済の余剰分析

≪解答＆解答の解説≫

(1) 外部性には外部不経済と外部経済があります。ある経済主体の行動が他の経済主体に市場を経由しないでマイナスの影響を与えることは外部不経済，プラスの影響を与えることは外部経済とそれぞれ呼ばれています。ある経済主体としては消費者と生産者が考えられます。したがって，消費者間の外部性（庭園の花など），消費者と生産者の間の外部性（騒音など），生産者間の外部性（ダイオキシン汚染など）が考えられます。

(2) 外部不経済が存在するとき外部費用を生み，社会的費用と私的費用のギャップが生じます（社会的限界費用＝私的限界費用＋限界外部費用）。

① 社会的均衡：E′点

外部不経済が存在するとき，それを考慮すれば，「社会的均衡」は，社会的限界費用曲線と限界便益曲線（需要者価格曲線）の交点（E′点）によって決定されます。

　　社会的総余剰＝AE′C　　**答え**

② 私的均衡：E点

完全競争市場「私的均衡」は，私的限界費用曲線（供給者価格曲線）と限界便益曲線（需要者価格曲線）の交点（E点）によって決定されます。しかし，外部不経済が存在しますので，外部費用を余剰から控除すると，

　　社会的総余剰＝AEB－CFEB（外部不経済）
　　　　　　　　＝AE′C－E′FE　　**答え**

になります。「E′FE＝死重的損失」であり，それは完全競争市場「私的均衡」が市場の失敗を引き起こしていることを意味しています。

(3) 外部経済が存在するとき外部便益を生み，社会的便益と私的便益のギャップが生じます（社会的限界便益＝私的限界便益＋限界外部便益）。

① 社会的均衡：E′点

外部経済が存在するとき，それを考慮すれば，「社会的均衡」は，私的限界費用曲線と社会的限界便益曲線の交点（E′点）によって決定されます。

　　社会的総余剰＝AE′B　　**答え**

② 私的均衡：E点

完全競争市場「私的均衡」は，私的限界費用曲線（供給者価格曲線）と私的限界便益曲線（需要者価格曲線）の交点（E点）によって決定されます。しかし，外部経済が存在しますので，外部便益を余剰に加算すると，

　　社会的総余剰＝CEB＋AFEC（外部経済）
　　　　　　　　＝AFEB＝AE′B－FE′E　　　答え

になります。「FE′E＝死重的損失」であり，それは完全競争市場「私的均衡」が市場の失敗を引き起こしていることを意味しています。

---【知っておきましょう】　外部経済と限界費用---
　外部経済を社会的限界費用（＜私的限界費用）によって解釈することも可能です。

---【知っておきましょう】---
　外部不経済・外部費用が存在するとき，完全競争市場「私的均衡」では，生産者の過剰生産（x*－x**）が生じています。外部経済・外部便益が存在するとき，消費者の過少需要（x**－x*）が生じています。

問題6－5：外部不経済とピグー税

消費者と生産者の間の外部不経済（例えば，公害問題）を考えます。市場需要関数，市場供給関数がそれぞれ次のように与えられています。

　　D＝1,000－10P　　　（市場需要関数）
　　S＝－200＋20P　　　（市場供給関数）

生産者によってもたらされる限界損失（限界外部費用）をMLとし，
　　$ML = \frac{1}{10} x$
と定式化されています。以下の問いに答えなさい。

(1) 私的限界費用曲線，社会的限界費用曲線，限界便益曲線を図示しなさ

い。
(2) 完全競争市場私的均衡で成立する均衡取引量（x^*），均衡価格（P^*）を求めなさい。
(3) 社会的に最適と考えられる取引量（x^{**}）および，そのときの社会的総余剰を求めなさい。
(4) 政府は当該生産者に対する従量税（t）によって，x^{**}を達成したいと考えています。1単位の生産について，いくら課税すればよいのでしょうか。
(5) このような税金は何と呼ばれていますか。

≪解答＆解答の解説≫

(1) $S = -200 + 20P$ より，
$$P^s = 10 + \frac{1}{20}S = 10 + \frac{1}{20}x$$
を得ることができますが，これは「私的限界費用（PMC）」関数です。

社会的限界費用（SMC）関数は，
$$SMC = PMC + ML = \left(10 + \frac{1}{20}x\right) + \frac{1}{10}x$$
$$= 10 + \frac{3}{20}x$$

です。外部性の問題を取り上げるときには，市場需要関数は限界便益曲線と呼ばれることがあります。

図6－5　外部不経済

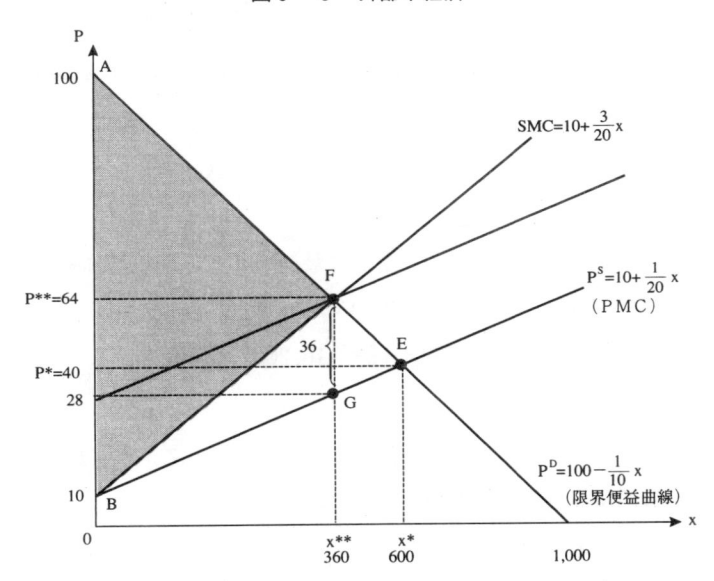

P 軸, A=100, SMC=10+$\frac{3}{20}$x, F点, P**=64, P*=40, 28, 36, E点, G点, B=10, $P^S=10+\frac{1}{20}x$（PMC）, $P^D=100-\frac{1}{10}x$（限界便益曲線）, $x^{**}=360$, $x^*=600$, 1,000

(2) 完全競争市場私的均衡下では，生産者は外部不経済を考慮に入れて行動しません。完全競争市場における需給均衡条件式はD＝S（需要＝供給）ですので，

$$1{,}000-10P = -200+20P \quad \text{（需要＝供給）}$$

です。したがって，

$P^*=40$　　　（**答え**：均衡価格）

$x^*(=D^*=S^*)=600$　　　（**答え**：均衡取引量）

(3) 社会的に最適と考えられる取引量は「社会的限界費用（SMC）」曲線と市場需要曲線（私的限界便益曲線）の交点によって決定されます。市場需要関数D＝1,000－10Pより，

$$P^D=100-\frac{1}{10}x \quad \text{（私的限界便益関数）}$$

を得ることができます。

$$SMC = PMC + ML = \left(10+\frac{1}{20}x\right)+\frac{1}{10}x$$

$$= 10 + \frac{3}{20}x \quad \text{(社会的限界費用関数)}$$

$$P^D = 100 - \frac{1}{10}x \quad \text{(逆市場需要関数あるいは私的限界便益関数)}$$

ですので，財の社会的に最適と考えられる取引量は，

$$100 - \frac{1}{10}x = 10 + \frac{3}{20}x \quad (P^D = SMC)$$

より，

$$x^{**} = 360 \quad \text{(財の社会的に最適と考えられる取引量)}$$

社会的総余剰は図の△ＡＢＦですので，

$$\triangle ABF = (100 - 10) \times 360 \times \frac{1}{2} = 16{,}200 \quad \boxed{答え}$$

です。

(4) 図のＦＧです。それは財の社会的に最適と考えられる取引量において評価した，社会的限界費用と私的限界費用の差です。

$$t = P^{**} - P^S(x^{**}) = 64 - \left(10 + \frac{1}{20}x^{**}\right)$$

$$= 64 - \left(10 + \frac{1}{20} \cdot 360\right) = 36 \quad \boxed{答え}$$

(5) これは「ピグー課税」 $\boxed{答え}$ と呼ばれているものです。民間レベルでの自発的交渉による解決が困難である場合には，政府が市場に介入し，効率的な資源配分を実現する政策（ピグーの課税・補助金政策）を行うことが必要になります。政府は外部不経済を与えている生産者に対して，産出量１単位当たり社会的均衡での限界外部費用（限界損害）の大きさに等しい金額（従量税）を課します。この課税によって，外部不経済を与えている生産者の私的限界費用曲線は上方へシフトします。私的均衡が社会的均衡に一致するようになります。

政府は外部経済を与えている生産者に対して，産出量１単位当たり社会的均衡での限界外部便益の大きさに等しい金額（従量補助金）を与えます。この補助金によって，外部経済を与えている生産者の私的限界費用曲線は下方へシフトします。私的均衡が社会的均衡に一致するようになります。

---【知っておきましょう】「外部性による市場の失敗」の補正---

(1) 分権的解決（合併，交渉）
(2) 集権的解決（課税，補助金）

問題6－6：★コースの定理

コースの定理を説明しなさい。

≪解答＆解答の解説≫

外部不経済による市場の失敗を補正するために，「加害者が被害者を補償すること」と，「被害者が加害者を補償すること」とは資源配分の効率性の観点からは同じことです。したがって，権利の所在がどちらにあろうと，最適な資源配分がそれによって影響を受けることはありません。これは「コースの定理」と呼ばれています。

交渉による解決は，被害者に社会的費用を支払うことで，外部不経済の内部化を行い，私的最適のもとで社会的最適を実現します。また，加害者に社会的

図6－6　限界利潤と限界損害：コースの定理

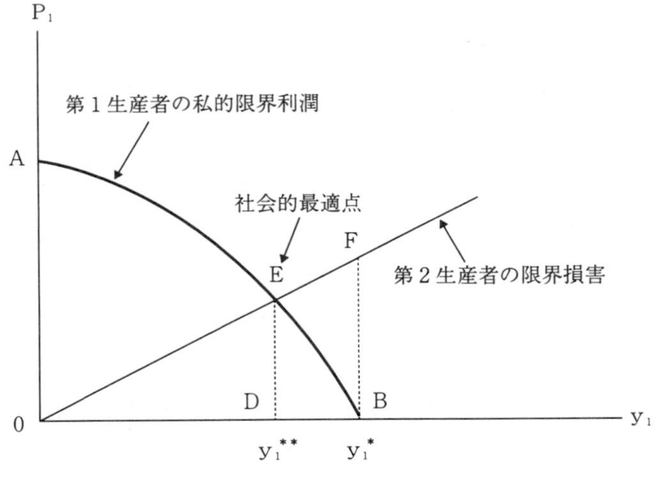

費用を支払うことで，外部不経済の内部化を行い，私的最適のもとで社会的最適を実現します。

問題6－7：公　共　財

次の文章を読んで，以下の問いに答えなさい。

「社会的に必要な財であっても，その供給によって利潤を得ることが不可能，もしくは望ましくない財ならば，市場メカニズムに頼ることができない。公共財とはそのような財であり，

① 非競合性（消費の集団性・等量消費）
② 非排除性（排除不可能性）

という2つの理論的性質によって特徴づけられる財である。」

(1) 非競合性（消費の集団性・等量消費）を説明しなさい。
(2) 非排除性（排除不可能性）を説明しなさい。
(3) ★「非競合性の性質をもつ財は，プラスの価格をつけて供給するべきでない。」と言われています。この理由を「消費者の増加による追加的費用」という言葉を用いて説明しなさい。
(4) ★「非排除性の性質をもつ財は，プラスの価格をつけて供給することは不可能である。」と言われています。この理由を「フリーライダー」という言葉を用いて説明しなさい。

≪解答＆解答の解説≫

(1) 貴方が消費しても，私の消費できる量が変わらない財の性質は「非競合性・消費の集団性・等量消費」と呼ばれています。
(2) 対価を支払わない特定の消費者の消費を排除することができない財の性質は「非排除性・排除不可能性」と呼ばれています。
(3) 消費者の増加による追加的費用はゼロですので，利用者の増加は便益のみを増加させます。ですから，プラスの価格をつけて利用者数を制限する必要

はありません。
(4) 対価を支払わずに利用しようとするフリーライダーを排除できませんので、供給と引き換えにプラスの価格を要求する、という供給方法は不可能です。

問題6－8：★公共財の最適供給とリンダール・メカニズム

3人の個人A，B，Cが政府から公共財の供給を受ける状況を考えます。公共財の量をxとして、3人の公共財に対する逆需要関数がそれぞれ次のように定式化されています。

$P^D_A = 30 - 2x$

$P^D_B = 10 - x$

$P^D_C = 20 - 2x$

政府の公共財生産の総費用関数は$C = \frac{5}{2}x^2$で与えられています。以下の問いに答えなさい。

(1) 公共財の最適供給量（x^*）を求めなさい。
(2) リンダール・メカニズムに基づいて費用負担を決めるとき、3人の個人A，B，Cの公共財1単位当たりの費用負担額を求めなさい。

≪解答＆解答の解説≫

(1) 3人の公共財に対する逆需要関数（需要者価格関数）は公共財に対する私的限界便益関数と考えることができます。公共財の「等量消費性（非競合性）」に着目すると、社会的限界便益（SMB）関数は、3人の公共財に対する私的限界便益関数の垂直和として求められます。すなわち、

$SMB = (30 - 2x) + (10 - x) + (20 - 2x) = 60 - 5x$
　　　　　　　　　　　　　　　　　　（$0 \leq x \leq 10$のとき）

$SMB = 30 - 2x$　　　　　　　　　　（$10 \leq x \leq 15$のとき）

公共財生産の総費用関数$C = \frac{5}{2}x^2$より、公共財生産の限界費用関数

$MC = 5x$　　　　　　　　　　（公共財生産の限界費用関数）

を得ることができます。公共財の最適供給条件式SMB＝MCより，

$$60 - 5x = 5x \quad \text{（私的限界便益＝限界費用）}$$

ですので，

$$x^* = 6 \qquad \text{（答え：公共財の最適供給量）}$$

(2) リンダール・メカニズム均衡下では，3人の個人A，B，Cは，$x^* = 6$ の下における私的限界便益の割合で，限界費用（$MC = 5x^* = 30$）を負担します。

$$P^D_A{}^* = 30 - 2x^* = 18 \qquad \text{（答え：Aの費用負担額）}$$
$$P^D_B{}^* = 10 - x^* = 4 \qquad \text{（答え：Bの費用負担額）}$$
$$P^D_C{}^* = 20 - 2x^* = 8 \qquad \text{（答え：Cの費用負担額）}$$

図6－7　公共財の最適供給とリンダール・メカニズム

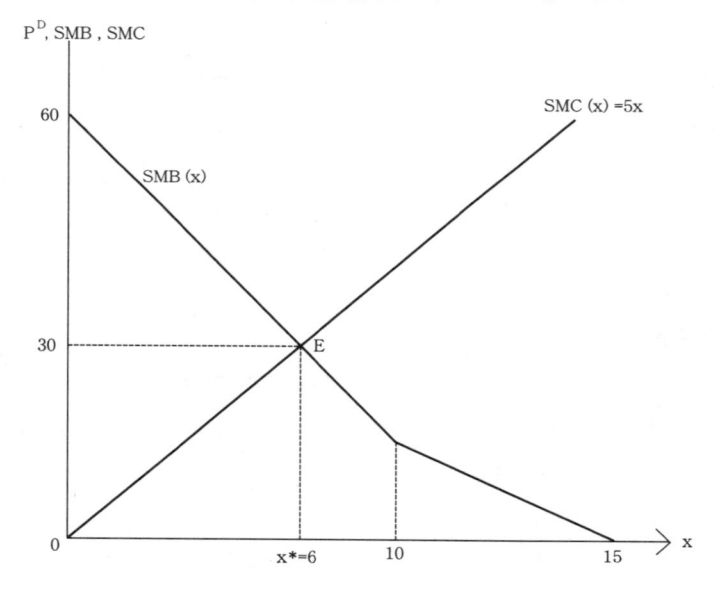

第7章 ゲーム理論の基礎

―― 試験対策ポイント ――
① 複数の経済主体の意思決定をゲーム問題の形に定式化する必要があります。
② ナッシュ均衡の意味を理解する。
③ ナッシュ均衡の求め方を理解する。

問題7－1：★ナッシュ均衡の求め方（ゲームの理論）

右の表はゲーム問題の「標準型による表現」と呼ばれています。ゲーム問題の定式化の3つの基本要素は次のものです。

ゲームのプレーヤー：A，B
プレーヤーA，Bの選択できる戦略：
　A：$S_A = \{s_A \mid \alpha_1, \alpha_2\}$
　B：$S_B = \{s_B \mid \beta_1, \beta_2\}$

表7－1　ゲームの理論

		Bの戦略	
		β_1	β_2
Aの戦略	α_1	(10, 4)	(5, 3)
	α_2	(2, 8)	(0, 2)

選択する戦略の組み合わせごとにプレーヤーA，Bが受け取る利得：
例えば、上の表において、
　$u_A(\alpha_1, \beta_1) = 10$：Aが戦略$\alpha_1$，Bが戦略$\beta_1$をとったときのAの利得
　$u_B(\alpha_1, \beta_1) = 4$：Aが戦略$\alpha_1$，Bが戦略$\beta_1$をとったときのBの利得

以下の問いに答えなさい。
(1) ナッシュ均衡を説明しなさい。
(2) ナッシュ均衡を求めなさい。

≪解答＆解答の解説≫

(1) Aが，Bのとる戦略s_Bを所与としたときに，自らの利得を最大にするように戦略s_Aを選ぶことを，$s_A = f_A(s_B)$とし，またBが，Aのとる戦略s_Aを所与としたときに，自らの利得を最大にするように戦略s_Bを選ぶことを，$s_B = f_B(s_A)$とします（クールノー・ゲームにおいては，戦略変数は産出量y_1，y_2でした。☞p.131）。

このとき，A，B2人の戦略の組み合わせ（$s_A{}^*$，$s_B{}^*$）が，

$s_A{}^* = f_A(s_B{}^*)$

$s_B{}^* = f_B(s_A{}^*)$

の関係を満たすとき，このような戦略の組み合わせは「ナッシュ均衡」と呼ばれています（☞p.131のクールノー・ゲームのナッシュ均衡）。

(2)① Bが戦略β_1をとったとき，

$u_A(\alpha_1, \beta_1) = 10 > 2 = u_A(\alpha_2, \beta_1)$

なので，Aは戦略α_1をとります。10に下線を引きます。

② Bが戦略β_2をとったとき，

$u_A(\alpha_1, \beta_2) = 5 > 0 = u_A(\alpha_2, \beta_2)$

なので，Aは戦略α_1をとります。5に下線を引きます。

③ Aが戦略α_1をとったとき，

$u_B(\alpha_1, \beta_1) = 4 > u_B(\alpha_1, \beta_2) = 3$

なので，Bは戦略β_1をとります。4に下線を引きます。

④ Aが戦略α_2をとったとき，

$u_B(\alpha_2, \beta_1) = 8 > u_B(\alpha_2, \beta_2) = 2$

なので，Bは戦略β_1をとります。8に下線を引きます。

2本の下線が引かれている (10, 4)，すなわち (α_1, β_1) がナッシュ均衡です 答え 。

第8章 不確実性の経済学

試験対策ポイント

① 何が，どれだけの確率で生じているのかを図式化することが問題を解く出発点です。
② 数学的期待値と期待効用のちがいを理解する。
③ 期待効用定理を理解する。
④ リスクに対する3つの態度（リスク回避，リスク愛好，リスク中立）を理解する。
⑤ 保険プレミアムと危険プレミアムを理解する。
⑥ 2種類のリスク回避度（絶対的リスク回避度，相対的リスク回避度）を理解する。

問題8－1：宝くじと期待効用定理

確率πで賞金x_1を，確率$(1-\pi)$で賞金x_2をもたらす宝くじaは，

$$a=[x\,;\,\pi]=[x_1,\ x_2\,;\,\pi,\,(1-\pi)]$$

で表すことができます。不確実性の経済学で取り扱う「宝くじ」の例示として，安全資産（貨幣）と危険資産（株式）を取り上げます。貨幣については，期首時点の100万円は，確率1で期末時点には100万円になります。株式については，期首時点の100万円は，期末時点には，確率0.5で120万円（株価上昇），確率0.5で80万円（株価下落）になります。以下の問いに答えなさい。

(1) 2つの宝くじ（安全資産と危険資産）をそれぞれa^1，a^2として，安全資産と危険資産を$a=[x\,;\,\pi]=[x_1,\ x_2\,;\,\pi,\,(1-\pi)]$の形で表しなさい。
(2) ある個人の効用関数は$u=u(x)$で与えられています。2つの資産の期待値と期待効用を求めなさい。
(3) 期待効用定理を説明しなさい。

≪解答＆解答の解説≫

(1) 不確実性の経済学では，「宝くじ」を以下のように，何が，どれだけの確率で生じているのかをまず図式化することが問題を解く出発点です。

① 安全資産（貨幣）

期首時点の100万円ー（確率1）→期末時点の100万円

② 危険資産（株式）

期首時点の100万円〈（確率0.5）→期末時点の120万円（株価上昇）
（確率0.5）→期末時点の80万円（株価下落）

2つの宝くじ（安全資産と危険資産）は次のように記述されます。

安全資産＝$a^1=[x^1\,;\,\pi^1]=[100\,;\,1]$　　答え

危険資産＝$a^2=[x^2\,;\,\pi^2]=[x^2_1,\ x^2_2\,;\,\pi^2_1,\ \pi^2_2]$

$=[120,\ 80\,;\,0.5,\ 0.5]$　　答え

(2) ある個人の効用関数は$u=u(x)$で与えられています。

① 2つの資産の期待値は，

$E[x]\equiv\Sigma\pi_s x_s$　　（期待値の定義）

で定義されています。

$E[x_1]=1\times 100\ =100$　　答え

$E[x_2]=0.5\times 120+0.5\times 80=100$　　答え

② 2つの資産の期待効用（効用の数学的期待値）は，

$E[u(x)]=\Sigma\pi_s u(x_s)$　　（期待効用の定義）

で定義されています。

$$E[u(x^1)] = 1 \times u(100)$$ 　答え

$$E[u(x^2)] = 0.5 \times u(120) + 0.5 \times u(80)$$ 　答え

(3) 期待効用定理とは，いくつかの公理が満たされれば，「宝くじ」が期待効用の大小で選択できることを意味しています。すなわち，

$$a^1 \succ a^2 \Leftrightarrow \Sigma \pi_s^1 u(x_s) > \Sigma \pi_s^2 u(x_s)$$

です。⇔は同値の記号です。上記の効用関数$u(x_s)$はフォン・ノイマン＝モルゲンシュテルンの効用関数（VNM効用関数と略称）と呼ばれています。

問題8－2：リスクに対する態度とリスク回避度

不確実性下の選択（安全資産と危険資産の選択）は個人の「リスクに対する態度」に依存しています。VNM効用関数を$u = u(x)$とします。ここで，x＝期末時点の富の額です。以下の問いに答えなさい。

(1) 横軸にx，縦軸にuをとって，リスク回避者，リスク愛好者，リスク中立者の効用関数を図示しなさい。xの増大に伴い限界効用がどのように変化するのか説明しなさい。

(2) ★VNM効用関数$u = u(x)$が次のような形をしているとき，その個人はリスク回避者，リスク愛好者，リスク中立者のいずれですか。

① $u = e^x$

② $u = 2x$

③ $u = x^{\frac{4}{5}}$

(3) ★絶対的リスク回避度と相対的リスク回避度の違いを説明しなさい。

(4) ★$u = x^a$の絶対的リスク回避度と相対的リスク回避度を求めなさい。

≪解答＆解答の解説≫

(1) xの増大に伴い，限界効用（$u'(x) = \dfrac{du}{dx}$）はリスク回避者のとき逓減し，リスク愛好者のとき逓増します。リスク中立者のときは，xに関係なく限界効用は一定です。

図8－1　リスクに対する態度

リスク回避者

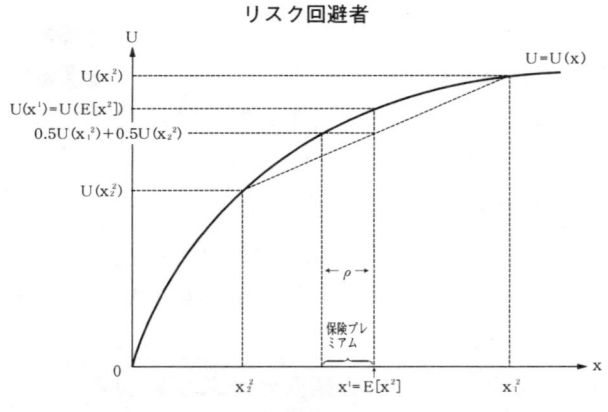

リスク愛好者

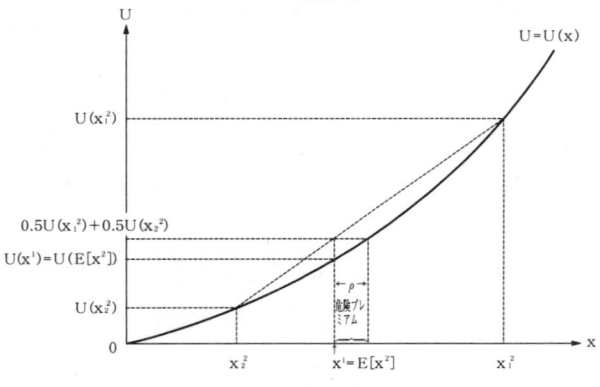

リスク中立者

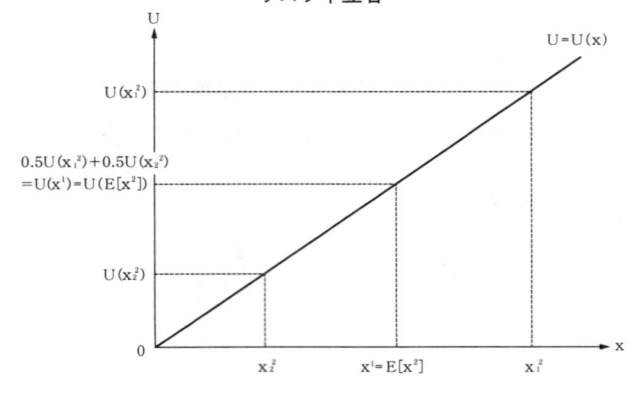

(2) リスク回避者，リスク愛好者，リスク中立者のいずれであるかは，効用関数の2次の導関数の符号（限界効用の変化）によってわかります。

① $u' = e^x$ 　　　　　　 $u'' = e^x > 0$ 　　　（リスク愛好）

② $u' = 2$ 　　　　　　　　$u'' = 0$ 　　　　　　（リスク中立）

③ $u' = \dfrac{4}{5} x^{-\frac{1}{5}}$ 　　　　　 $u'' = -\dfrac{4}{25} x^{-\frac{6}{5}} < 0$ 　（リスク回避）

【数学チェック】 2次の導関数

上記で， $U' = \dfrac{d}{dx} u = \dfrac{du}{dx}$ 　　　　（1次の導関数）

　　　　$u'' = \dfrac{d}{dx}\left(\dfrac{du}{dx}\right) = \dfrac{d^2 u}{dx^2}$ 　（2次の導関数）

です。

---

(3) 2人のリスク回避者のリスクに対する態度を比較するには，リスク回避度が必要です。次の2種類のリスク回避度を定義できます。

① 絶対的リスク回避度 $= -\dfrac{u''}{u'}$

② 相対的リスク回避度 $= \dfrac{-E[x] u''}{u'}$

ここで，u'，u'' は $E[x]$ で評価されています。

(4)① 絶対的リスク回避度 $= -\dfrac{u''}{u'} = -\dfrac{a(a-1)x^{a-2}}{a x^{a-1}}$

　　　　　　　　　　　　$= -\dfrac{a-1}{x}$ 　【答え】

② 相対的リスク回避度 $= \dfrac{-E[x] u''}{u'}$

　　　　　　　　　　　　$= \dfrac{-E[x]\{a(a-1)x^{a-2}\}}{a x^{a-1}}$

　　　　　　　　　　　　$= -\dfrac{E[x](a-1)}{x}$ 　【答え】

168　第1部　ミクロ経済学試験問題の全パターン

問題8－3：★リスク・プレミアム

(1) VNM効用関数 $u = 9\sqrt{x}$ をもっている個人の次の危険資産，
　　$a = [x\ ;\ \pi] = [x_1,\ x_2\ ;\ \pi_1,\ \pi_2] = [100,\ 900\ ;\ \dfrac{5}{8},\ \dfrac{3}{8}]$
　　に対するリスク・プレミアムを求めなさい。また，リスク・プレミアムを図示しなさい。

(2) VNM効用関数 $u = \dfrac{1}{3}x^2$ をもっている個人の次の危険資産，
　　$a = [x\ ;\ \pi] = [x_1,\ x_2\ ;\ \pi_1,\ \pi_2] = [10,\ 50\ ;\ \dfrac{2}{3},\ \dfrac{1}{3}]$
　　に対するリスク・プレミアムを求めなさい。また，リスク・プレミアムを図示しなさい。

≪解答＆解答の解説≫

　正のリスク・プレミアム（保険プレミアム）はリスクに直面することによるリスク回避者の不効用，負のリスク・プレミアム（危険プレミアム）はリスクに直面することによるリスク愛好者の効用をそれぞれ表しています。リスク・プレミアムを求める際には，

① $E[x] \equiv \Sigma \pi_s x_s = x$ の期待値
② $E[u(x)] = \Sigma \pi_s u(x_s) = x$ の期待効用
③ $y = E[u(x)]$ と同水準の効用を確実に得ることのできる富（すなわち，$u(y) = E[u(x)]$）

をまず求めます。リスク・プレミアム（RP）は，

　　$RP \equiv E[x] - y$

として計算されます。

(1) $u' = \dfrac{9}{2}x^{-\frac{1}{2}}$，$u'' = -\dfrac{9}{4}x^{-1} < 0$ ですので，この人はリスク回避者です。

　　$E[x] = \dfrac{5}{8} \times 100 + \dfrac{3}{8} \times 900 = 400$

　　$E[u(x)] = \dfrac{5}{8} \times u(100) + \dfrac{3}{8} \times u(900)$

$$= \frac{5}{8} \times 90 + \frac{3}{8} \times 270$$
$$= \frac{315}{2}$$

ですので,

$$u(y) = \frac{315}{2}$$

を満たす y^* を求めると, $y^* = \dfrac{1,225}{4}$ 　　　　（「確実同値額」）

です。したがって,

$$RP \equiv E[x] - y^* = 400 - \frac{1,225}{4} = \frac{375}{4} \quad （保険プレミアム）$$

が得られます。

図8－1－a　リスクに対する態度（リスク回避者）

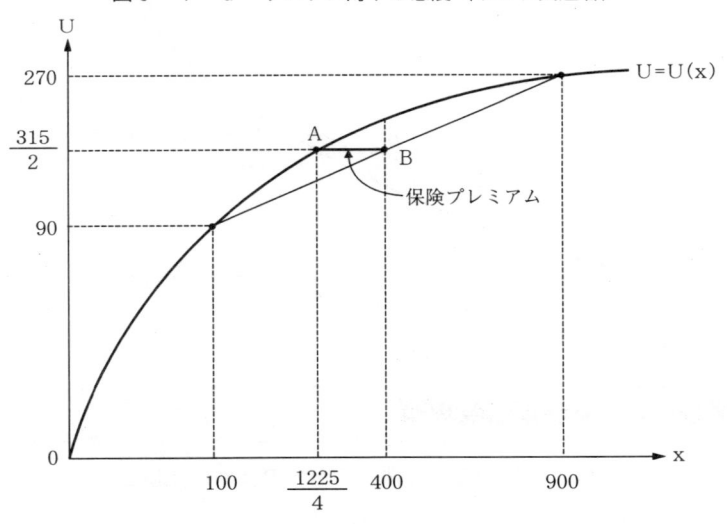

(2)　$u' = \dfrac{2}{3}x$, $u'' = \dfrac{2}{3} > 0$ ですので, この人はリスク愛好者です。

$$E[x] = \frac{2}{3} \times 10 + \frac{1}{3} \times 50 = \frac{70}{3}$$
$$E[u(x)] = \frac{2}{3} \times u(10) + \frac{1}{3} \times u(50)$$
$$= \frac{2}{3} \times \frac{100}{3} + \frac{1}{3} \times \frac{2,500}{3}$$
$$= 300$$

ですので,

$u(y) = 300$

を満たす y^* を求めると，$y^* = 30$（「確実同値額」）です。したがって，

$$RP \equiv E[x] - y^* = \frac{70}{3} - 30 = -\frac{20}{3} \quad （危険プレミアム）$$

が得られます。

図8－1－b　リスクに対する態度（リスク愛好者）

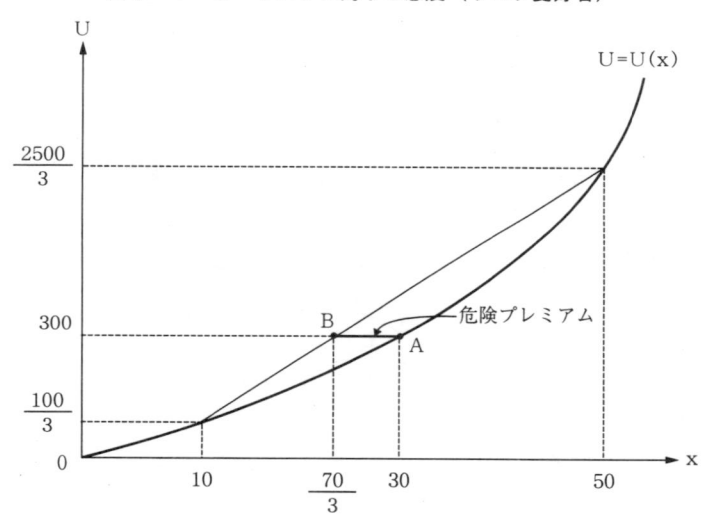

問題8－4：★資産選択理論

安全資産（貨幣）と危険資産（株式）が次のように記述されています。

安全資産 $= a^1 = [x^1 ; \pi^1] = [100 ; 1]$

危険資産 $= a^2 = [x^2 ; \pi^2] = [x^2_1, x^2_2 ; \pi^2_1, \pi^2_2]$
$\qquad\qquad\qquad\qquad\quad = [120, 80 ; 0.5, 0.5]$

以下の問いに答えなさい。

(1) 安全資産と危険資産の期待値（リターン）と分散（リスク）を求めなさい。

(2) 個人が安全資産と危険資産のいずれを選択するのかを説明しなさい。

第 8 章　不確実性の経済学　171

≪解答＆解答の解説≫

(1)① 2つの資産の期待値は，$E[x] \equiv \Sigma \pi_s x_s$ で定義されています。

$E[x^1] = 1 \times 100 = 100$　　**答え**

$E[x^2] = 0.5 \times 120 + 0.5 \times 80 = 100$　　**答え**

② 2つの資産の分散は，$Var(x) = \Sigma \pi_s (x - E[x])^2$ で定義されています。

$Var(x^1) = 1 \times (100 - 100)^2 = 0$

$Var(x^2) = 0.5 \times (120 - 100)^2 + 0.5 \times (80 - 100)^2 > 0$

2つの資産のリターン（期待値）は100で同一ですが，両資産のリスク（分散）は異なっています。

(2) 個人は期待効用の大小を評価基準として，2つの資産の間の選択を行います。選択は個人のリスクに対する態度に依存しています。

① リスク回避者

$E[u(x^2)] < E[u(x^1)]$　（株式の期待効用＜貨幣の期待効用）

ですので，安全資産を選択します。リターンが同じであれば，リスクの小さい資産を好みます。リスク回避者は大儲けができるチャンスがあっても，大損する可能性があれば，そのような資産を選ばない個人です。

② リスク愛好者

$E[u(x^2)] > E[u(x^1)]$　（株式の期待効用＞貨幣の期待効用）

ですので，危険資産を選択します。リターンが同じであれば，リスクの大きい資産を好みます。リスク愛好者は大損を覚悟の上で，大儲けにかける個人です。

③ リスク中立者

$E[u(x^2)] = E[u(x^1)]$　（株式の期待効用＝貨幣の期待効用）

ですので，安全資産と危険資産は無差別です。リスク中立者は資産のリターンの大きさだけに関心をもち，リスクの程度には無関心です。

第9章 国際貿易理論

試験対策ポイント

① 閉鎖経済下の一般均衡分析と開放経済下の一般均衡分析の違いを理解する。図示しながら，生産点・消費点，貿易の三角形，貿易利益を理解する。
② 国際貿易の発生および貿易構造を理解する。
③ 閉鎖経済下の部分均衡分析と自由貿易下の部分均衡分析の違いを理解する。閉鎖経済下と自由貿易下の市場均衡（国内産業の供給量，輸入量，国内需要量，輸出量），余剰の違いを理解する。
④ 貿易政策（関税政策）の余剰分析を理解する。

問題9－1：閉鎖経済下と開放経済下の生産点・消費点

$P^* = \dfrac{P_1^*}{P_2^*} =$ 国内均衡相対価格，$P' = \dfrac{P_1'}{P_2'} =$ 小国にとって所与の国際相対価格とします。以下の問いに答えなさい。

(1) 自給自足均衡はどのような点ですか。
(2) $P' < P^*$ のときの生産点・消費点はどれですか。何を輸出し，何を輸入しますか。

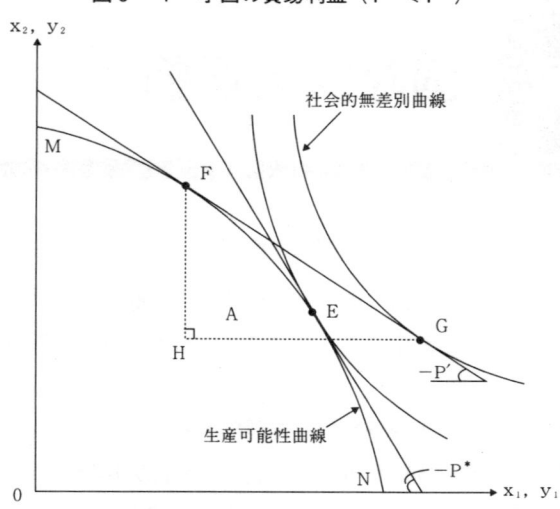

図9-1　小国の貿易利益（P′＜P*）

(3) P′＞P*のときの生産点・消費点はどれですか。何を輸出し，何を輸入しますか。

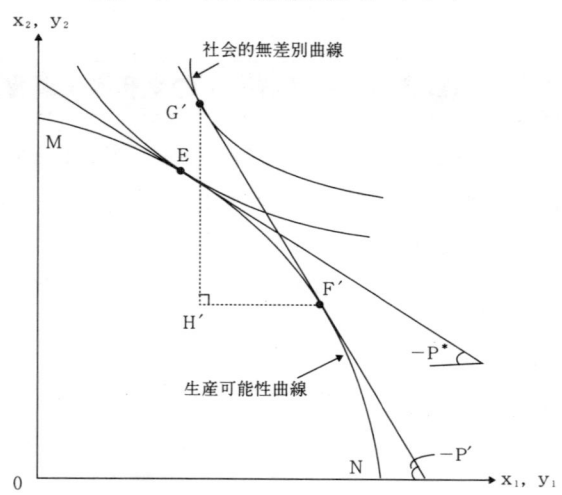

図9-2　小国の貿易利益（P′＞P*）

(4) 問(1)と問(2),(3)の違いを踏まえて,小国が閉鎖経済から自由貿易へ移行した場合の貿易利益を説明しなさい。

≪解答＆解答の解説≫

(1) 生産点は利潤最大化の1階の条件（☞p.118）より,「限界変形率＝相対価格（MRT＝P*）」で決まり,消費点は効用最大化の1階の条件（☞p.25）より,「限界代替率＝相対価格（MRS＝P*）」で決まります。自給自足均衡では生産点と消費点が一致しています。

$$MRT_{12}=MRS_{12}=P^*$$　　　（限界変形率＝限界代替率＝相対価格）

図9－3　閉鎖経済の生産点・消費点（均衡）

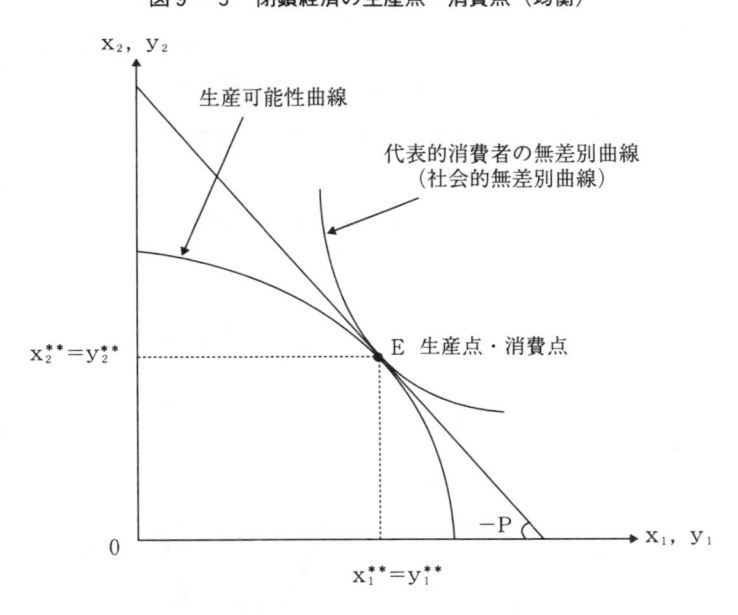

176　第1部　ミクロ経済学試験問題の全パターン

【知っておきましょう】　限界変形率と限界代替率

　限界代替率については**問題1-2，1-3**，限界変形率については**問題4-3**で復習しましょう。**問題9-1**のポイントは生産点と消費点を見つけることです。生産点は生産可能性曲線と価格線の接点，つまり「限界変形率＝相対価格」の点であること，消費点は社会的無差別曲線と価格線の接点，つまり「限界代替率＝相対価格」の点であることを理解しましょう。第1章の消費者行動理論で無差別曲線を学びましたが，あれは1人の消費者の話でした。ここでは国民全体の無差別曲線を考えていますので，社会的無差別曲線と呼んで区別しています。

---

(2)　問(1)と同様にして，$P' < P^*$では，

　　　生産点（F点）：$MRT_{12} = P'$　　　　　（限界変形率＝相対価格）

　　　消費点（G点）：$MRS_{12} = P'$　　　　　（限界代替率＝相対価格）

です。$P' < P^*$のときは，第1財を輸入，第2財を輸出します。FGHが貿易の三角形です。

図9-1　小国の貿易利益（$P' < P^*$）

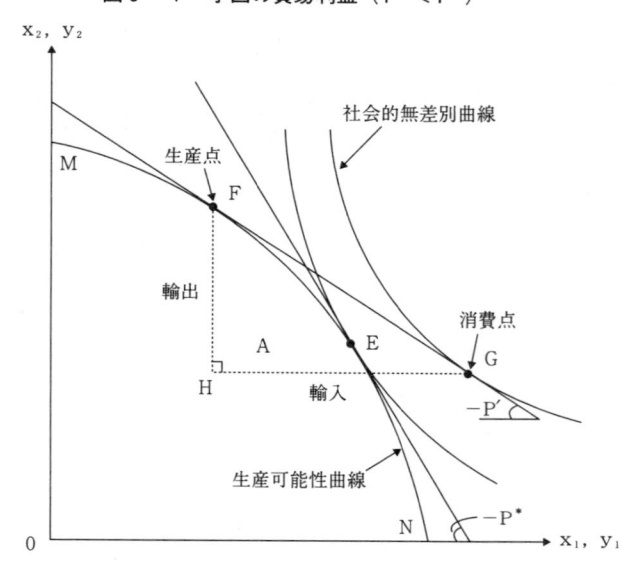

(3) 問(1)と同様にして，$P'>P^*$ では，
  生産点（F′点）：$MRT_{12}=P'$　　　（限界変形率＝相対価格）
  消費点（G′点）：$MRS_{12}=P'$　　　（限界代替率＝相対価格）
です。$P'>P^*$ のときは，第1財を輸出，第2財を輸入します。F′G′H′ が貿易の三角形です。

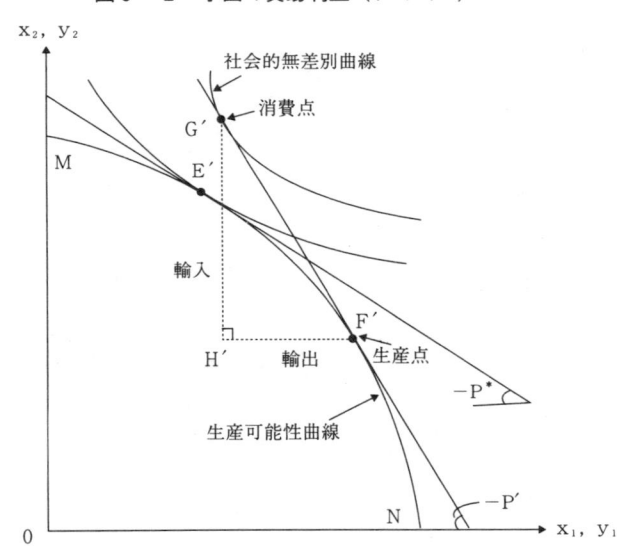

図9－2　小国の貿易利益（$P'>P^*$）

(4) 自由貿易により，より高位の社会的無差別曲線に達することができます。
  ① $P'<P^*$（図9－1）：E→G
  ② $P'>P^*$（図9－2）：E′→G′

問題9－2：貿易の利益

下図で，
　　S＝国内産業の市場供給曲線
　　D＝国内の市場需要曲線

とし，自給自足均衡はE点（x*，P*）で与えられています。P′＝国際均衡価格として，以下の問いに答えなさい。

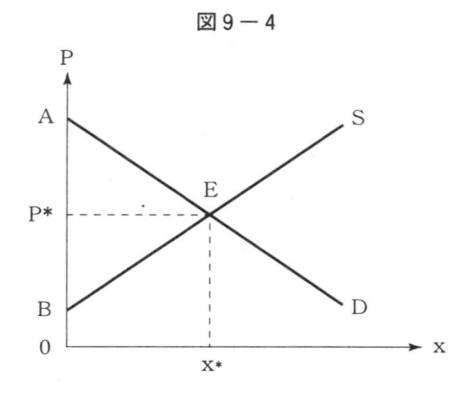

図9－4

(1) 自給自足均衡下の消費者余剰，生産者余剰，社会的総余剰を求めなさい。
(2) 自由貿易下のP′＜P*のときの消費者余剰，生産者余剰，社会的総余剰を説明しなさい。
(3) 自由貿易下のP′＞P*のときの消費者余剰，生産者余剰，社会的総余剰を説明しなさい。

≪解答＆解答の解説≫

(1) 　消費者余剰＝AP*E　　　答え
　　　生産者余剰＝P*BE　　　答え
　　　社会的余剰＝ABE　　　答え

(2) 小国の仮定の下では，国内価格＝国際均衡価格です。P′＜P*では，国内産業の供給量（P′F）＋輸入量（FG）＝国内需要量（P′G）です。
　　　消費者余剰＝AP′G＞AP*E　　　答え
　　　生産者余剰＝P′BF＜P*BE　　　答え
　　　社会的余剰＝AP′G＋P′BF＝ABE＋EFG（貿易利益）　　　答え

であり，自由貿易下の社会的余剰（ＡＢＥ＋ＥＦＧ）は自給自足均衡下の社会的余剰（ＡＢＥ）よりも大きいので，自由貿易は閉鎖経済に比べて一国の経済厚生（社会的総余剰）を高めます。つまり，これが貿易の利益（ＥＦＧ）です。貿易の利益は貿易業者の利益ではなく，貿易を行うことによって生まれる社会的総余剰の増分です。

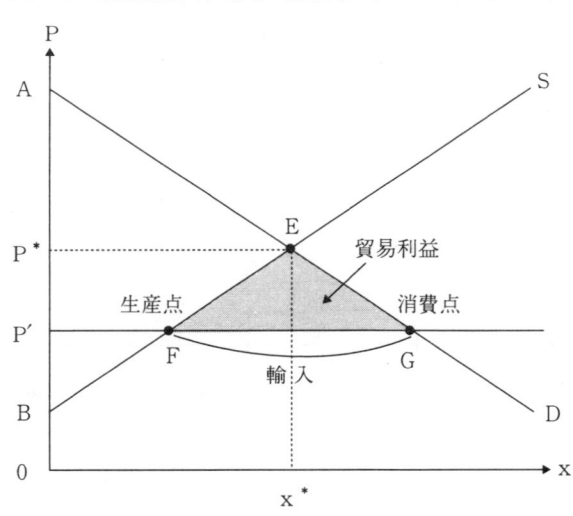

図9－5　開放経済下の部分均衡分析（$P'<P^*$のケース）

(3) 小国の仮定の下では，国内価格＝国際均衡価格です。$P'>P^*$では，国内産業の供給量（Ｐ′Ｉ）＝国内需要量（Ｐ′Ｈ）＋輸出量（ＨＩ）です。

消費者余剰＝ＡＰ′Ｈ＜ＡＰ*Ｅ　　　　　　　　　　　**答え**

生産者余剰＝Ｐ′ＢＩ＞Ｐ*ＢＥ　　　　　　　　　　　**答え**

社会的余剰＝ＡＰ′Ｈ＋Ｐ′ＢＩ＝ＡＢＥ＋ＨＥＩ（貿易利益）　**答え**

であり，自由貿易下の社会的余剰（ＡＢＥ＋ＨＥＩ）は自給自足均衡下の社会的余剰（ＡＢＥ）よりも大きいので，自由貿易は閉鎖経済に比べて一国の経済厚生（社会的総余剰）を高めます。つまり，これが貿易の利益（ＨＥＩ）です。貿易の利益は貿易業者の利益ではなく，貿易を行うことによって生まれる社会的総余剰の増分です。

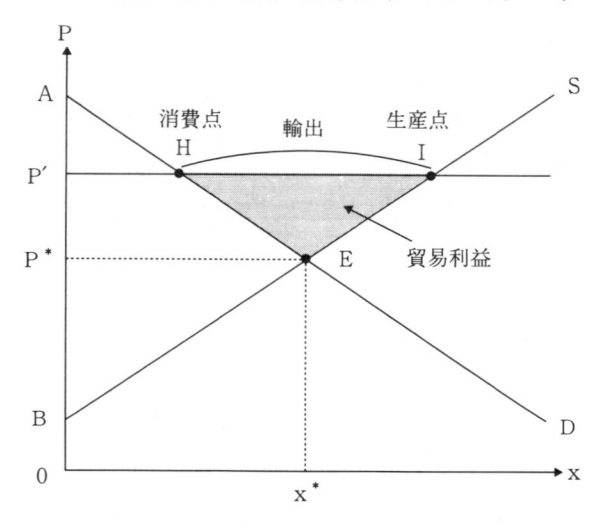

図9-6 開放経済下の部分均衡分析（P′＞P*のケース）

消費点 H　輸出　生産点 I
貿易利益

―【知っておきましょう】―

上記の問(2), (3)の問題では，生産点，消費点を見つけ，輸出，輸入の大きさをおさえることが基本です。

問題9-3：貿易政策の余剰分析：関税政策

財Xの国内産業の市場供給曲線，国内の市場需要曲線がそれぞれ，

　　S＝2P　　　　　　　　（市場供給関数）
　　D＝120−P　　　　　　（市場需要関数）

で与えられています。P＝国内価格，P′＝国際均衡価格＝20とします。以下の問いに答えなさい。

(1) 生産点，消費点，輸出あるいは輸入を図中に書き入れなさい。
(2) この財に1単位当たり10の従量税が課せられたとき，いくらの経済厚生の損失が生じますか。
(3) 関税収入はいくらですか。

≪解答&解答の解説≫

(1) 　　S＝D　　　　　　　　　（需給均衡式）
　　　S＝2P　　　　　　　　（供給関数）
　　　D＝120－P　　　　　　（需要関数）
より，
　　　2P＝120－P　　　　　　（供給＝需要）
ですので，
　　　P＊＝40　　　　　　　　（自給自足均衡下の均衡価格）
が得られます。したがって，S＝2PあるいはD＝120－PにP＊＝40を代入すると，
　　　x＊＝80　　　　　　　　（自給自足均衡下の均衡取引量）
です。

図9－7

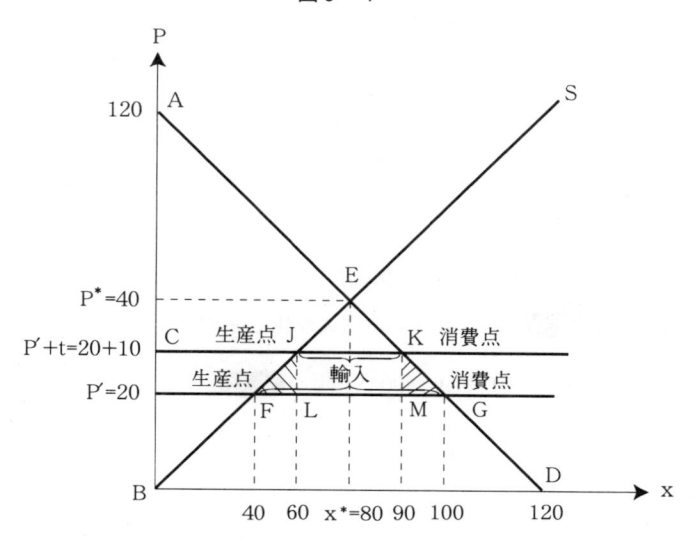

(2) P＝国内価格，P′＝国際均衡価格とすれば，従量税が課せられると，
　　　P＝P′＋t　　　　　　　（t＝従量税）
です。輸入関税の賦課後の均衡は，小国が直面するのはP＝P′＋tですので，

国内需要量（CK）＝国内産業の供給量（CJ）＋輸入量（JK）

であり，徴収された関税は国民に還元されますので，

社会的総余剰＝消費者余剰（ACK）＋生産者余剰（CBJ）
　　　　　　＋輸入関税（JLMK）
　　　　　＝課税前の社会的総余剰－（△JFL＋△KMG）

です。ここで，P′＝本来の価格ですので，

△JFL＝過剰生産による生産者余剰の減少

△KMG＝過少消費による消費者余剰の減少

です。輸入関税の賦課によって，

① 輸入量は減少します（FG→JK）。
② 社会的総余剰は減少します。

F点，J点の数量はS＝2PにP＝20，P＝30を代入することにより，それぞれ40，60を得ることができます。また，G点，K点の数量はD＝120－PにP＝20，P＝30を代入することにより，それぞれ100，90を得ることができます。

$$△JFL＝(60-40)\times 10\times \frac{1}{2}＝100$$

$$△KMG＝(100-90)\times 10\times \frac{1}{2}＝50$$

ですので，

△JFL＋△KMG＝100＋50＝150

であり，150 **答え** の経済厚生の損失が生じます。

(3) 　JLMK＝(90－60)×10＝300　　　**答え**

第 2 部

マクロ経済学試験問題
の全パターン

第10章 国民経済計算

試験対策ポイント

① 経済の循環構造を表している統計である「国民経済計算」を理解する。マクロ経済学では，現実の経済を理論的フレームワークを通して見ることが求められています。「国民経済計算」はマクロ経済理論の土台です。
② 「日本経済の循環」を理解しながら，国民経済計算の用語を学習する。
③ 名目GDPと実質GDPの区別を理解する。
④ 2つの物価指数（パーシェ指数とラスパイレス指数）を理解する。

問題10－1：国民経済計算

(1) フロー統計とストック統計の違いを説明しなさい。

(2) A～Fの経済量をフロー概念，ストック概念あるいは両者の組み合わせに分けると，フロー概念に該当するものは次のうちどれですか。

A＝最終消費支出，B＝実物資産，C＝粗投資，D＝国富，E＝利子率，F＝国民所得

① A，C，F
② B，C，D
③ A，D，E
④ B，D，F
⑤ C，E，F

(3) 帰属家賃の例を挙げなさい。

≪解答＆解答の解説≫

(1) 国民経済計算にはフロー編とストック編があります。フロー（流量）は期間で測定・定義されています。ストック（残高）は時点で測定・定義されています。

(2) 最終消費支出，粗投資，国民所得はフロー，実物資産，国富はストック，利子率は$\dfrac{フロー}{ストック}$です。**答え**は①です。

(3) 例えば，持ち家の家賃，農家の自己消費などです。

問題10－2：実質GNPとGNPデフレーター

X_1，X_2の2つの財のみを生産している国民経済を考えます。この国民経済の基準年(0)と比較年(1)における，2つの財X_1，X_2の価格，産出量が下の表で与えられています。以下の問いに答えなさい。

	基 準 年(0)	比 較 年(1)
価 格	$P_1^0=10$，$P_2^0=10$	$P_1^1=10$，$P_2^1=15$
産出量	$x_1^0=10$，$x_2^0=10$	$x_1^1=12$，$x_2^1=8$

(1) 基準年と比較年の名目GNPを求めなさい。
(2) 比較年の実質GNPを求めなさい。
(3) 比較年のGNPデフレーターを求めなさい。
(4) パーシェ指数とラスパイレス指数のちがいを説明しなさい。

≪解答＆解答の解説≫

(1) GNPを構成する財をX_1，X_2だけであると仮定していますので，

① 第 t 年中の名目GNP $= P_1^t x_1^t + P_2^t x_2^t$ （第 t 年価格での評価）

② 第 t 年中の実質GNP $= P_1^0 x_1^t + P_2^0 x_2^t$ （基準年次価格での評価）

です。ですから，

基準年（第0年中）の名目GNP $= 10 \times 10 + 10 \times 10 = 200$

比較年（第1年中）の名目GNP $= 10 \times 12 + 15 \times 8 = 240$

(2) 比較年の実質ＧＮＰは基準年の価格で評価したＧＮＰです。

比較年（第１年中）の実質ＧＮＰ＝10×12＋10×8＝200　答え

(3) 比較年のＧＮＰデフレーター＝$\dfrac{名目ＧＮＰ}{実質ＧＮＰ}$×100です。

比較年のＧＮＰデフレーター＝$\dfrac{240}{200}$×100＝120　答え

(4) 一般物価水準の変化を知るためには，同じモノ（財のバスケット）を購入して，それらの購入金額を比較する必要があります。

① パーシェ指数（ＧＤＰデフレーター，ＧＮＰデフレーター）

比較時の財のバスケット（q_1^t, q_2^t）を考えています。第ｔ年の財のバスケットを第０，ｔ時点の価格で評価しています。

$$\dfrac{p_1^t q_1^t + p_2^t q_2^t}{p_1^0 q_1^t + p_2^0 q_2^t} \times 100$$

② ラスパイレス指数（卸売物価指数，消費者物価指数）

基準時の財のバスケット（q_1^0, q_2^0）を考えています。第０年の財のバスケットを第０，ｔ時点の価格で評価しています。

$$\dfrac{p_1^t q_1^0 + p_2^t q_2^0}{p_1^0 q_1^0 + p_2^0 q_2^0} \times 100$$

問題10－3：国民所得勘定

(1) 以下の空欄の中に適語を入れなさい。

① 産出額－（　　）＝粗付加価値（国内総生産）

② 国内総生産＋（　　）＝国民総生産

③ 国内純生産＝国内総生産－（　　）

④ 財貨・サービスの供給＝産出額（国産品）＋（　　）

⑤ 財貨・サービスの需要＝中間消費（中間需要）＋（　　）

　　＝中間消費＋最終消費支出＋（　　）＋財貨・サービスの輸出

⑥ 産出額－中間消費＝最終消費支出＋総資本形成＋輸出－（　　）

　　＝（　　）

⑦ 国内需要（内需）＝（　　）＋総資本形成

⑧　（　　）＝財貨・サービスの輸出－財貨・サービスの輸入
⑨　総資本形成＝総固定資本形成＋（　　）
⑩　国内総支出＝最終消費支出（C＋C_G）＋総資本形成（I＋I_G）＋輸出（EX）－輸入（IM）＝民間最終消費支出（C）＋民間総資本形成（I）＋（　　）（G）＋輸出（EX）－輸入（IM）
⑪　粗付加価値＝営業余剰・混合所得＋（　　）＋（生産・輸入品に課される税－補助金）＋固定資本減耗
⑫　営業余剰・混合所得＋雇用者報酬＝（　　）表示の国内所得
⑬　海外からの要素所得（純）＝海外からの雇用者所得（純）＋（　　）
⑭　要素費用表示の国内所得＋海外からの要素所得（純）
　　＝要素費用表示の（　　）
⑮　要素費用表示の国民所得＋（生産・輸入品に課される税－補助金）
　　＝（　　）表示の国民所得＝（　　）（NNP）
　　＝国民総生産（GNP）－（　　）
⑯　（　　）表示の国民所得＋海外からの経常移転（純）＝（　　）
⑰　国民可処分所得＝最終消費支出＋（　　）
⑱　純貯蓄＋固定資本減耗＝（　　）
⑲　海外からの資本移転（純）を無視すると，
　　（　　）＝（純貯蓄＋固定資本減耗）－総資本形成
　　　　　　＝（　　）－（　　）
⑳　貯蓄投資差額＝（　　）＋その他資本収支＝（　　）＝（　　）

(2)　国民純生産＝280，民間最終消費支出＝150，政府最終消費支出＝50，輸出＝40，輸入＝30，固定資本減耗＝20，生産・輸入品に課される税＝20，補助金＝10のとき，次のものを計算しなさい。

①　国民総生産
②　粗　投　資
③　要素費用表示の国民所得

> ④ 純投資
> ⑤ ＧＮＰに占める貿易収支の割合
> (3) 国民経済計算の「在庫品増加」は「意図せざる在庫」を含むか否かを答えなさい。
> (4) ＧＤＰの三面等価の原則を説明しなさい。

≪解答＆解答の解説≫

(1)① 産出額－（中間投入）＝粗付加価値（国内総生産）

② 国内総生産＋（海外からの要素所得（純））＝国民総生産

③ 国内純生産＝国内総生産－（固定資本減耗）

④ 財貨・サービスの供給＝産出額（国産品）＋（財貨・サービスの輸入）

⑤ 財貨・サービスの需要＝中間消費（中間需要）＋（最終需要）
　＝中間消費＋最終消費支出＋（総資本形成）＋財貨・サービスの輸出

⑥ 産出額－中間消費＝最終消費支出＋総資本形成＋輸出－（輸入）
　＝（国内総支出（ＧＤＥ））

⑦ 国内需要（内需）＝（最終消費支出）＋総資本形成

⑧ （外需）＝財貨・サービスの輸出－財貨・サービスの輸入

⑨ 総資本形成＝総固定資本形成＋（在庫品増加）

⑩ 国内総支出＝最終消費支出（$C+C_G$）＋総資本形成（$I+I_G$）＋輸出（ＥＸ）－輸入（ＩＭ）＝民間最終消費支出（Ｃ）＋民間総資本形成（Ｉ）＋（政府支出）（Ｇ）＋輸出（ＥＸ）－輸入（ＩＭ）

⑪ 粗付加価値＝営業余剰・混合所得＋（雇用者報酬）＋（生産・輸入品に課される税－補助金）＋固定資本減耗

⑫ 営業余剰・混合所得＋雇用者報酬＝（要素費用）表示の国内所得

⑬ 海外からの要素所得（純）＝海外からの雇用者報酬（純）＋（海外からの財産所得（純））

⑭ 要素費用表示の国内所得＋海外からの要素所得（純）

= 要素費用表示の（**国民所得**）

⑮ 要素費用表示の国民所得＋（生産・輸入品に課される税－補助金）
= （**市場価格**）表示の国民所得＝（**国民純生産**）（NNP）
= 国民総生産（GNP）－（**固定資本減耗**）

⑯ （**市場価格**）表示の国民所得＋海外からの経常移転（純）
= （**国民可処分所得**）

⑰ 国民可処分所得＝最終消費支出＋（**純貯蓄**）

⑱ 純貯蓄＋固定資本減耗＝（**粗貯蓄**）

⑲ （**貯蓄投資差額**）＝（純貯蓄＋固定資本減耗）－総資本形成
= （**粗貯蓄**）－（**粗投資**）

図10－1　国民所得勘定の諸概念

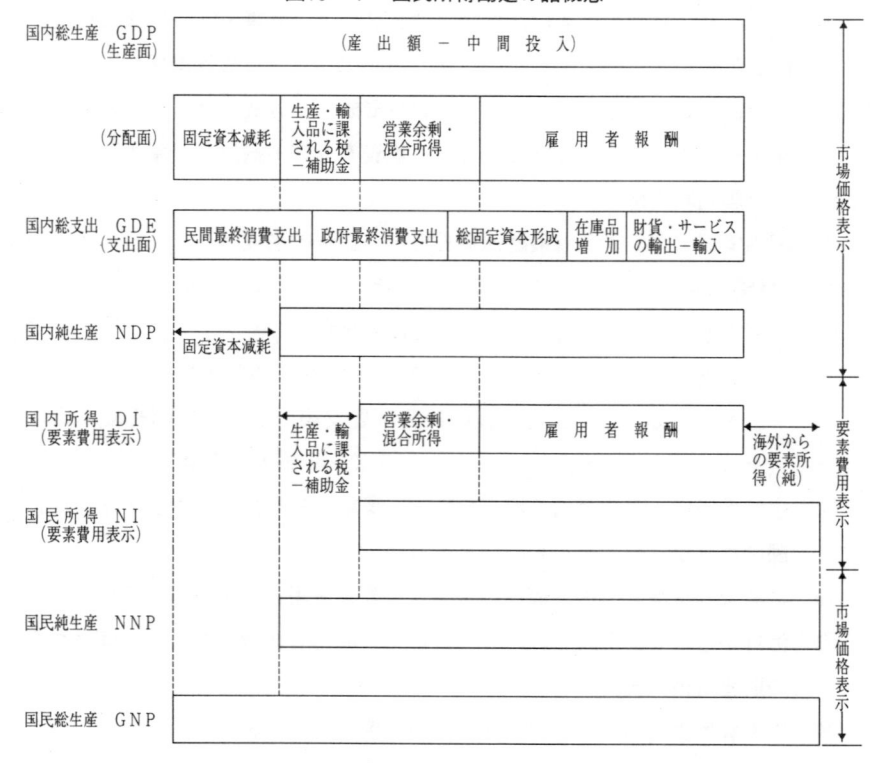

国内総生産 GDP（生産面）	（産出額 － 中間投入）					市場価格表示
（分配面）	固定資本減耗	生産・輸入品に課される税－補助金	営業余剰・混合所得	雇用者報酬		
国内総支出 GDE（支出面）	民間最終消費支出	政府最終消費支出	総固定資本形成	在庫品増加	財貨・サービスの輸出－輸入	
国内純生産 NDP	固定資本減耗					
国内所得 DI（要素費用表示）		生産・輸入品に課される税－補助金	営業余剰・混合所得	雇用者報酬	海外からの要素所得（純）	要素費用表示
国民所得 NI（要素費用表示）						
国民純生産 NNP						市場価格表示
国民総生産 GNP						

⑳　貯蓄投資差額＝（経常収支）＋その他資本収支
　　　　＝（海外に対する**債権の純増**）＝（資金過不足）
(2)①　国民総生産＝国民純生産＋固定資本減耗＝280＋20＝300
②　粗投資＝国民総生産－（民間最終消費支出＋政府最終消費支出＋輸出－輸入）＝300－（150＋50＋40－30）＝90
③　要素費用表示の国民所得＝国民純生産－（生産・輸入品に課される税－補助金）＝280－（20－10）＝270
④　純投資＝粗投資－固定資本減耗＝90－20＝70
⑤　GNPに占める貿易収支の割合＝$\dfrac{輸出－輸入}{国民総生産}$＝$\dfrac{40-30}{300}$＝$\dfrac{1}{30}$

──【一言アドバイス】　国民所得勘定についての試験対策──
　この種のタイプの過去の問題を検討すると，次の4つの式を暗記していれば試験対策としては万全です。
①　NNP＝GNP－固定資本減耗
②　NI＝NNP－（生産・輸入品に課される税－補助金）
③　Y＝C＋I＋C_G＋I_G＋EX－IM
④　S＋T＋IM＝I＋G＋EX
　まずは4つの式を書いて，問題の中の数値を書き入れることです。④の左辺（貯蓄＋租税＋輸入）は経済からエネルギーを奪うもの，右辺（投資＋政府支出＋輸出）はエネルギーを注入するものです。

(3)　国民経済計算の諸概念は事後の概念であり，「在庫品増加」は「意図せざる在庫」を含んでいます。
(4)　それは，GDPの次の3つが同値であることを意味しています。
①　生産面：産出額－中間投入
②　支出面：GDE（国内総支出）
③　分配面：営業余剰・混合所得＋雇用者報酬＋（生産・輸入品に課される税－補助金）＋固定資本減耗

問題10−4：★資金循環表

(1) 金融取引表と金融資産負債残高表の関係を説明しなさい。
(2) 資金の源泉と資金の使途を説明しなさい。
(3) 貯蓄投資差額と資金過不足の関係を説明しなさい。
(4) 縦の経済部門分割と横の取引項目分類が金融取引表を構成している2本の柱です。
　① 金融取引表を縦に見れば，何がわかりますか。
　② 海外部門の資金過不足は何を表していますか。
　③ 金融取引表を横に見れば，何がわかりますか。

≪解答＆解答の解説≫

(1)　　　期首時点の金融資産負債残高表
　　　　＋金融取引表
　　　　＋調整表
　　　　─────────────
　　　　期末時点の金融資産負債残高表

(2) 資本移転を無視すると，

　　資金の源泉（入）＝純貯蓄＋固定資本減耗＋負債の純増
　　　　　　　　　　＝粗貯蓄＋負債の純増

　　資金の使途（出）＝総資本形成＋金融資産の純増

図10−2　資金の源泉と資金の使途

資金の使途（出）	資金の源泉（入）
総資本形成（粗投資）	粗貯蓄
金融資産の純増	負債の純増

資金過不足（資金不足）　　　　貯蓄投資差額（投資超過）

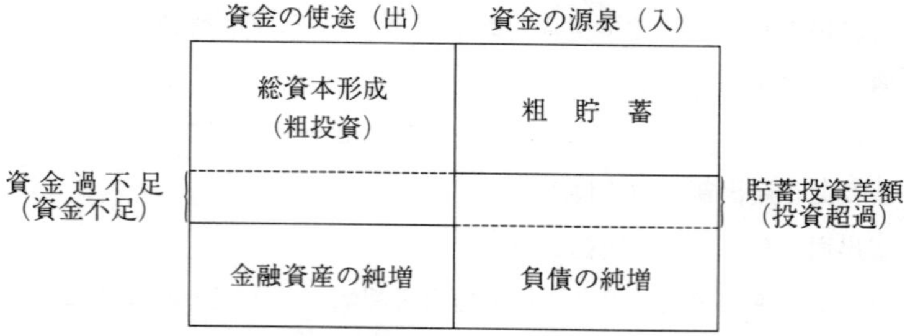

（注）資本移転を無視しています。

(3)　資金の源泉≡資金の使途ですので，

　　　粗貯蓄＋負債の純増≡粗投資＋金融資産の純増

であり，

　　　粗貯蓄－粗投資≡金融資産の純増－負債の純増
　　　（貯蓄投資差額）　　　　　　（資金過不足）

です。貯蓄投資差額と資金過不足とは裏表の関係にあります。同じものを実物サイドから見たときは貯蓄投資差額，金融サイドから見たときは資金過不足と呼ばれています。

① 貯蓄超過（貯蓄＞投資）⇔ 資金余剰（金融資産の純増＞負債の純増）

　⇔は同値の記号です。資金が余剰，すなわち「もとで」があるので金融資産を購入，負債を返済します。

② 投資超過（貯蓄＜投資）⇔ 資金不足（金融資産の純増＜負債の純増）

　資金が不足，すなわち「もとで」がないので金融資産を売却，負債を増加します。

(4)① 金融取引表を縦に見れば，

　　ⅰ　各経済部門が貯蓄超過・資金余剰，投資超過・資金不足のいずれであるのかがわかります。資金過不足は必ず負債欄に計上されます。プラス表示は資金余剰，マイナス（△）表示は資金不足をそれぞれ示しています。

　　ⅱ　資金余剰部門であればいかなる金融資産に資金運用（あるいは，いかなる負債を返済）しているのか，資金不足部門であればいかなる負債で資金調達（あるいは，いかなる金融資産を売却）しているのかがわかります。

② 海外部門の資金過不足に（－1）をかけたものは，わが国の「経常収支＋その他資本収支」（国内経済部門の資金過不足の合計）です。

③ 金融取引表を，横に見ると，どの経済部門からどの経済部門へ，いかなる形態で資金（通貨・信用）が流れたかがわかります。

194　第2部　マクロ経済学試験問題の全パターン

問題10−5：★産業連関表（投入産出表）

下の表は産業連関表を単純化したものです。以下の問いに答えなさい。

表10−3　産業連関表

		中間需要		最終需要	産出額
		第1産業	第2産業		
中間投入	第1産業	20	①	70	X_1. 100
	第2産業	X_{21} ②	X_{22} 50	F_2. 130	X_2. 200
粗付加価値		$V._1$ 60	$V._2$ ③		
産出額		$X._1$ ④	$X._2$ 200		

(1)　表中の空所①〜④を埋めなさい。
(2)　第1産業の中間投入のうち第2産業からの購入分はいくらですか。
(3)　この経済の国内総生産を求めなさい。
(4)　産業連関表を横欄（行）に沿って見れば，何がわかりますか。
(5)　産業連関表を縦欄（列）に沿って見れば，何がわかりますか。
(6)　この産業連関表の投入係数行列を求めなさい。
(7)　この産業連関表の逆行列（レオンティエフの逆行列）係数を求めなさい。
(8)　第1産業の財に対する最終需要が10増加したとき，第1，2産業における産出量はいくらになりますか。

≪解答＆解答の解説≫

(1) ① $= 100 - 20 - 70 = 10$　　**答え**
　　② $= 100 - 20 - 60 = 20$　　**答え**
　　③ $= 200 - ① - 50 = 200 - 10 - 50 = 140$　　**答え**
　　④ $= 100$　　**答え**

(2)　産業連関表は国内概念です。各産業の粗付加価値の合計は国内総生産です。
　　答え は②の20です。

(3)　60＋140＝200　　　　　　　　　　答え

(4)　横欄（行）に沿って，各産業の産出額の販路構成を知ることができます。
中間需要（X_{ij}）＋最終需要（$F_{i\cdot}$）＝産出額（$X_{i\cdot}$）であり，

$(X_{11}+X_{12})+F_1=X_1$ 　　　　（第１産業）
$(X_{21}+X_{22})+F_2=X_2$ 　　　　（第２産業）

です。ここで，

X_{ij}＝第ｊ産業の生産活動のために投入された第ｉ産業の財の額
$X_i(=X_{i\cdot})$, $X_j(=X_{\cdot j})$＝第ｉ，ｊ産業の産出額
$F_i=F_{i\cdot}$＝第ｉ産業の財に対する最終需要

表10－3　産業連関表

		中間需要		最終需要	産出額
		第１産業	第２産業		
中間投入	第１産業	X_{11}	X_{12}	$F_{1\cdot}$	$X_{1\cdot}$
	第２産業	X_{21}	X_{22}	$F_{2\cdot}$	$X_{2\cdot}$
粗付加価値		$V_{\cdot 1}$	$V_{\cdot 2}$		
産出額		$X_{\cdot 1}$	$X_{\cdot 2}$		

(5)　縦欄（列）に沿って，各産業の産出額の費用構成を知ることができます。
中間投入（X_{ij}）＋粗付加価値（$V_{\cdot j}$）＝産出額（$X_{\cdot j}$）であり，

$(X_{11}+X_{21})+V_1=X_1$ 　　　　（第１産業）
$(X_{12}+X_{22})+V_2=X_2$ 　　　　（第２産業）

です。ここで，

X_{ij}＝第ｊ産業の生産活動のために投入された第ｉ産業の財の額
$X_i(=X_{i\cdot})$, $X_j(=X_{\cdot j})$＝第ｉ，ｊ産業の産出額
$V_j=V_{\cdot j}$＝第ｊ産業の粗付加価値

(6)　縦欄（列）より，各産業間の技術的依存関係を知ることができます。投入係数（$a_{ij}=\dfrac{X_{ij}}{X_{\cdot j}}$）とは，第ｊ産業の財１単位の産出のために投入された第ｉ産業の財の大きさのことです。

投入係数行列は，

196　第2部　マクロ経済学試験問題の全パターン

$$A = \begin{bmatrix} \dfrac{X_{11}}{X_{\cdot 1}} & \dfrac{X_{12}}{X_{\cdot 2}} \\ \dfrac{X_{21}}{X_{\cdot 1}} & \dfrac{X_{22}}{X_{\cdot 2}} \end{bmatrix} = \begin{bmatrix} a_{11} & a_{12} \\ a_{21} & a_{22} \end{bmatrix}$$

$$= \begin{bmatrix} \dfrac{20}{100} & \dfrac{10}{200} \\ \dfrac{20}{100} & \dfrac{50}{200} \end{bmatrix} = \begin{bmatrix} 0.2 & 0.05 \\ 0.2 & 0.25 \end{bmatrix}$$

(7)　横に見ると,

$X_{11} + X_{12} + F_1 = X_1$　　　　　（第1産業の販路構成）

$X_{21} + X_{22} + F_2 = X_2$　　　　　（第2産業の販路構成）

であり,

$$\dfrac{X_{11}}{X_1} X_1 + \dfrac{X_{12}}{X_2} X_2 + F_1 = X_1$$

$$\dfrac{X_{21}}{X_1} X_1 + \dfrac{X_{22}}{X_2} X_2 + F_2 = X_2$$

です。投入係数を用いれば,次のように書くことができます。

$a_{11} X_1 + a_{12} X_2 + F_1 = X_1$

$a_{21} X_1 + a_{22} X_2 + F_2 = X_2$

整理すると,

$(1 - a_{11}) X_1 - a_{12} X_2 = F_1$

$- a_{21} X_1 + (1 - a_{22}) X_2 = F_2$

であり,これを行列表示すれば,次のようになります。

$$\begin{bmatrix} (1 - a_{11}) & - a_{12} \\ - a_{21} & (1 - a_{22}) \end{bmatrix} \times \begin{bmatrix} X_1 \\ X_2 \end{bmatrix} = \begin{bmatrix} F_1 \\ F_2 \end{bmatrix}$$

　以下の行列・行列式の記述については,公式のごとく理解・暗記して下さい。

$$D = \begin{bmatrix} (1 - a_{11}) & - a_{12} \\ - a_{21} & (1 - a_{22}) \end{bmatrix}$$

とおきます。以下で,D^{-1}は行列Dの逆行列,$|D| [= (1 - a_{11}) \cdot (1 - a_{22}) - a_{12} \cdot a_{21}]$は行列式です。

$$\begin{bmatrix} X_1 \\ X_2 \end{bmatrix} = D^{-1} \begin{bmatrix} F_1 \\ F_2 \end{bmatrix}$$

$$= \begin{bmatrix} \dfrac{1-a_{22}}{|D|} & \dfrac{a_{12}}{|D|} \\ \dfrac{a_{21}}{|D|} & \dfrac{1-a_{11}}{|D|} \end{bmatrix} \begin{bmatrix} F_1 \\ F_2 \end{bmatrix}$$

$$= \begin{bmatrix} b_{11} & b_{12} \\ b_{21} & b_{22} \end{bmatrix} \begin{bmatrix} F_1 \\ F_2 \end{bmatrix}$$

$|D| = (1-0.2)(1-0.25) - 0.05 \times 0.2 = 0.6 - 0.01 = 0.59$

であり，レオンティエフの逆行列係数はつぎのとおりです 答え 。

$$b_{11} = \dfrac{1-0.25}{0.59} \qquad b_{12} = \dfrac{0.05}{0.59}$$

$$b_{21} = \dfrac{0.2}{0.59} \qquad b_{22} = \dfrac{1-0.2}{0.59}$$

(8) 逆行列係数 b_{ij} は第 j 産業の最終需要が1単位増加したとき，第 i 産業の産出額がどれだけ増加するかを示しています。

$F_1 = 70 + 10 = 80$

$F_2 = 130$

です。

【知っておきましょう】 行列，行列式および逆行列

(1) 正方行列Dは括弧によって囲まれていますが，Dの行列式は縦線によって囲まれ，｜D｜によって表されます。

(2) Dの行列式の定義はつぎのとおりです。

例えば，

$$|D| = \begin{vmatrix} 10 & 4 \\ 8 & 5 \end{vmatrix} = 10 \times 5 - 8 \times 4 = 18$$

(3) 逆行列は次のようにして求めます。

① 主対角要素を入れ替えます（$(1-a_{11})$ と $(1-a_{22})$ の入れ替え）。

② その他の項目にマイナス符号をつけます（$-(-a_{12})$，$-(-a_{21})$）。

③ このようにして求められた行列要素を｜D｜で割ります。

$$\begin{bmatrix} X_1 \\ X_2 \end{bmatrix} = \begin{bmatrix} b_{11} & b_{12} \\ b_{21} & b_{22} \end{bmatrix} \begin{bmatrix} F_1 \\ F_2 \end{bmatrix} = \begin{bmatrix} \dfrac{75}{59} & \dfrac{5}{59} \\ \dfrac{20}{59} & \dfrac{80}{59} \end{bmatrix} \begin{bmatrix} 80 \\ 130 \end{bmatrix}$$

より,

$$X_1 = b_{11} \times F_1 + b_{12} \times F_2 = \frac{75}{59} \times 80 + \frac{5}{59} \times 130$$
$$= \frac{6,650}{59} \fallingdotseq 113 \quad (\text{答え}:第1産業の産出量)$$

$$X_2 = b_{21} \times F_1 + b_{22} \times F_2 = \frac{20}{59} \times 80 + \frac{80}{59} \times 130$$
$$= \frac{12,000}{59} \fallingdotseq 203 \quad (\text{答え}:第2産業の産出量))$$

問題10―6:★国民貸借対照表

(1) 期首時点と期末時点の国民貸借対照表の関係を説明しなさい。
(2) 国富とは何ですか。

≪解答&解答の解説≫

(1) 期首時点と期末時点の国民貸借対照表の関係は次のとおりです。

　　期首時点の国民貸借対照表
　＋期間中の調整(価格の変化等)
　＋期間中の資本取引
　　期末時点の国民貸借対照表

(2) 国民貸借対照表より,

　　非金融資産＋金融資産(対外・対内)＝正味資産＋負債(対外・対内)

が得られます。債権者・債務者がともに日本人であれば,それらの債権・債務は日本人全体としては相殺されますので,

　　非金融資産＋金融資産(対外)＝正味資産(国富)＋負債(対外)

であり,

　　国富＝非金融資産＋(金融資産(対外)－負債(対外))
　　　　＝非金融資産＋対外純資産　　(答え:国富の定義式)

です。

> **問題10－7：★国際収支表**
>
> 以下の空欄の中に適語を入れなさい。
> ① 総合収支（国際収支）＝（　　）＋資本収支
> ② （　　）＝貿易・サービス収支＋所得収支＋経常移転収支
> ③ 貿易・サービス収支＝（　　）＋サービス収支
> ④ 資本収支＝（　　）＋その他資本収支
> ⑤ 投資収支＝直接投資＋（　　）＋その他投資
> ⑥ 金融収支：（　　）
> ⑦ 海外に対する債権の純増＝（　　）＋海外からの資本移転（純）
> 　＝輸出－輸入＋海外からの要素所得（純）＋（　　）＋海外からの資本移転（純）

≪解答＆解答の解説≫

① 総合収支（国際収支）＝（**経常収支**）＋資本収支
② （**経常収支**）＝貿易・サービス収支＋所得収支＋経常移転収支
③ 貿易・サービス収支＝（**貿易収支**）＋サービス収支
④ 資本収支＝（**投資収支**）＋その他資本収支
⑤ 投資収支＝直接投資＋（**証券投資**）＋その他投資
⑥ 金融収支：（**外貨準備増減**）
⑦ 海外に対する債権の純増＝（**国民経常余剰**）＋海外からの資本移転（純）
　＝輸出－輸入＋海外からの要素所得（純）＋（**海外からの経常移転（純）**）＋海外からの資本移転（純）

第11章 国民経済の需要

---- 試験対策ポイント ----

① ケインズ型の消費関数・貯蓄関数を図示しながら理解する。
② 絶対所得仮説，相対所得仮説（時間的相対所得仮説と空間的相対所得仮説），ライフ・サイクル仮説，恒常所得仮説を理解する。
③ 投資の2つの決定原理（割引現在価値法と内部収益率法）を理解する。資本の限界効率表と投資需要表を理解する。

問題11－1：ケインズ型消費関数

ケインズ型消費関数が $C=60+0.7Y$ で表されています。ここで，$C=$ 消費，$Y=$ 所得です。以下の問いに答えなさい。

(1) 上記の消費関数を図示しなさい。
(2) 上記の消費関数で60と0.7はそれぞれ何と呼ばれていますか。
(3) 次のうち正しい記述はどれですか。以下では，APC＝平均消費性向，MPC＝限界消費性向です。
　① APCは一定ですが，MPCは所得の増加に伴って逓増します。
　② APCは一定ですが，MPCは所得の増加に伴って逓減します。
　③ MPCは一定ですが，APCは所得の増加に伴って逓増します。
　④ MPCは一定ですが，APCは所得の増加に伴って逓減します。
　⑤ MPCは所得の増加に伴って逓増し，APCは逓減します。
(4) 貯蓄関数を求めなさい。

≪解答＆解答の解説≫

(1)

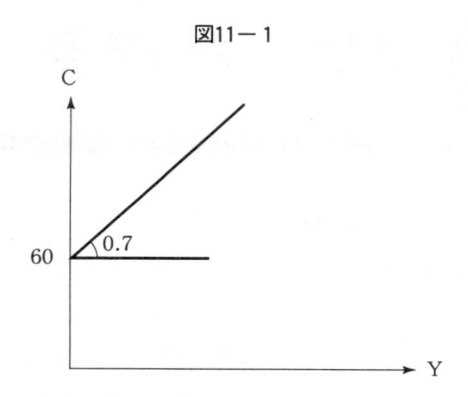

図11−1

```
C
│
│         ╱
│       ╱
│     ╱
│   ╱
│ ╱ 0.7
60────────────
│
└──────────────→ Y
```

(2) 60は基礎消費，0.7は限界消費性向と呼ばれています。

(3) 線型のケインズ型消費関数 $C = C(Y) = C_0 + cY$　$0 < c < 1$ において，

$$\frac{dC}{dY} = c = 限界消費性向$$

$$\frac{C}{Y} = \frac{C_0}{Y} + c = 平均消費性向$$

です。ケインズ型消費関数の特徴は，

① 基礎消費 C_0 は正（$C_0 > 0$）です。

② 平均消費性向 $\frac{C}{Y}$ は Y の増加に伴って逓減します。

③ どの水準の Y をとっても，限界消費性向＜平均消費性向です。

かくて，**答え**は④です。

───【知っておきましょう】　消費性向と貯蓄性向───

$Y = C + S$ より，

① 平均消費性向＋平均貯蓄性向＝1

$$\frac{Y}{Y} = \frac{C}{Y} + \frac{S}{Y}$$

② 限界消費性向＋限界貯蓄性向＝1

$$\frac{dY}{dY} = \frac{dC}{dY} + \frac{dS}{dY}$$

「平均消費性向＝限界消費性向＝一定」，「平均貯蓄性向＝限界貯蓄性向＝一定」は原点より描かれる線形の関数です。

(4) 政府部門を考慮しないときは，貯蓄は $S \equiv Y - C$ と定義されます。
$$S = Y - C = Y - (60 + 0.7Y) = -60 + (1 - 0.7)Y \quad \text{答え}$$
であり，$(1-0.7)$ は限界貯蓄性向です。

図11－2

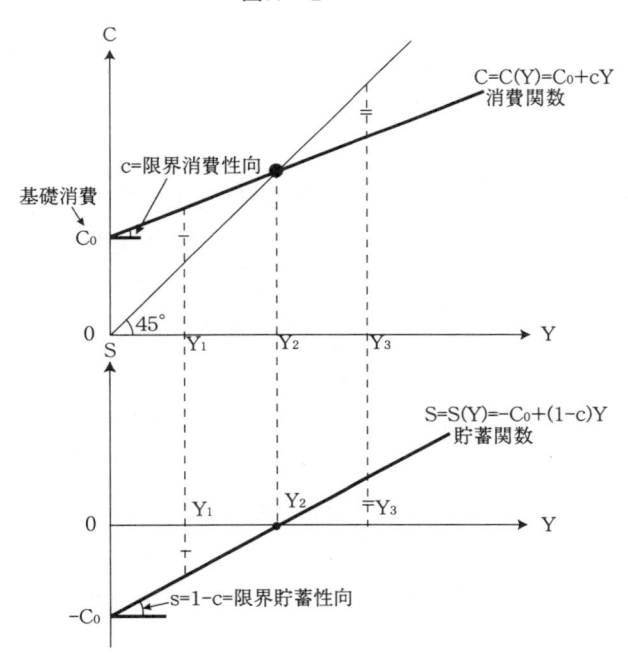

―【知っておきましょう】　貯蓄の定義―

貯蓄の定義は，政府部門を考慮しないときとするときでは異なっています。つまり，T＝租税とすると，

$S \equiv Y - C$ 　　（政府部門を考慮しないときの貯蓄）

$S \equiv Y - T - C$ 　　（政府部門を考慮するときの貯蓄）

問題11－2：消費関数論争

(1) 消費関数論争とは何についての論争ですか。

(2) J.S.デューゼンベリーの2つの相対所得仮説を説明しなさい。

　① 時間的相対所得仮説（歯止め効果）

　② 空間的相対所得仮説（デモンストレーション効果）

(3) F.モディリアーニ，R.ブランバーグ，A.アンドーのライフ・サイクル仮説を説明しなさい。

(4) M.フリードマンの恒常所得仮説を説明しなさい。

≪解答＆解答の解説≫

(1) 論争の焦点は，ケインズ型の短期消費関数（$C = C_0 + cY$：平均消費性向は所得の増加に伴い逓減します）とクズネッツ型の長期消費関数（$C = cY$：平均消費性向は一定です）をいかに矛盾なく説明できるかということでした。ここでは，長期＝成長トレンド，短期＝成長トレンドをめぐる循環と理解されています。

　ケインズ型の短期消費関数は絶対所得仮説と呼ばれています。

(2)① 時間的相対所得仮説（歯止め効果）

　Y＝今期の所得水準，Y^{max}＝過去の所得の最高水準として，時間的相対所得仮説は次のように定式化されます。

　　$C = C(Y, Y^{max}) = aY + bY^{max}$　$a > 0$，$b > 0$　（消費関数）

　平均消費性向は，

$$\frac{C}{Y} = a + b\frac{Y^{max}}{Y}$$

（平均消費性向）

であり，

　　i　経済がY^{max}を更新しながら成長しているときには，$\frac{Y^{max}}{Y} = 1$です。長期の成長トレンドでは，平均消費性向は一定（$a + b$）です。

　　ii　短期の景気循環で，景気が後退し，Yが低下しているときには，Y^{max}は不変ですので，$\frac{Y^{max}}{Y}$は上昇し，平均消費性向は上昇します。経済

は長期の消費関数よりも傾きのゆるい短期の消費関数上を左下方へと移動します。Yが低下しているときに，Y^{max} が不変であることが，短期の消費性向を高め，それが短期の消費の低下を相殺しています。短期の消費は Y^{max} から享受していた一定の消費水準が歯止めとなって低下しにくくなっています。これはラチェット（歯止め）効果と呼ばれています。

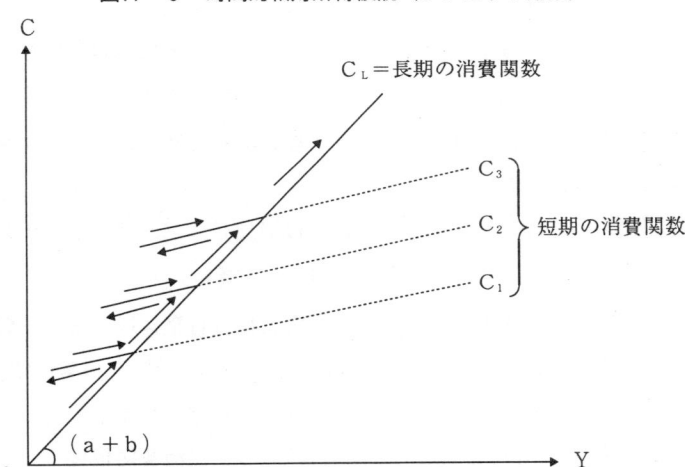

図11－3　時間的相対所得仮説（ラチェット効果）

② 空間的相対所得仮説（デモンストレーション効果）

第 i 家計の消費 C_i は，当該家計の所得 Y_i だけでなく，彼らが日常接触している周囲の同一所得階級に属する人々の消費水準の平均値 R_i にも依存しています。空間的相対所得仮説は次のように定式化されます。

$$C_i = C(Y_i, R_i) = aY_i + bR_i \quad a>0, \ b>0 \quad （消費関数）$$

平均消費性向は，$\dfrac{C_i}{Y_i} = a + b\dfrac{R_i}{Y_i}$　　　　　　（平均消費性向）

であり，

ⅰ　R_i が不変であるときは，Y_i の増加は平均消費性向の低下をもたらします。

ⅱ　長期的には，Y_i と R_i は比例的関係にあるので，$\dfrac{R_i}{Y_i}$ は一定であり，

平均消費性向は一定です。

(3) 消費支出は，今期の所得のみに依存するのではなく，生涯所得Yおよび資産残高Wに依存しています。ライフ・サイクル仮説は次のように定式化されます。

$$C = aW + bY \quad a > 0, \ b > 0 \qquad (消費関数)$$

平均消費性向は，

$$\frac{C}{Y} = a\frac{W}{Y} + b \qquad (平均消費性向)$$

であり，

① 短期においては，Wは不変です。短期の消費関数においては，Yの上昇は平均消費性向を低下させます。

② 長期においては，Yが増加すればWは増加し，$\frac{W}{Y}$は一定です。長期の消費関数においては，平均消費性向は一定です。

(4) 消費支出は今期の所得Yではなく，恒常所得（将来稼得すると予想される長期にわたる平均的な所得）Y_Pに依存しています。Y_P＝恒常所得，Y_T＝変動所得として，恒常所得仮説は次のように定式化されます。

$$C = aY_P \quad 0 < a < 1 \qquad (消費関数)$$

平均消費性向は，$Y = Y_P + Y_T$（実際の所得＝恒常所得＋変動所得）として，

$$\frac{C}{Y} = a\frac{Y_P}{Y} = a\left(\frac{Y_P}{Y_P + Y_T}\right) \qquad (平均消費性向)$$

であり

① 短期の循環局面においては，Yが循環変動してもY_Pを不変とみなしています。短期の消費関数においては，Y_Pは不変ですので，Y_Tの増大によるYの増大は，平均消費性向を低下させます。

② 長期においては，$Y_T = 0$，すなわち$Y = Y_P$とみなされますので，$\frac{Y_P}{Y} = 1$です。長期の消費関数は$C = aY_P$となり，平均消費性向は一定です。

問題11－3：ライフ・サイクル仮説

現在25歳の個人は50歳で退職し、75歳で死亡するものとします。この個人は現在時点に資産残高1,000万円を保有し、退職までの25年間、毎年200万円の勤労所得を得るものとします。この個人がライフ・サイクル仮説にしたがって消費を行うものとします。以下の問いに答えなさい。

(1) 消費関数を定式化しなさい。
(2) 限界消費性向を求めなさい。
(3) 平均消費性向を求めなさい。

≪解答＆解答の解説≫

(1) （現在時点T：Wの資産残高）－（退職時点N）－（死亡時点L）
　　　　　　　　　　　　　　　　↑　　　　　　　　↑
　　　　　　　　　　　　　　（所得・消費）　　　（消費）

であり、C＝消費、Y＝勤労所得（200万円）、W＝資産残高（1,000万円）とすれば、その個人の予算制約式は、

$$(L-T)C = W + (N-T)Y$$

ですので、

$$(75-25)C = 1,000 + (50-25)Y$$

です。

$$C = \frac{1}{75-25} \times W + \frac{50-25}{75-25} \times Y$$
$$= \frac{1}{75-25} \times 1,000 + \frac{50-25}{75-25} Y$$

ですので、

$$C = 20 + 0.5Y \qquad \text{(答え：消費関数)}$$

(2) 限界消費性向は、$\dfrac{dC}{dY}$ ですので、

$$\frac{dC}{dY} = 0.5 \qquad \text{答え}$$

(3) Y＝200であり、平均消費性向は、$\dfrac{C}{Y}$ ですので、

$$\frac{C}{Y} = \frac{20 + 0.5Y}{Y}$$
$$= \frac{20}{200} + 0.5 = 0.6 \quad \text{答え}$$

問題11－4：恒常所得仮説

C_t＝第 t 期の消費，Y_t^p＝第 t 期の恒常所得として，恒常所得仮説および恒常所得が次のように定式化されています。

$\quad C_t = 0.9 Y_t^p$ 　　　　　　　　　　　　　（消費関数）

$\quad Y_t^p = 0.5 Y_t + 0.3 Y_{t-1} + 0.2 Y_{t-2}$ 　　　　（恒常所得）

ここで，$Y_t = 120$，$Y_{t-1} = Y_{t-2} = 100$ のとき，第 t 期の平均消費性向はいくらですか。

≪解答＆解答の解説≫

$\quad Y_t^p = 0.5 Y_t + 0.3 Y_{t-1} + 0.2 Y_{t-2}$

$\quad\quad = 0.5 \times 120 + 0.3 \times 100 + 0.2 \times 100 = 110$ （恒常所得）であり，

$\quad C_t = 0.9 Y_t^p = 0.9 \times 110 = 99$

です。したがって，第 t 期の平均消費性向は，

$$\frac{C_t}{Y_t} = \frac{99}{120} \quad \text{答え}$$

です。

問題11－5：ケインズの投資の決定

第 i 類型の新規投資物件（例えば，新築賃貸住宅）の購入の是非を考えます。

$\quad P_i^s$＝供給価格（限界取替費用）：賃貸住宅の新築費用

$\quad P_i^d$＝需要価格　　　　　　　　：中古賃貸住宅の価格

$\quad R_{ij}$＝予想収益の系列（$j (=1, 2, \ldots, n)$ は期間を表す添字です）

r＝長期市場利子率（現行利子率は住宅の存続期間にわたって不変であると仮定します）

m_i＝第i類型の新築賃貸住宅の限界効率（資本の限界効率）

として，以下の問いに答えなさい。

(1) r＝市場利子率として，現在価値（A_0）から複利計算を行って第t年末の将来価値を求めなさい。
(2) r＝市場利子率（割引率）として，第t年末の将来価値（B_t）から現在価値を求めなさい。
(3) 割引現在価値法による投資の決定を説明しなさい。
(4) 内部収益率法による投資の決定を説明しなさい。
(5) 資本の限界効率表を図示しなさい。
(6) 投資需要表を図示し，投資関数を示しなさい。

≪解答＆解答の解説≫

(1) A_0（現在価値）→ $A_0(1+r)^t$（将来価値）

(2) $\dfrac{1}{(1+r)^t} B_t$（現在価値）← B_t（将来価値）

(3) 割引現在価値法は中古住宅の価格と新築住宅の価格との比較による投資の決定方法です。

$$P_i^d = \frac{R_{i1}}{(1+r)} + \frac{R_{i2}}{(1+r)^2} + \cdots\cdots + \frac{R_{in}}{(1+r)^n}$$

（需要価格（中古賃貸住宅の価格）P_i^dの定義）

n＝∞（無限大）とし，予想収益の系列がすべて等しいと仮定すると，$R_{ij} = R_i$ですので，

$$P_i^d = \frac{R_i}{r}$$ （割引現在価値法によって求められた中古住宅の価格）

です。新築住宅の価格（P_i^s）＜中古住宅の価格（P_i^d）のとき，投資（新築住宅の購入）が行われます。

(4) 内部収益率法は市場利子率と資本の限界効率との比較による投資の決定方

法です。資本の限界効率は新築住宅を購入するときに予想する事前の収益率あるいは予想された利潤率です。

$$P_i{}^s = \frac{R_{i1}}{(1+m_i)} + \frac{R_{i2}}{(1+m_i)^2} + \cdots\cdots + \frac{R_{in}}{(1+m_i)^n}$$

（資本の限界効率m_iの定義）

$n = \infty$（無限大）とし，予想収益の系列がすべて等しいと仮定すると，$R_{ij} = R_i$ですので，

$$P_i{}^s = \frac{R_i}{m_i} \quad \text{あるいは} \quad m_i = \frac{R_i}{P_i{}^s} \quad \text{（資本の限界効率）}$$

です。

$$\frac{R_i}{m_i} = P_i{}^s\text{（供給価格）} < P_i{}^d\text{（需要価格）} = \frac{R_i}{r}$$

すなわち，

資本の限界効率（m_i）＞市場利子率（r）

のとき，投資（新築住宅の購入）が行われます。

(5) 3つの類型の新築賃貸住宅を考えます（$i = A, B, C$）。

	単位投資額（限界取替費用：$P_i{}^s = I_i$）	資本の限界効率（m_i）
A	I_A	m_A
B	I_B	m_B
C	I_C	m_C

投資可能な資金が増えれば増えるほど，企業家は資本の限界効率のより低い新築賃貸住宅を購入せざるを得ません。第1にA類型の新築賃貸住宅，第2にB類型の新築賃貸住宅，第3にC類型の新築賃貸住宅も購入します。最後に購入した新築賃貸住宅の資本の限界効率は，購入しなかった他の新築賃貸住宅の資本の限界効率（m_i）よりも高いことは明らかです。最後に購入した新築賃貸住宅の資本の限界効率は「資本一般の限界効率」（m）と呼ばれています。

総投資額（I）	資本一般の限界効率（m）
I_A	m_A
$I_A + I_B$	m_B
$I_A + I_B + I_C$	m_C

企業家は投資プロジェクト（新築賃貸住宅の購入）を実行する際に，資本の限界効率の大きいプロジェクトから順に実行していきます。mは総投資の減少関数です。

図11－4　資本の限界効率表

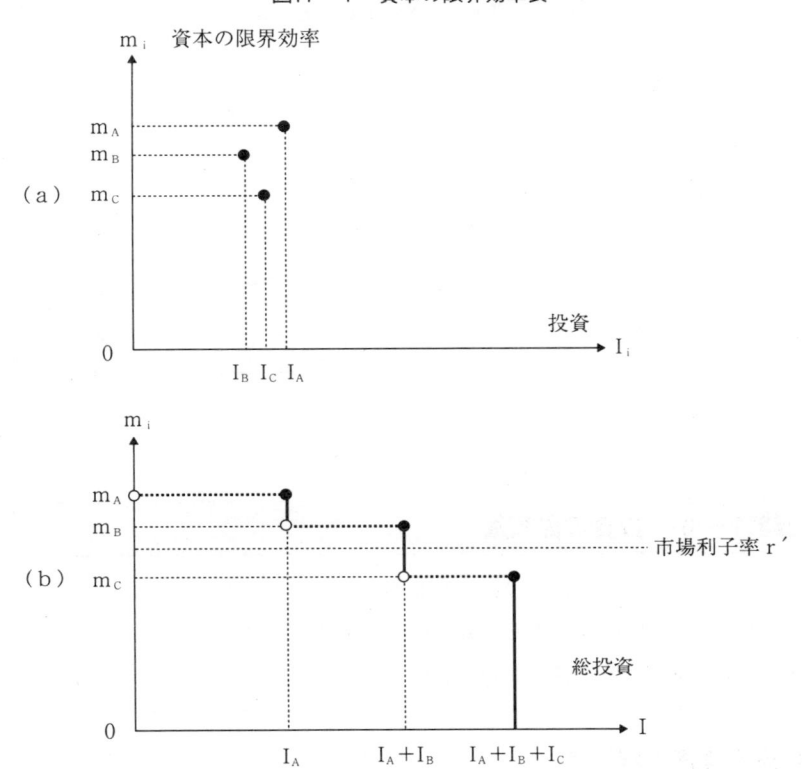

(a)

(b)

(6) 市場利子率がr'のとき，I_A+I_Bの総投資が行われます。市場利子率rと総投資Iとの関係を示す表は「投資需要表」と呼ばれています。

図11−5 投資需要表

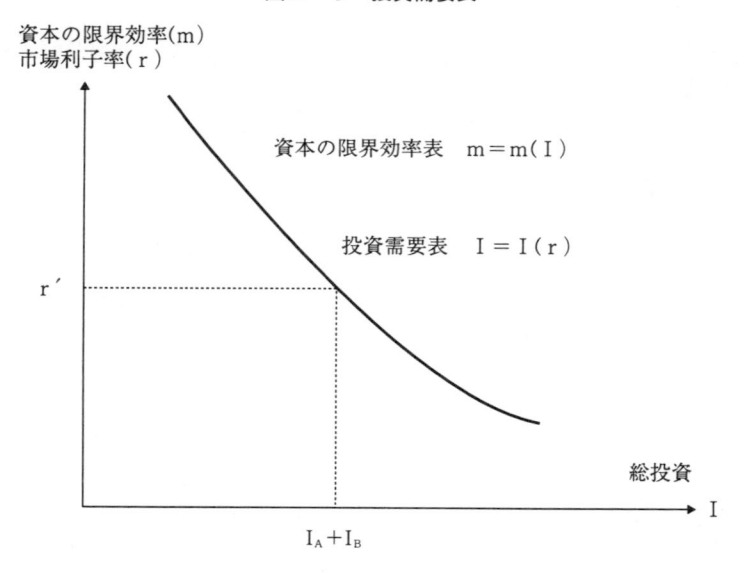

資本の限界効率(m)
市場利子率(r)

資本の限界効率表 $m = m(I)$

投資需要表 $I = I(r)$

r′

$I_A + I_B$

総投資 I

問題11−6：投資の諸理論

(1) 加速度原理による投資の決定を説明しなさい。
(2) ストック調整原理による投資の決定を説明しなさい。
(3) 利潤原理による投資の決定を説明しなさい。

≪解答＆解答の解説≫

(1) 資本係数（$v = \dfrac{K}{Y}$）を一定とします。$K = vY$であり，両辺の増分をとります。投資は資本ストックの増分ですので，$I = \Delta K = v \Delta Y$であり，時間を明示化すると，$\Delta Y_t = Y_t - Y_{t-1}$ですので，

$I_t = v(Y_t - Y_{t-1})$ （加速度原理に基づく投資関数）

(2)　K_{t-1}＝第 t − 1 期末（第 t 期首）の現実の資本ストック
　　　K_t^*＝第 t 期末の最適な資本ストック水準

λ　＝調整スピード・パラメーター

とします。投資関数は長期の投資関数と短期の投資関数に区別されます。

① 長期の投資関数

$$I_t = K_t^* - K_{t-1} = vY_t - K_{t-1}$$

② 短期の投資関数

$$I_t = \lambda(K_t^* - K_{t-1}) = \lambda(vY_t - K_{t-1}) \quad 0 < \lambda < 1$$

(3) 利潤原理

投資は利潤の増加関数です。

第12章 45度線分析

試験対策ポイント

① 事後の恒等式と事前の均衡式の違い，意図せざる在庫投資の意味を理解する。
② マクロ経済モデルに出てくる記号の意味を丸暗記し，記号に慣れる。
③ 45度線モデルをステップ・バイ・ステップ（Y＝C＋I→Y＝C＋I＋G→Y＝C＋I＋G＋EX－IM）で理解する。
④ 45度線モデルを用いて，GDPの均衡水準と乗数を求める。GDPの均衡水準の安定性を理解する。
⑤ デフレ・ギャップとインフレ・ギャップを理解する。
⑥ 乗数（投資乗数，租税乗数，均衡予算乗数など）を理解する。乗数過程を図示しながら理解する。

問題12－1：国民所得勘定と45度線モデル

国民所得勘定の事後（ex-post）の恒等式と45度線モデルの事前（ex-ante）の均衡条件式の違いを説明しなさい。

≪解答＆解答の解説≫

　　Y＝GDP

　　C＝消費

　　I＝計画された（意図された：事前の）投資

I'＝意図せざる在庫投資（$I' > 0$ならば在庫増，$I' < 0$ならば在庫減）

$I + I'$＝実現された（事後の）投資

S＝貯蓄

とします。

① 国民所得勘定：事後（ex-post）の恒等式

$\quad Y \equiv C + (I + I')$　　　　　（GDP≡消費＋事後の投資）

あるいは

$\quad S \equiv Y - C \equiv (I + I')$　　　（貯蓄≡事後の投資）

② 45度線モデル：事前（ex-ante）の均衡条件式

$\quad Y = C + I$　　　　　　　　（GDP＝消費＋事前の投資）

あるいは

$\quad S \equiv Y - C = I$　　　　　　（貯蓄＝事前の投資）

あるいは

$\quad I' = 0$　　　　　　　　　　（意図せざる在庫投資＝0）

問題12－2：45度線分析

次の45度線モデルを考えます。

$\quad Y = C + I + G$　　　　　（生産物市場の需給均衡式）

$\quad C = 100 + 0.8 Y_d$　　　　（消費関数）

$\quad Y_d = Y - T$　　　　　　（可処分所得の定義）

$\quad T = 50$　　　　　　　　（定額税）

$\quad I = 200$　　　　　　　　（一定の投資支出）

$\quad G = 50$　　　　　　　　（一定の政府支出）

$\quad Y_f = 1,700$　　　　　　（完全雇用国民所得）

以下の問いに答えなさい。

(1) 均衡国民所得（Y^*）を求めなさい。

(2) 均衡国民所得水準（Y^*）＜国民所得水準（Y）のとき，何が生じま

すか。
(3) 生産物市場の需給均衡式を「貯蓄＝投資」の形で表しなさい。
(4) 生産物市場が均衡している下での民間貯蓄（S*）を求めなさい。
(5) この経済では，インフレ・ギャップが生じているのか，デフレ・ギャップが生じているのか答えなさい。また，その大きさを求め，図示しなさい。
(6) 投資乗数を求めなさい。
(7) 完全雇用を実現するための政府支出の変化を求めなさい。
(8) 均衡予算乗数を求めなさい。

≪解答＆解答の解説≫

(1) どのような問題であろうと，「45度線モデル」はまずは問題のモデルのように定式化することが理解を確実なものにします。すなわち，モデルを書くときは，「Y＝C＋I＋G」とまず書いて，未知数がYの1つだけですから，Y以外の記号がでてくれば，Yで説明できるまで展開することです。例えば，消費関数にはY_dがあるので，可処分所得にはTがあるので，租税にはYがあり，これで終了で，次に投資の説明へ続きます。45度線モデルの理解には図示が役に立ちます。上記のモデルを縦軸にC，I，G，横軸にYをとって図示しましょう。

Y＝C＋I＋GにC，I，Gを代入します。

$Y = 100 + 0.8 Y_d + 200 + 50$
$= 100 + 0.8(Y - 50) + 200 + 50$

ですので，

$Y^* = 1{,}550$　　（**答え**：均衡国民所得）

を得ることができます。

図12－1

```
    C,I,G
      ↑
      |                    /
      |                   /
      |                  /      C+I+G
      |                 /_____
      |               /
      |           /
      |_____/
      |    /|
      | /45°|
      0─────┼──────────────→ Y
         Y*=1,550
```

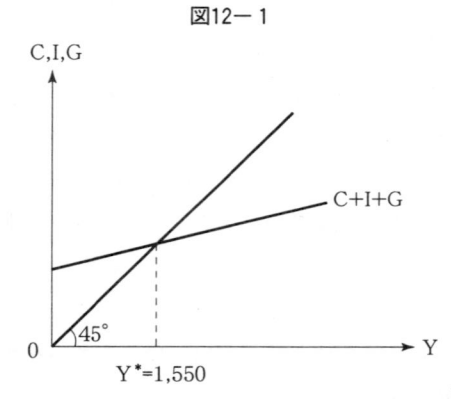

(2) 均衡国民所得水準（Y*）＜国民所得水準（Y）のときは，

$$Y > C + I + G \quad \text{（生産物市場の超過供給）}$$

の状態です。45度線モデルでは，不均衡のときには数量調整が行われます。すなわち，企業は生産を縮小し，国民所得水準は均衡国民所得水準（Y*）に近づきます。

図12－2

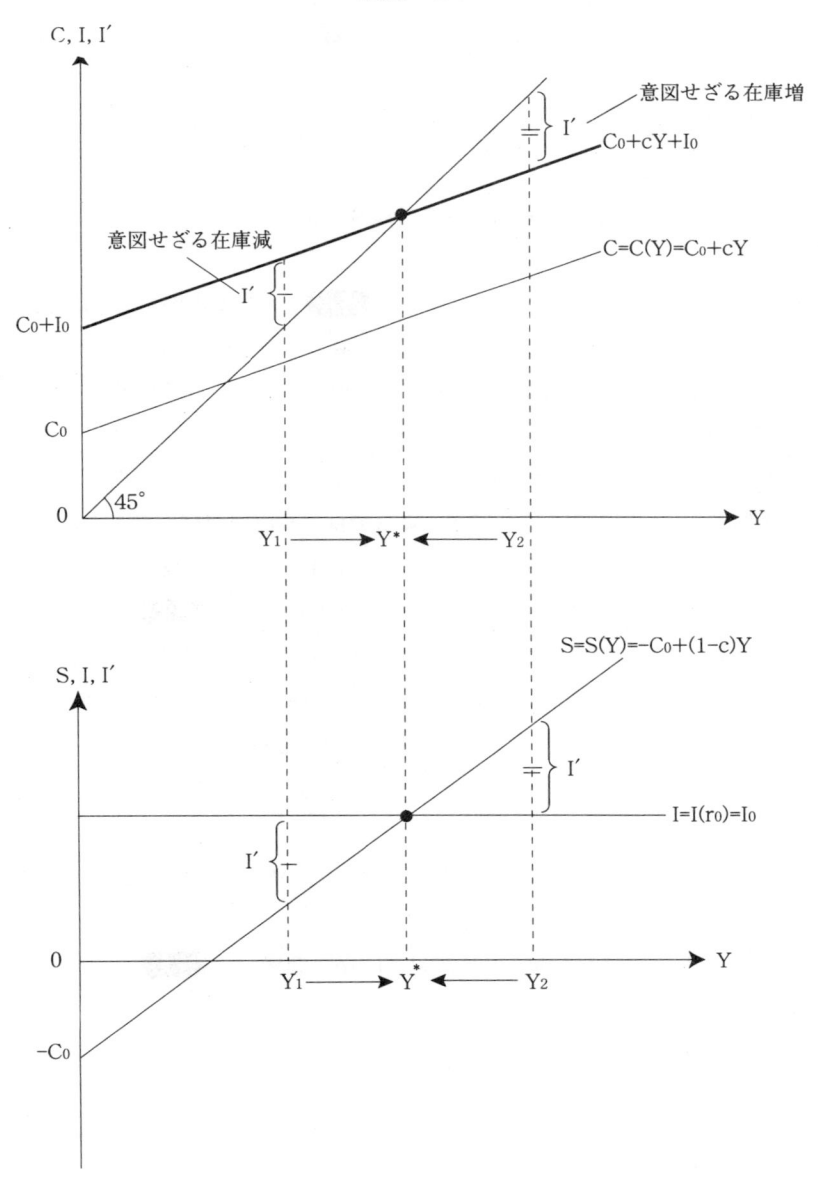

(3)① $Y = C + I + G$　　　　　　　（生産物市場の需給均衡式）
② $Y_d = Y - T$　　　　　　　　（可処分所得の定義）
より，
$S \equiv Y_d - C \equiv Y - T - C$　　　（貯蓄の定義）
です。①，②より，
$C + I + G = C + I + (G_C + G_I) = S + T + C$
であり，
$(S - I) + \{(T - G_C) - G_I\} = 0$　**答え**：生産物市場の需給均衡式）

が得られます。ここで，$G_C =$ 政府の消費，$G_I =$ 政府の投資です。$(S - I)$ は民間部門の貯蓄投資差額，$\{(T - G_C) - G_I\}$ は政府部門の貯蓄投資差額です。

(4) 政府部門がないときの民間貯蓄は $(Y - C)$ ですが，政府部門があるときの民間貯蓄は $(Y - T - C)$ です。ここでは，政府部門がありますので，

$$S^* = Y^* - T - C^*(Y^*) = Y^* - 50 - \{100 + 0.8(Y^* - 50)\}$$
$$= 0.2Y^* - 110 = 0.2 \times 1{,}550 - 110 = 200 \quad \textbf{答え}$$

(5) デフレ・ギャップとインフレ・ギャップは完全雇用産出高（完全雇用に対応するＧＤＰ水準）で測ります。まず $\{C(Y_f) + I + G\}$ を求めます。

$$\{C(Y_f) + I + G\} = 100 + 0.8(Y_f - 50) + 200 + 50$$
$$= 100 + 0.8(1{,}700 - 50) + 200 + 50$$
$$= 1{,}670$$

$Y_f > \{C(Y_f) + I + G\}$ ですので，デフレ・ギャップが生じています。デフレ・ギャップの大きさは，

$$Y_f - \{C(Y_f) + I + G\} = 1{,}700 - 1{,}670 = 30 \quad \textbf{答え}$$

です。

図12－3

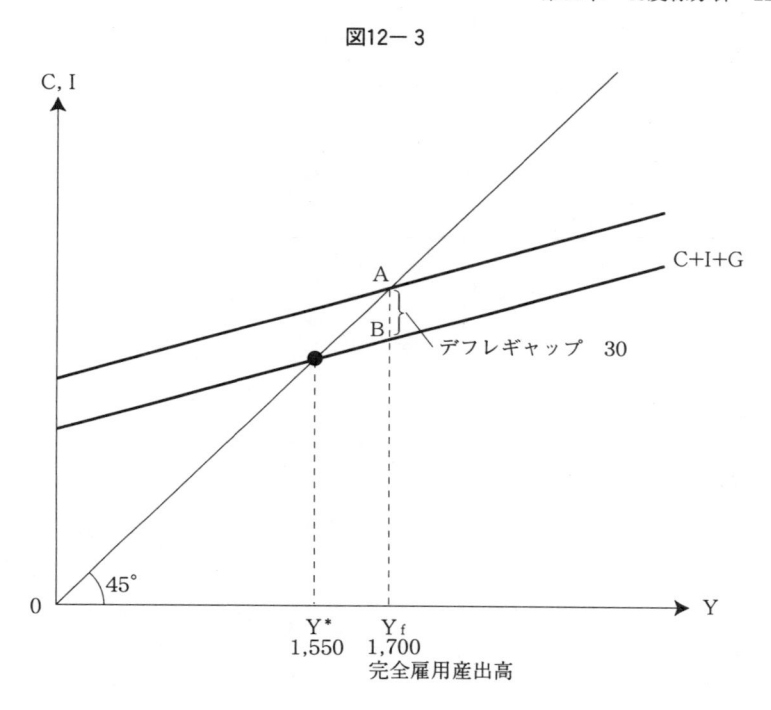

```
        C, I
         ↑
         |                              /
         |                             /
         |                            /         C+I+G
         |                       A   /_____
         |                      ╱|  /
         |                    B ╱ |/
         |              ●      ╱  ｜デフレギャップ 30
         |            ╱       ╱
         |          ╱
         |        ╱_____
         |      ╱
         |    ╱
         |  ╱ 45°
         0└─────────┬────┬──────────────→ Y
                   Y*   Y_f
                  1,550 1,700
                        完全雇用産出高
```

(6) $I=200$ の代わりに $I=I_0$ を用います。

$Y = 100 + 0.8Y_d + I_0 + 50$

$\quad = 100 + 0.8(Y-50) + I_0 + 50$ （生産物市場の需給均衡式）

より、

$(1-0.8)Y = 110 + I_0$

です。

$Y^* = \dfrac{110}{1-0.8} + \dfrac{I_0}{1-0.8}$ （Yの均衡水準）

より、

$\dfrac{\Delta Y^*}{\Delta I_0} = \dfrac{1}{1-0.8} = 5$ （**答え**：投資乗数）

が得られます。

---【知っておきましょう】 乗数過程---

$$\Delta Y = \Delta I_0 + c\Delta I_0 + c^2\Delta I_0 + \cdots = (1+c+c^2+\cdots)\cdot\Delta I_0$$
$$= \left(\frac{1}{1-c}\right)\cdot\Delta I_0$$

図12-4　乗数過程

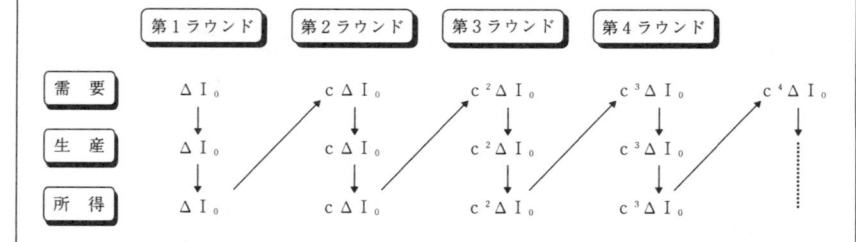

	第1ラウンド	第2ラウンド	第3ラウンド	第4ラウンド	
需要	ΔI_0	$c\Delta I_0$	$c^2\Delta I_0$	$c^3\Delta I_0$	$c^4\Delta I_0$
生産	ΔI_0	$c\Delta I_0$	$c^2\Delta I_0$	$c^3\Delta I_0$	
所得	ΔI_0	$c\Delta I_0$	$c^2\Delta I_0$	$c^3\Delta I_0$	

---【知っておきましょう】 支出（投資支出・政府支出）乗数---

乗数は計算すれば求めることができますが，試験対策という意味で，次のものを暗記しておけば，便利です。

① $\dfrac{1}{1-c}$　　　　　（Y＝C＋Iの乗数）

② $\dfrac{1}{1-c(1-t)}$　　　（Y＝C＋I＋Gの乗数）

③ $\dfrac{1}{1-c(1-t)+m}$　（Y＝C＋I＋G＋EX－IMの乗数）

---【知っておきましょう】 租税乗数---

乗数は計算すれば求めることができますが，試験対策という意味で，次のものを暗記しておけば，便利です。

① $\dfrac{-c}{1-c}$　　　　　（Y＝C＋Iの乗数）

② $\dfrac{-c}{1-c(1-t)}$　　　（Y＝C＋I＋Gの乗数）

③ $\dfrac{-c}{1-c(1-t)+m}$　（Y＝C＋I＋G＋EX－IMの乗数）

(7) 問(6)と同様にして，G＝50の代わりにG＝G_0を用います。

$$Y = 100 + 0.8Y_d + 200 + G_0$$

$$= 100 + 0.8(Y - 50) + 200 + G_0 \quad \text{(生産物市場の需給均衡式)}$$

より,

$$(1 - 0.8)Y = 260 + G_0$$

です.

$$Y^* = \frac{260}{1 - 0.8} + \frac{G_0}{1 - 0.8} \quad \text{（Yの均衡水準）}$$

より,

$$\frac{\Delta Y^*}{\Delta G_0} = \frac{1}{1 - 0.8} = 5 \quad \text{（政府支出乗数）}$$

が得られます. したがって, $Y_f - Y^* = 1{,}700 - 1{,}550 = 150$ ですので, $\Delta Y^* = 150$ であり, かくて,

$$\Delta G_0 = 30 \quad \boxed{答え}$$

を得ることができます (☞図12-3：p.221).

(8) 問(6), (7)と同様にして, $G = 50$, $T = 50$ の代わりに $G = G_0$, $T = T_0$ を用います.

$$Y = 100 + 0.8 Y_d + 200 + G_0$$
$$= 100 + 0.8(Y - T_0) + 200 + G_0 \quad \text{(生産物市場の需給均衡式)}$$

より,

$$(1 - 0.8)Y = 300 + 0.8 T_0 + G_0$$

です.

$$\frac{\Delta Y^*}{\Delta T_0} = \frac{-0.8}{1 - 0.8} = -4 \quad \text{（租税乗数）}$$

$$\frac{\Delta Y^*}{\Delta G_0} = \frac{1}{1 - 0.8} = 5 \quad \text{（政府支出乗数）}$$

ですので, 均衡予算乗数は,

$$\frac{\Delta Y^*}{\Delta T_0} + \frac{\Delta Y^*}{\Delta G_0} = -4 + 5 = 1 \quad \boxed{答え}\text{：均衡予算乗数}$$

です.

---【知っておきましょう】 均衡予算乗数―――――――――――

政府支出乗数が $\dfrac{1}{1-c}$，租税乗数が $\dfrac{-c}{1-c}$ のときは，均衡予算乗数は1です。しかし，政府支出乗数が $\dfrac{1}{1-c(1-t)}$，租税乗数が $\dfrac{-c}{1-c(1-t)}$ のときは，均衡予算乗数は1ではありません。

問題12－3：貯蓄投資差額

国内総生産＝1,200，可処分所得＝900，消費＝650，政府の財政黒字＝70，経常海外余剰＝40のとき，以下の問いに答えなさい。
(1) 民間投資を求めなさい。
(2) 政府支出を求めなさい。

≪解答＆解答の解説≫

(1) 「貯蓄＝投資」で表した生産物市場の需給均衡式は，

① $Y=C+I$ ⇔ $S=I$ （民間貯蓄＝民間投資）

② $Y=C+I+G$ ⇔ $S+T=I+G$

$G=G_C+G_I$（G＝政府支出，G_C＝政府消費，G_I＝政府投資）として，$(T-G_C)$＝政府貯蓄であり，$\{(T-G_C)-G_I\}$ が「政府貯蓄－政府投資」です。

③ $Y=C+I+G+EX-IM$ ⇔ $S+T+IM=I+G+EX$ です。
（⇔は同値の意味です）。

本問では，海外部門（EX＝輸出，IM＝輸入）が考慮され，生産物市場の需給均衡式は，

$(S-I)+\{(T-G_C)-G_I\}+(IM-EX)=0$

です。$Y-T$＝可処分所得であり，

$S \equiv (Y-T)-C = 900-650 = 250$ （民間貯蓄の定義）

です。$(S-I)=250-I$，$\{(T-G_C)-G_I\}$＝政府の財政黒字＝70，（EX

$-IM$)＝経常海外余剰＝40であり，（$IM-EX$）＝-40です。

$$(250-I)+70+(-40)=0$$

ですので，$I=280$ **答え** です。

(2) $Y_d = Y - T$　　　　（可処分所得の定義）

ですので，

$$900 = 1,200 - T$$

より，$T=300$ が得られます。

$$T - G = 70$$　　　　（政府の財政黒字）

ですので，

$$300 - G = 70$$

より，$G=230$ **答え** を得ることができます。

第13章 貨幣需要と貨幣供給

試験対策ポイント

① 貨幣の3つの機能（一般的価値尺度，一般的交換手段・一般的支払手段，価値貯蔵手段）を理解する。貨幣とマネーサプライ（通貨残高）の定義を理解する。

② 3種類の貨幣保有動機（取引動機，予備的動機，投機的動機）を理解する。

③ 日本銀行の3つの機能（発券銀行，金融機関の銀行，政府と民間をつなぐ銀行）を理解する。

④ 金融政策の最終目標（通貨価値の安定，完全雇用の維持，国際収支の均衡，経済成長の促進）を理解する。

⑤ 3つの金融政策手段（貸出政策，債券・手形の売買操作，準備率操作）を理解する。

問題13—1：貨幣の機能

貨幣の機能を説明しなさい。

≪解答＆解答の解説≫

貨幣の機能には次の3つのものがあります。

① 一般的価値尺度（ニュメレール）

n種類の財から成る経済を考えます。

物々交換経済の世界では，$\frac{1}{2}n(n-1)$ 個の交換比率が必要になります。貨幣を導入しますと，$(n-1)$ 個の交換比率だけで整合的な交換が行われるようになります。

② 一般的交換手段・一般的支払手段

物々交換経済では「欲求の二重の一致」が必要とされます。貨幣の導入は欲求の二重の一致の困難を克服できます。一般的「交換」手段は現在の同一時点，同一場所での交換取引のために，一般的「支払」手段は債権・債務の清算のために使用される貨幣のことです。

③ 価値貯蔵手段

価値貯蔵手段は時間にわたって価値を貯蔵するために使用される貨幣のことです。

問題13－2：ハイパワードマネーとマネーサプライ

(1) ハイパワードマネーとは何ですか。
(2) 日本銀行の貸借対照表を書いて，ハイパワードマネーの供給経路を説明しなさい。
(3) マネーサプライとは何ですか。
(4) ハイパワードマネーとマネーサプライの関係を説明しなさい。
(5) ★マネーサプライ保有者，市中銀行の行動がマネーサプライにどのような影響を及ぼすのかを説明しなさい。

≪解答＆解答の解説≫

(1) ハイパワードマネーは日本銀行が供給する通貨のことであり，次のように定義されます。

　　　　ハイパワードマネー＝日銀預け金＋市中銀行の手元現金準備＋現金通貨
　　　　　　　　　　　　　＝日銀預け金＋銀行券＋貨幣（鋳貨）　　答え

(2) 日本銀行の貸借対照表は次のとおりです。

資　　産	負　　債
政府短期証券	日銀預け金
国　　債	市中銀行の手元現金準備
日銀貸出金	現 金 通 貨
買入手形・売渡手形	政府当座預金
外貨準備高	
そ　の　他	

　　ハイパワードマネー＝日銀預け金＋市中銀行の手元現金準備＋現金通貨
　　　　　　　　　　　＝政府短期証券＋国債＋日銀貸出金＋買入手形・売渡手形＋外貨準備高＋その他－政府当座預金

より，ハイパワードマネーの供給経路を知ることができます。

(3) マネーサプライは金融部門全体が供給する通貨のことです。マネーサプライの中心指標はM_2+CDであり，次のように定義されます。

　　$M_2+CD=M_1$＋準通貨＋譲渡性預金
　　　　　　＝（現金通貨＋預金通貨）＋準通貨（定期性預金）＋譲渡性預金

　　　　　　　　　　　　　　　　　　　　　　　　　　　　　　答え

　M_2+CDの計算にあたっては，次の2点が重要です。

① 誰の負債をマネーサプライに含めるのか。
② 誰の資産をマネーサプライに含めるのか。

(4) ハイパワードマネーとマネーサプライの関係は次のとおりです。

　　$M=$マネーサプライ＝現金通貨（C_p）＋預金通貨（D）
　　$H=$ハイパワードマネー＝現金通貨（C_p）＋支払準備（C_b）
　　$\alpha=\dfrac{C_p}{D}=$マネーサプライ保有者の現金・預金比率
　　$\beta=\dfrac{C_b}{D}=$市中銀行の支払準備・預金比率

とします。

$$\frac{M}{H}=\frac{C_p+D}{C_p+C_b}$$

であり，分母分子をDで割ると，

$$M=\frac{\alpha+1}{\alpha+\beta}\cdot H \quad \text{答え}$$

が得られます。ここで，$\dfrac{\alpha+1}{\alpha+\beta}$は貨幣乗数と呼ばれています。

　α，βの変化を予測可能とすれば，日本銀行は金融政策手段によってハイパワードマネーHをコントロールすることにより，マネーサプライMをコントロールできます。

(5) マネーサプライ保有者，市中銀行の行動はマネーサプライに以下のような影響を及ぼします。

$$\dfrac{\partial M}{\partial \alpha} = \dfrac{\beta-1}{(\alpha+\beta)^2} \cdot H < 0 \quad \text{答え}$$

$$\dfrac{\partial M}{\partial \beta} = -\dfrac{\alpha+1}{(\alpha+\beta)^2} \cdot H < 0 \quad \text{答え}$$

【数学チェック】 $\dfrac{\alpha+1}{\alpha+\beta}$の$\alpha$，$\beta$についての微分

$\dfrac{\alpha+1}{\alpha+\beta}$の$\alpha$，$\beta$での偏微分は商の微分です（☞数学マニュアルの$y=\dfrac{f(x)}{g(x)}$の微分の公式を参照）。

① $\dfrac{\alpha+1}{\alpha+\beta}$を$\alpha$で偏微分します。

$$\dfrac{\partial \left(\dfrac{\alpha+1}{\alpha+\beta}\right)}{\partial \alpha} = \dfrac{(\alpha+1)'(\alpha+\beta)-(\alpha+1)(\alpha+\beta)'}{(\alpha+\beta)^2}$$

$$= \dfrac{(\alpha+\beta)-(\alpha+1)}{(\alpha+\beta)^2}$$

$$= \dfrac{\beta-1}{(\alpha+\beta)^2}$$

② $\dfrac{\alpha+1}{\alpha+\beta}$を$\beta$で偏微分します。

$$\dfrac{\partial \left(\dfrac{\alpha+1}{\alpha+\beta}\right)}{\partial \beta} = \dfrac{(\alpha+1)'(\alpha+\beta)-(\alpha+1)(\alpha+\beta)'}{(\alpha+\beta)^2}$$

$$= -\dfrac{\alpha+1}{(\alpha+\beta)^2}$$

問題13－3：貨幣の保有動機

(1) 貨幣の保有動機を説明しなさい。
(2) 弱気筋（bear）と強気筋（bull）とはどのような人ですか。
(3) 投機的貨幣需要はなぜ利子率の減少関数であるのかを説明しなさい。

≪解答＆解答の解説≫

(1) 貨幣の保有動機には次の３つのものがあります。
　① 取引動機
　　規則的な取引に備えて保有される動機です。
　② 予備的動機
　　予見されない，不規則的な取引に備えて保有される動機です。
　③ 投機的動機
　　証券価格の下落が予想されるために保有される動機です。「投機的」という名称のイメージとは逆に，危険資産（証券）保有によるキャピタル・ロスを回避するために，安全資産としての貨幣が保有されます。

(2) ベア（熊）は上から攻撃し，ブル（雄牛）は下から攻撃します。攻撃の姿 ↘が価格の下落，↗は価格の上昇と見えますので，
　① 弱気筋（bear）は証券価格の下落を予想し，貨幣を選好する人です。
　② 強気筋（bull）は証券価格の上昇を予想し，証券を選好する人です。

(3) r＝現行市場利子率，r^*＝安全利子率（利子率の本来水準とみなされている水準）とします。投機的貨幣需要は（$r-r^*$）に依存しており，r^*を所与とすれば，次の２つの理由でrの減少関数です。
　① 現行利子率rの低下→利子収入（インカム・ゲイン）の減少による証券の魅力の低下→貨幣需要の増大
　② 現行利子率rの低下→将来利子率上昇の予想（安全利子率への回帰）→証券価格下落（キャピタル・ロス）の懸念（証券価格と利子率は逆の関係にあります。：☞ p.209）→貨幣需要の増大

問題13−4：日本銀行と金融政策

(1) 日本銀行の機能を挙げなさい。
(2) 金融政策の最終目標を説明しなさい。
(3) 金融政策手段を挙げなさい。

≪解答＆解答の解説≫

(1) 日本銀行の機能には次の3つのものがあります。
   ① 発券銀行
   ② 銀行の銀行
   ③ 政府と民間をつなぐ銀行

(2) 金融政策の最終目標は次のものです。
   ① 通貨価値の安定
   ② 完全雇用の維持
   ③ 国際収支の均衡
   ④ 経済成長の促進

(3) 金融政策手段には次の3つのものがあります。
   ① 貸出政策（公定歩合，貸出態度）
   ② 債券・手形の売買操作（公開市場操作：売りオペ・買いオペ）
   ③ 準備率操作

第14章　IS−LM分析

試験対策ポイント

① IS−LM分析を図と式で理解する。IS曲線とLM曲線の導出を理解する。GDP，金利の均衡水準の決定を理解する。
② IS−LM曲線を用いて，金融政策・財政政策の有効性を理解する。
③ IS曲線，LM曲線の特殊なケースにおける，金融政策・財政政策の有効性を理解する。

問題14−1：IS曲線

ISモデルが次のように定式化されています。

$Y = C + I$　　　　　（生産物市場の需給均衡式）
$C = C_0 + cY$　　　（消費関数）
$I = I_0 - vr$　　　　（投資関数）

以下の問いに答えなさい。

(1) 上記のモデルを「貯蓄＝投資」の形に書き換えなさい。
(2) c，vは何と呼ばれていますか。
(3) IS方程式を$Y = \cdots$，$r = \cdots$の形で求めなさい。
(4) 縦軸にr，横軸にYをとって，IS曲線を図示しなさい。
(5) 投資の利子率感応性の大きさとIS曲線の傾きの関係を説明しなさい。
(6) IS曲線のシフト要因を挙げなさい。

≪解答＆解答の解説≫

(1) (☞ p.216)

$S \equiv Y - C = I$　　　（生産物市場の需給均衡式：貯蓄＝投資）
$S = -C_0 + (1-c)Y$　　（貯蓄関数：p.203）
$I = I_0 - vr$　　　　　（投資関数）

(2) c は限界消費性向，v は投資の利子率感応性と呼ばれています。

(3) 問題の3本の式を1本にまとめたものがIS方程式です。

$$Y = \frac{C_0 + I_0}{1-c} - \frac{v}{1-c}r$$ 　（**答え**：IS方程式）

$$r = \frac{C_0 + I_0}{v} - \frac{1-c}{v}Y$$ 　（**答え**：IS方程式）

(4) IS曲線は生産物市場の需給均衡を満たすGDPと利子率の組み合わせの

図14－1　IS曲線の導出

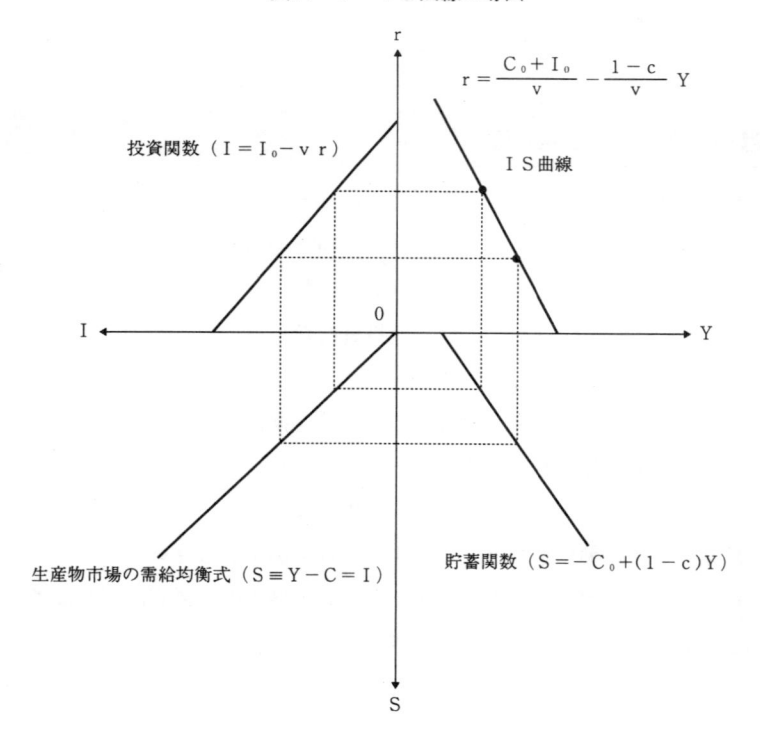

$$r = \frac{C_0 + I_0}{v} - \frac{1-c}{v}Y$$

投資関数（$I = I_0 - vr$）

IS曲線

生産物市場の需給均衡式（$S \equiv Y - C = I$）

貯蓄関数（$S = -C_0 + (1-c)Y$）

軌跡です。

(5) 投資の利子率感応性（v）の上昇はIS曲線の傾きの絶対値を低下させます（緩やかにします）。vが小さいときは，利子率の低下はあまりYを増加させませんのでIS曲線の傾きは急です。vが大きいときは，利子率の低下はYを大きく増加させますのでIS曲線の傾きは緩やかです。

---【知っておきましょう】---

「r－（v＝投資の利子率感応性）→I－（乗数）→Y」を理解しましょう。利子率の低下がいくらYを増加させるのかは投資の利子率感応性（v）に依存していることを理解しましょう。

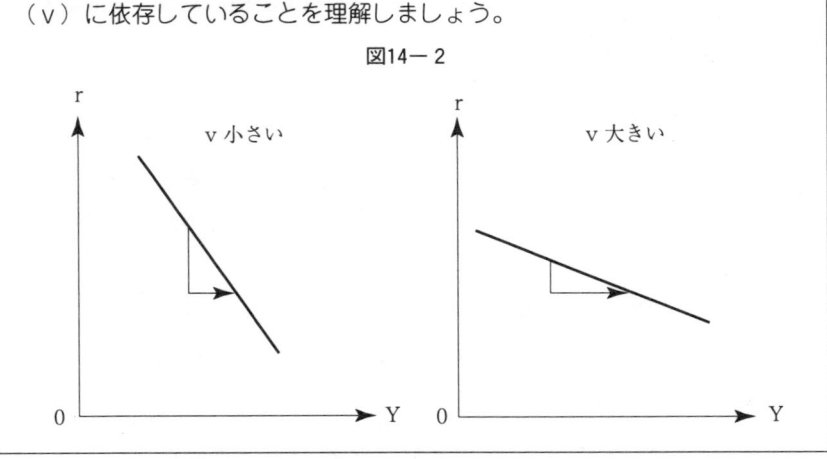

図14－2

v 小さい　　　　　v 大きい

(6) 縦軸切片は$\dfrac{C_0+I_0}{v}$，横軸切片は$\dfrac{C_0+I_0}{1-c}$です。基礎消費（C_0），独立投資（I_0）の上昇はIS曲線を右上方へシフトさせます。

---【知っておきましょう】　IS曲線のシフト---

景気を刺激しそうな実物的シフト要因はIS曲線を右へシフトさせます。

問題14−2：LM曲線

LMモデルが次のように定式化されています。

$M^S = M^D$　　　　　　　　　　（貨幣市場の需給均衡式）

$M^S = M^S_0$　　　　　　　　　　（一定の貨幣供給）

$M^D = L_1(Y) + L_2(r)$　　　　　（貨幣需要関数）

$L_1 = L_1(Y) = kY$　　　　　　　（取引動機および予備的動機に基づく貨幣需要）

$L_2 = L_2(r) = M^D_0 - ur$　　　　（投機的動機に基づく貨幣需要）

以下の問いに答えなさい。

(1) k，uは何と呼ばれていますか。
(2) LM方程式を $r = \cdots$ の形で求めなさい。
(3) 縦軸に r，横軸に Y をとって，LM曲線を図示しなさい。
(4) 投機的貨幣需要の利子率感応性の大きさとLM曲線の傾きを説明しなさい。
(5) LM曲線のシフト要因を挙げなさい。

≪解答＆解答の解説≫

(1) kはマーシャルのk，uは投機的貨幣需要の利子率感応性と呼ばれています。

(2) 問題の5本の式を1本にまとめたものがLM方程式です。

$$r = \frac{M^D_0 - M^S_0}{u} + \frac{k}{u}Y$$　　　（**答え**：LM方程式）

(3) LM曲線は貨幣市場の需給均衡を満たすGDPと利子率の組み合わせの軌跡です。

第14章 ＩＳ－ＬＭ分析　237

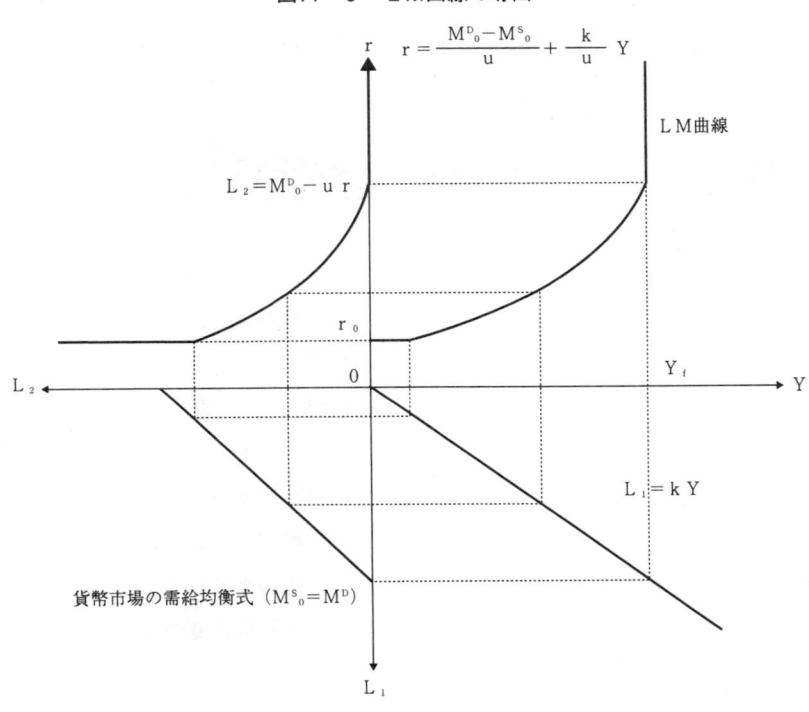

図14－3　ＬＭ曲線の導出

$$r = \frac{M^D_0 - M^S_0}{u} + \frac{k}{u}Y$$

$L_2 = M^D_0 - ur$

$L_1 = kY$

貨幣市場の需給均衡式（$M^S_0 = M^D$）

(4) 貨幣需要の利子率感応性（u）の上昇はＬＭ曲線の傾きを低下させます（緩やかにします）。uが無限大（流動性のワナ）のときは，ＬＭ曲線は水平です。uがゼロ（古典派経済学のケース）のときは，ＬＭ曲線は垂直です。

──【知っておきましょう】　貨幣需要の利子率感応性──
　流動性のワナは貨幣需要の利子率感応性が無限大であるケースです。このときはＬＭ曲線は水平ですので，貨幣需要の利子率感応性が小さくなることはそれとは逆ですので，ＬＭ曲線の傾斜は急になると暗記しておきましょう。

(5) 貨幣供給量（M^S_0）の増大はＬＭ曲線を右下方へシフトさせます。

──【知っておきましょう】 LM曲線のシフト──
景気を刺激しそうな貨幣的シフト要因はLM曲線を右へシフトさせます。

問題14-3：IS-LMモデル（Y=C+I）

IS-LMモデルが次のように定式化されています。

$Y = C + I$　　　　　　　（生産物市場の需給均衡式）
$C = C_0 + cY$　　　　　（消費関数）
$I = I_0 - vr$　　　　　　（投資関数）
$M^S = M^D$　　　　　　（貨幣市場の需給均衡式）
$M^S = M^S_0$　　　　　　（一定の貨幣供給）
$M^D = L_1(Y) + L_2(r)$　（貨幣需要関数）
$L_1 = L_1(Y) = kY$　　　（取引動機および予備的動機に基づく貨幣需要）
$L_2 = L_2(r) = M^D_0 - ur$　（投機的動機に基づく貨幣需要）

以下の問いに答えなさい。

(1) GDP，利子率の均衡水準を求めなさい。
(2) ★市場不均衡下のGDPと利子率の調整方向を矢印で示しなさい。

≪解答＆解答の解説≫

(1) まず，IS方程式，LM方程式を求めます（☞問題14-1, 14-2）。

$$Y = \frac{C_0 + I_0}{1 - c} - \frac{v}{1 - c} r \quad \text{（IS方程式）}$$

あるいは，

$$r = \frac{C_0 + I_0}{v} - \frac{1 - c}{v} Y \quad \text{（IS方程式）}$$

$$r = \frac{M^D_0 - M^S_0}{u} + \frac{k}{u} Y \quad \text{（LM方程式）}$$

の2本の方程式（IS方程式とLM方程式）より，

第14章　IS−LM分析　239

$$Y^* = \frac{C_0 + I_0 + \frac{v}{u}(M^S_0 - M^D_0)}{1 - c + \frac{vk}{u}}$$ （**答え**：ＧＤＰの均衡水準）

$$r^* = \frac{(1-c)(M^D_0 - M^S_0) + k(C_0 + I_0)}{(1-c)u + vk}$$ （**答え**：利子率の均衡水準）

を得ることができます。

(2) 不均衡の調整過程は次のように定式化されます。

$$\frac{dY(t)}{dt} = \theta_1((C+I) - Y)$$ 　（生産物市場の不均衡の調整過程）

$$\frac{dr(t)}{dt} = \theta_2(M^D - M^S_0)$$ 　　（貨幣市場の不均衡の調整過程）

ここで，t は時間，θ_1，θ_2 は正の調整速度係数です。上記の２本の式は不均衡（$C+I \gtreqless Y$，$M^D \gtreqless M^S_0$）があるときに，時間の経過につれて，Y，r がどのように変化するのかを示しています。下図は位相図と呼ばれています。

図14−4　ＩＳ曲線・ＬＭ曲線によるＧＤＰ・利子率の均衡水準の決定

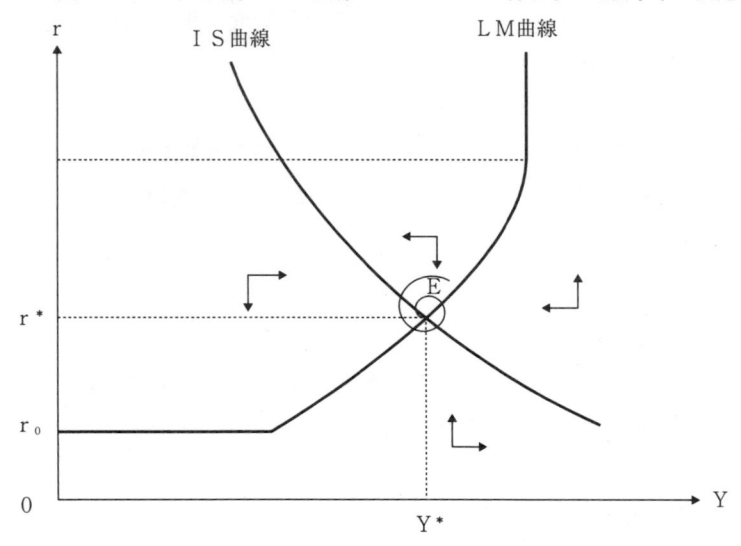

問題14－4：IS－LMモデル（Y＝C＋I＋G）

次のIS－LMモデルを考えます。

$Y = C + I + G$	（生産物市場の需給均衡式）
$C = 50 + 0.8 Y_d$	（消費関数）
$Y_d = Y - T$	（可処分所得の定義）
$T = T_0$	（一括固定税）
$I = 730 - 50r$	（投資関数）
$G = G_0$	（一定の政府支出）
$M^S = M^D$	（貨幣市場の需給均衡式）
$M^S = 800$	（一定の貨幣供給）
$M^D = L_1(Y) + L_2(r)$	（貨幣需要関数）
$L_1 = 0.2Y$	（取引動機・予備的動機に基づく貨幣需要）
$L_2 = 800 - 50r$	（投機的動機に基づく貨幣需要）

以下の問いに答えなさい。

(1) IS方程式，LM方程式を求めなさい。

(2) $T_0 = G_0 = 100$とします。GDP，利子率の均衡水準を求めなさい。

(3) 拡張的財政政策により政府支出が150に増加したときのGDP，利子率の均衡水準を求めなさい。

≪解答＆解答の解説≫

(1) IS方程式，LM方程式はそれぞれ生産物市場，貨幣市場の需給均衡を満たすGDPと利子率の組み合わせを示しています。

① $Y = C + I + G$
$\quad = (50 + 0.8 Y_d) + (730 - 50r) + G_0$
$\quad = \{50 + 0.8(Y - T_0)\} + (730 - 50r) + G_0$（生産物市場の需給均衡式）

より，

$$Y = \frac{1}{1-0.8}(780 - 0.8T_0 - 50r + G_0)$$
$$= 3{,}900 - 4T_0 - 250r + 5G_0 \quad (\text{答え}：\text{I S 方程式})$$

② $M^S = M^D$

$800 = 0.2Y + 800 - 50r$ （貨幣市場の需給均衡式）

より，

$Y = 250r$ （答え：LM方程式）

(2) $T_0 = G_0 = 100$ のとき，IS方程式，LM方程式はそれぞれ

$Y = 3{,}900 - 4T_0 - 250r + 5G_0$
$= 3{,}900 - 4 \times 100 - 250r + 5 \times 100$
$= 4{,}000 - 250r$ （I S 方程式）
$Y = 250r$ （LM方程式）

になります。IS方程式とLM方程式の2本の方程式より，

$r^* = 8$ （答え：利子率の均衡水準）
$Y^* = 2{,}000$ （答え：GDPの均衡水準）

を得ることができます。

(3) $T_0 = 100$, $G_0 = 150$ のとき，問(2)と同様にして，

$r^* = 8.5$ （答え：利子率の均衡水準）
$Y^* = 2{,}125$ （答え：GDPの均衡水準）

図14－5　財政政策の有効性

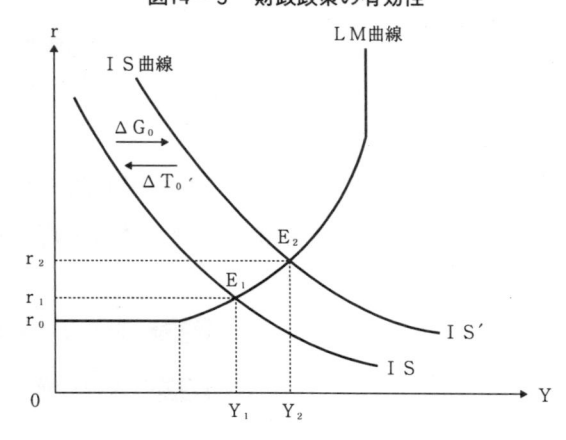

問題14−5：IS曲線・LM曲線の特殊ケースと金融・財政政策

次の3つの特殊ケースのIS曲線・LM曲線を図示し，金融・財政政策の有効性を説明しなさい。

(1) 投資の利子率感応性がゼロ（$v=0$）であるケース
(2) 貨幣需要の利子率感応性がゼロ（$u=0$）であるケース
(3) 「流動性のワナ」（$u=\infty$）のケース

≪解答＆解答の解説≫

問題14−3のIS−LMモデルより，

$$Y = \frac{C_0 + I_0 + G_0 - cT_0}{1-c} - \frac{v}{1-c}r \quad \text{（IS方程式）}$$

あるいは

$$r = \frac{C_0 + I_0 + G_0 - cT_0}{v} - \frac{1-c}{v}Y \quad \text{（IS方程式）}$$

$$r = \frac{M_0^D - M_0^S}{u} + \frac{k}{u}Y \quad \text{（LM方程式）}$$

を得ることができます。

(1) $v=0$のとき，IS曲線は$Y = \dfrac{C_0 + I_0 + G_0 - cT_0}{1-c}$で垂直になります。IS方程式より，

$$Y^* = \frac{C_0 + I_0 + G_0 - cT_0}{1-c} \quad \text{（GDPの均衡水準）}$$

であり，これは45度線分析と同じことを意味しています。IS曲線は垂直であり，Y^*をLM方程式に代入すると，

$$r^* = \frac{M_0^D - M_0^S}{u} + \frac{k}{u}Y^* \quad \text{（利子率の均衡水準）}$$

を得ることができます。GDPは実物領域で，利子率は金融領域で決定されています。

$$\frac{\Delta Y^*}{\Delta G_0} = \frac{1}{1-c} > 0 \quad \text{（答え：財政政策乗数）}$$

$$\frac{\Delta Y^*}{\Delta M_0^S} = 0 \quad \text{（答え：金融政策は無効）}$$

第14章 IS-LM分析　243

> 【数学チェック】
>
> $$Y = \frac{C_0 + I_0 + G_0 - cT_0}{1-c} - \frac{v}{1-c}r \quad (\text{IS方程式})$$
>
> では，$v=0$ とおくことはできますが，
>
> $$r = \frac{C_0 + I_0 + G_0 - cT_0}{v} - \frac{1-c}{v}Y \quad (\text{IS方程式})$$
>
> では，$v=0$ とおくことはできません。というのは分子はゼロにできても，分母はゼロにできないからです。

図14－6　投資の利子率感応性がゼロである（$v=0$）ケース

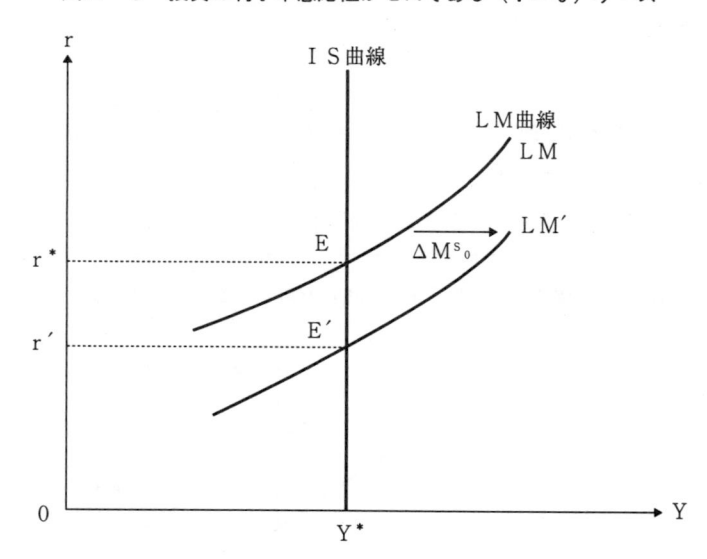

(2)　LM方程式の両辺に u をかけます。

$$ur = (M_0^D - M_0^S) + kY \quad (\text{LM方程式})$$

$u=0$ とおきます。

$$0 = (M_0^D - M_0^S) + kY$$

ですので，LM曲線は $Y = \dfrac{M_0^S - M_0^D}{k}$ で垂直です。LM方程式より，

$$Y^* = \frac{M_0^S - M_0^D}{k} \quad (\text{GDPの均衡水準})$$

であり、LM曲線は垂直です。Y^*をIS方程式に代入すると、

$$r^* = \frac{C_0 + I_0 + G_0 - cT_0}{v} - \frac{(M_0^S - M_0^D)(1-c)}{kv}$$

（利子率の均衡水準）

を得ることができます。GDPは金融領域で、利子率は実物領域で決定されています。

$$\frac{\Delta Y^*}{\Delta G_0} = 0 \qquad \text{（答え）：財政政策は無効）}$$

$$\frac{\Delta Y^*}{\Delta M_0^S} = \frac{1}{k} \qquad \text{（答え）：金融政策乗数）}$$

---【数学チェック】---

$$r = \frac{M_0^D - M_0^S}{u} + \frac{k}{u}Y \qquad \text{（LM方程式）}$$

では、uは分母にありますので、$u=0$とすることはできません。そこで、両辺にuをかければ、$ur = (M^D - M^S) + kY$になり、uは分子に位置しますので、$u=0$にすることができます。

図14－7　貨幣需要の利子率感応性がゼロである（$u=0$）ケース

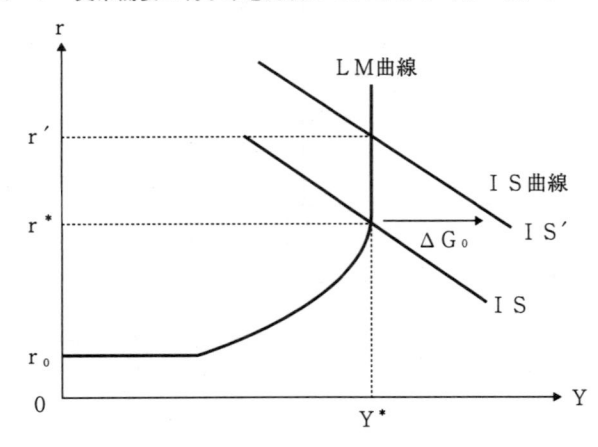

(3) LM方程式は、$r = r_0$（一定）によって置き換えられます。LM曲線は$r = r_0$で水平であり、r_0をIS方程式に代入すると、

$$Y^* = \frac{C_0 + I_0 + G_0 - cT_0}{1-c} - \frac{v}{1-c} r_0 \quad \text{（GDPの均衡水準）}$$

であり，これは45度線分析と同じことを意味しています。GDPは実物領域で，利子率は金融領域で決定されています。

$$\frac{\Delta Y^*}{\Delta G_0} = \frac{1}{1-c} \qquad \text{（答え：財政政策乗数）}$$

$$\frac{\Delta Y^*}{\Delta M_0^S} = 0 \qquad \text{（答え：金融政策は無効）}$$

図14−8　流動性のワナ（$u = \infty$：$r = r_0$）のケース

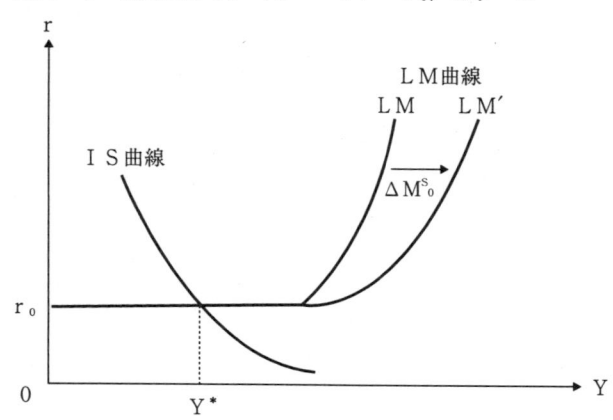

第15章　AD－AS分析

---- 試験対策ポイント ----

① 古典派経済学とケインズ派経済学を対比させながら，労働需要関数と労働供給関数，総供給関数（AS関数）を理解する。
② 総需要・総供給分析（AD－AS分析）を用いて，金融政策・財政政策と構造改革の効果を理解する。

問題15－1：労働市場

(1) 古典派の第一公準を説明しなさい。
(2) 古典派の第二公準を説明しなさい。

≪解答＆解答の解説≫

(1) 「労働の限界生産力＝実質賃金率」は古典派の第一公準と呼ばれています。それは労働需要関数についてのものであり，古典派とケインズ派はともに認めています。企業の利潤最大化行動より，労働需要関数を導出することができます。労働需要量N^Dは実質賃金率の減少関数です。

(2) 「労働の限界不(負)効用＝実質賃金率」は古典派の第二公準と呼ばれています。それは労働供給関数についてのものであり，古典派の第二公準を古典派は認めていますが，ケインズ派は認めていません。古典派とケインズ派は労働需要関数は同じですが，労働供給関数は異なっています。

① 古典派の労働供給関数

労働供給量N^Sは実質賃金率の増加関数です。

② ケインズ派の労働供給関数

$N^S = 0$　　　　　　　$w < w_0$

$w = w_0$　　　　　　　　　　　　（貨幣賃金率の下方硬直性）

$N^S = N^S(w)$　　　$w > w_0$　　（貨幣賃金率の上方伸縮性）

図15－1　労働市場についての古典派とケインズ派

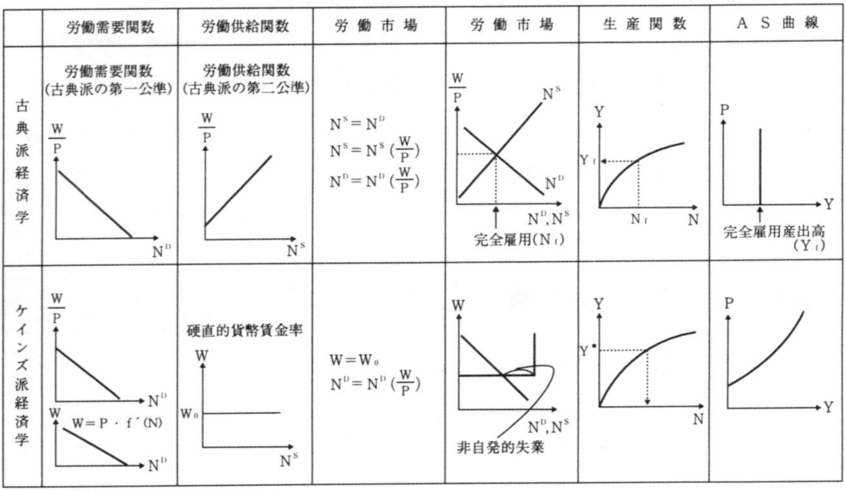

	労働需要関数	労働供給関数	労働市場	労働市場	生産関数	AS曲線
古典派経済学	労働需要関数（古典派の第一公準）	労働供給関数（古典派の第二公準）	$N^S = N^D$ $N^S = N^S(\frac{W}{P})$ $N^D = N^D(\frac{W}{P})$	完全雇用(N_f)		完全雇用産出高(Y_f)
ケインズ派経済学	$W = P \cdot f'(N)$	硬直的貨幣賃金率	$W = W_0$ $N^D = N^D(\frac{W}{P})$	非自発的失業		

問題15－2：★AD－AS（総需要－総供給）分析

次のAD－ASモデルを考えます。

$Y = C + I$　　　　　　　（生産物市場の需給均衡式）

$C = 20 + 0.6Y$　　　　　（実質消費関数）

$I = 70 - 6r$　　　　　　（実質投資関数）

$\dfrac{M^S}{P} = M^D$　　　　　　　（貨幣市場の需給均衡式）

$M^S = 360$　　　　　　　（一定の名目貨幣供給）

$$M^D = L_1(Y) + L_2(r) \quad \text{(実質貨幣需要関数)}$$
$$L_1 = \frac{1}{3}Y \quad \text{(取引動機・予備的動機に基づく貨幣需要)}$$
$$L_2 = 170 - 8r \quad \text{(投機的動機に基づく貨幣需要)}$$
$$Y = 25\sqrt{N} \quad \text{(生産関数)}$$
$$w = \frac{25}{6} \quad \text{(一定の貨幣賃金率)}$$
$$N_f = 64 \quad \text{(完全雇用量)}$$

以下の問いに答えなさい。

(1) 45度線分析，IS－LM分析，AD－AS分析の違いを説明しなさい。

(2) IS方程式とLM方程式を求めなさい。

(3) 一般物価水準PはLM方程式だけに入っています。Pが上昇（$P_0 \to P_1 \to P_2$）したときの，IS曲線，LM曲線の交点で決まる均衡GDP水準（$Y_0 \to Y_1 \to Y_2$）と一般物価水準（$P_0 \to P_1 \to P_2$）を対応させたものを図示しなさい。

(4) AD曲線とは何ですか。

(5) 総需要（AD）関数を求めなさい。

(6) 総供給（AS）関数を求めなさい。

(7) この経済の（不完全雇用）均衡状態における Y^*, P^*, r^* を求めなさい。

(8) u^*（失業率）を求めなさい。

≪解答＆解答の解説≫

(1)　$y = $ 実質GDP，$r = $ 市場利子率，$P = $ 一般物価水準（下添字の0は一定）とします。

　① 45度線分析（ワルラスの法則より貨幣市場を消去）
　　生産物市場の需給均衡式より y（r_0, P_0）を決定します。

　② IS－LM分析（ワルラスの法則より債券市場を消去）

生産物市場，貨幣市場の需給均衡式より y，r（P_0）を決定します。

③ AD−AS分析（ワルラスの法則より債券市場を消去）

生産物市場，貨幣市場，労働市場より y，r，P を決定します。

(2)① IS方程式

$$Y = C + I = (20 + 0.6Y) + (70 - 6r) = 90 + 0.6Y - 6r$$

$$(1 - 0.6)Y = 90 - 6r$$

より，

$$r = 15 - \frac{1}{15}Y \qquad \text{(答え：IS方程式)}$$

② LM方程式

$$\frac{M^S}{P} = M^D$$

$$\frac{360}{P} = \frac{1}{3}Y + (170 - 8r)$$

より，

$$r = \frac{170}{8} + \frac{1}{24}Y - \frac{45}{P} \qquad \text{(答え：LM方程式)}$$

(3) P の上昇（$P_0 \to P_1 \to P_2$）は LM 曲線を左上方へシフトさせます。

(4) AD曲線は，生産物市場と貨幣市場の需給均衡を同時に満たす実質GDPと一般物価水準の組み合わせの軌跡です（☞図15−2）。

(5) IS方程式，LM方程式より r を消去します。すなわち，

$$r = 15 - \frac{1}{15}Y \qquad \text{（IS方程式）}$$

$$r = \frac{170}{8} + \frac{1}{24}Y - \frac{45}{P} \qquad \text{（LM方程式）}$$

ですので，

$$15 - \frac{1}{15}Y = \frac{170}{8} + \frac{1}{24}Y - \frac{45}{P}$$

より，

$$P = \frac{5{,}400}{13Y + 750} \qquad \text{(答え：AD関数)}$$

を得ることができます。

(6) ケインズ派経済学と古典派経済学の違いは，AS関数をめぐるものです。

企業の利潤（π）最大化問題は，

第15章　ＡＤ－ＡＳ分析　251

図15－2　ＡＤ曲線の導出

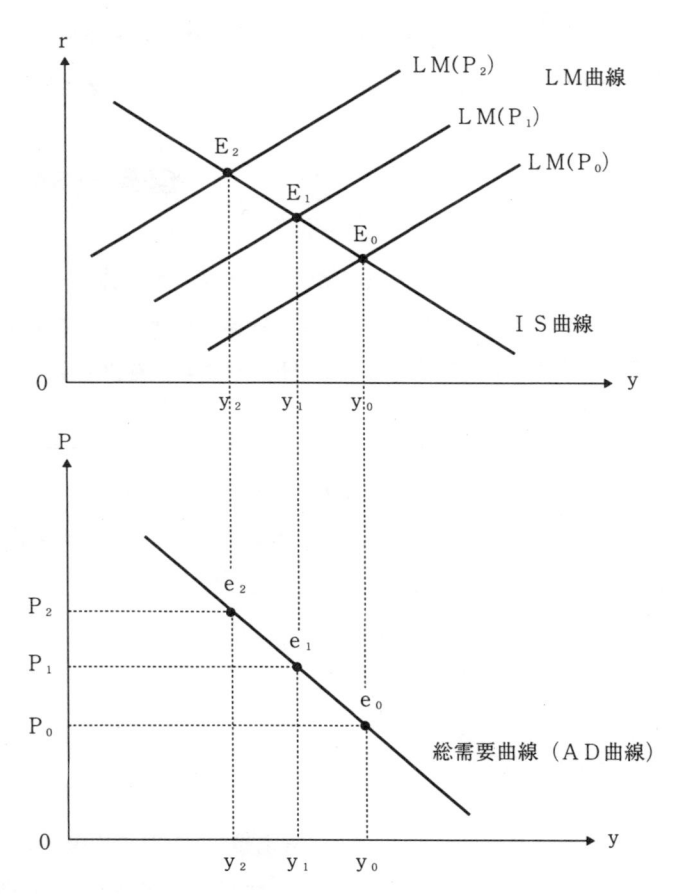

$$\text{Max}\ \pi = P \cdot Y - wN$$
$$= P \cdot 25N^{\frac{1}{2}} - wN$$

と定式化されます。利潤最大化の１階の条件（☞p.23）は，

$$\frac{d\pi}{dN} = P \cdot \frac{25}{2}N^{\frac{1}{2}-1} - w$$
$$= P \cdot \frac{25}{2}N^{-\frac{1}{2}} - w$$
$$= P \cdot \frac{25}{2}N^{-\frac{1}{2}} - \frac{25}{6} = 0$$

ですので，

$$\frac{25}{6P} = \frac{25}{2} N^{-\frac{1}{2}} \quad \text{（労働需要関数：古典派の第一公準）}$$

です。生産関数 $Y = 25N^{\frac{1}{2}}$ より，$N^{-\frac{1}{2}} = \frac{25}{Y}$ ですので，これを利潤最大化の1階の条件に代入すると，

$$P = \frac{1}{75} Y \qquad \text{（答え：AS関数）}$$

が得られます。

――【知っておきましょう】 古典派経済学とケインズ派経済学――
古典派経済学とケインズ派経済学はAS曲線の形状によって類別されます。古典派経済学のAS曲線は完全雇用産出高水準で垂直です。ケインズ派のAS曲線は右上がりです。

(7) AD曲線は右下がり，AS曲線は右上がりです（☞図15－3）。AD曲線とAS曲線の交点より，YとPの均衡水準を得ることができます。

$$P = \frac{5,400}{13Y + 750} \qquad \text{（AD関数）}$$

$$P = \frac{1}{75} Y \qquad \text{（AS関数）}$$

ですので，

$$\frac{5,400}{13Y + 750} = \frac{1}{75} Y$$

であり，

$Y^* = 150$ （答え：GDPの均衡水準）

$P^* = 2$ （答え：一般物価の均衡水準）

これをIS方程式に代入すると，

$$r^* = 15 - \frac{1}{15} Y^* = 5 \ (\%) \qquad \text{（答え：利子率の均衡水準）}$$

図15−3　AD曲線・AS曲線によるGDP・物価の均衡水準の決定

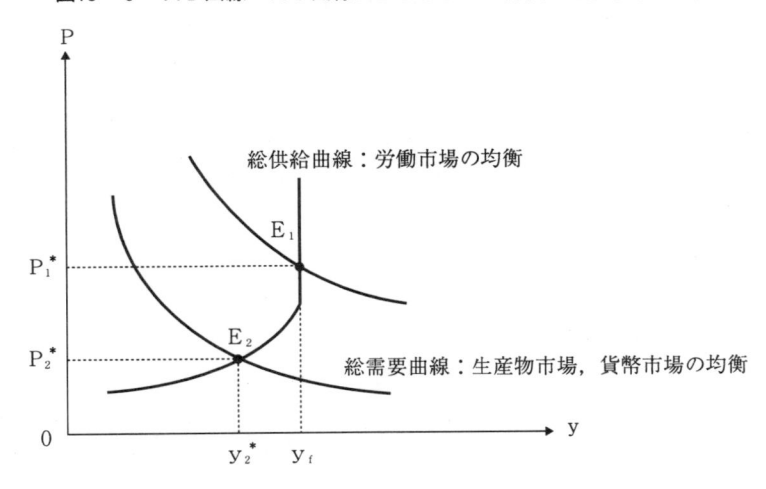

総供給曲線：労働市場の均衡

総需要曲線：生産物市場，貨幣市場の均衡

(8)　生産関数より，$N^{-\frac{1}{2}} = \dfrac{25}{Y}$ ですので，両辺を2乗すると，

$$N^{*-1} = \left(\dfrac{25}{Y^*}\right)^2 = \left(\dfrac{25}{150}\right)^2 = \left(\dfrac{1}{6}\right)^2 = \dfrac{1}{36}$$

になります。$N^{*-1} = \dfrac{1}{N^*}$ であり，

　　$N^* = 36$　（雇用の均衡水準）

したがって，失業率（☞ p.257）は，

$$u^* \equiv \dfrac{N_f - N^*}{N_f} \times 100 = \dfrac{64 - 36}{64} \times 100 = 43.75\%$$　（**答え**：失業率）

第16章 フィリップス曲線

試験対策ポイント

① インフレーションの定義と原因による分類（ディマンド・プル・インフレとコスト・プッシュ・インフレ）を理解する。
② フィリップス曲線とは何かを理解する。3種類の失業（自発的失業，摩擦的失業，非自発的失業）を理解する。
③ フィリップス曲線と物価フィリップス曲線の違いを理解する。

問題16−1：インフレーション

(1) インフレーションとは何ですか。
(2) ディマンド・プル・インフレとコスト・プッシュ・インフレの違いを説明しなさい。
(3) 真性インフレーションとは何ですか。

≪解答＆解答の解説≫

(1) インフレーションとは，

　① 一般物価水準の継続的な上昇

　あるいは

　② 貨幣価値の継続的な下落

　のことです。

(2) ディマンド・プル・インフレはAD曲線の右上方への継続的なシフトによ

るインフレーションです。コスト・プッシュ・インフレはAS曲線の左上方への継続的なシフトによるインフレーションです。

(3) 真性（真正）インフレーションはAS曲線が垂直である状況下での，AD曲線の右上方への継続的なシフトによるインフレーションです。

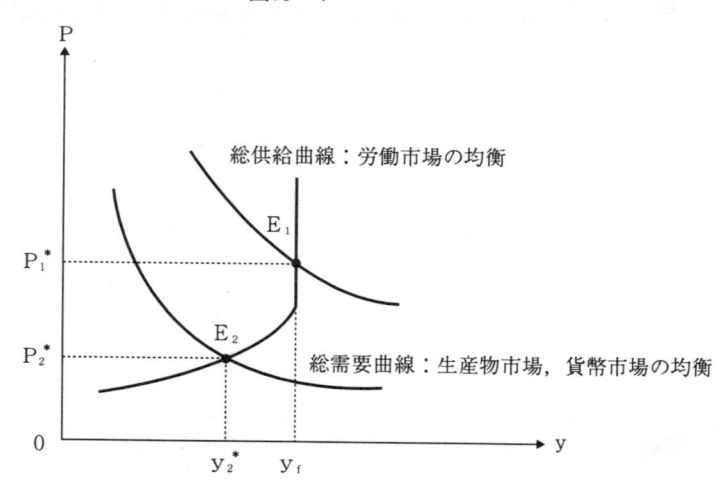

図16－1

問題16－2：フィリップス曲線

(1) 失業の種類を挙げなさい。

(2) 失業率の定義を説明しなさい。

(3) 労働の需要量と未充足求人者数，労働の供給量と失業者数の関係を説明しなさい。

(4) 自然失業率とは何ですか。

(5) 物価フィリップス曲線を説明しなさい。

(6) マネタリストによる短期と長期のフィリップス曲線の区別（自然失業率仮説）を説明しなさい。

(7) 合理的期待マクロ経済論者のフィリップス曲線を説明しなさい。

≪解答&解答の解説≫

(1) 失業は次のように分類されています。

① 自発的失業

② 摩擦的失業

③ 非自発的失業

(2) 失業率 $\equiv \dfrac{失業者数}{労働供給量}$　（**答え**：失業率の定義）

(3) 労働の需要量＝雇用者数（90）＋未充足求人数（10）　**答え**

労働の供給量＝雇用者数（90）＋失業者数（10）　**答え**

労働市場が均衡（労働需要量＝労働供給量）していても，上記の数値例では10の失業者（自発的失業，摩擦的失業）が存在します。しかし，非自発的失業は存在しません。

(4) 自然失業率の定義には次の2通りのものがあります。

① 完全雇用状態に対応する失業率

自然失業率 $\equiv \dfrac{自発的失業＋摩擦的失業}{労働供給}$

② 長期において成立する失業率

ここで，長期は「現実のインフレ率＝期待インフレ率」の状態と定義されています。

(5) A.W.フィリップスのフィリップス曲線とは貨幣賃金率の上昇率と失業率との間の経験的に観察された負の相関関係のことです。物価フィリップス曲線はフィリップス曲線を縦軸方向に労働生産性の変化率の分だけシフトさせたものであり，それは政策当局が直面する失業とインフレのトレード・オフ関係を明確にしています。フィリップス曲線は物価フィリップス曲線に書き換えられて，政策・理論両面で利用されるようになりました。

図16−2　フィリップス曲線と物価フィリップス曲線の関係

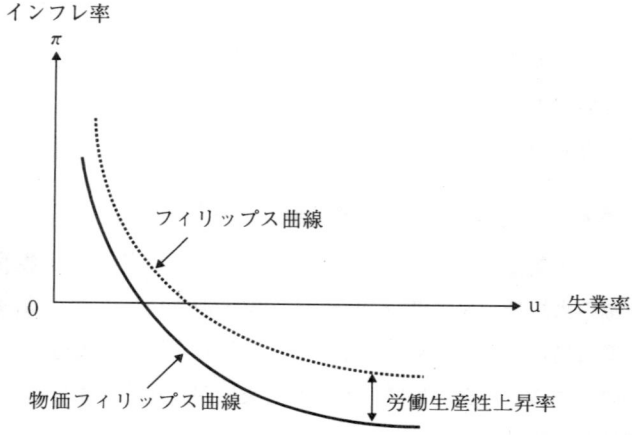

（縦軸：インフレ率 π、横軸：失業率 u。フィリップス曲線（点線）と物価フィリップス曲線（実線）が描かれており、両者の差が労働生産性上昇率に相当する。）

(6) 現実のデータに基づいて期待（インフレ期待）を調整できるだけの時間的余裕のない期間が「短期」、時間的余裕のある期間が「長期」と定義されています。インフレ期待を導入することによって、短期のフィリップス曲線と長期のフィリップス曲線の区別が行われるようになりました。

① 短期のフィリップス曲線（期待フィリップス曲線）

短期においては、期待インフレ率は所与とされ、インフレ率と失業率との関係は右下がりであると考えられています。ここでは、期待インフレ率は短期フィリップス曲線のシフト・パラメーターです。

② 長期のフィリップス曲線（自然失業率仮説）

長期においては、人々は期待を現実のデータに基づいて調整します。長期においては、フィリップス曲線は自然失業率で垂直です。

図16－3　長期のフィリップス曲線と自然失業率仮説

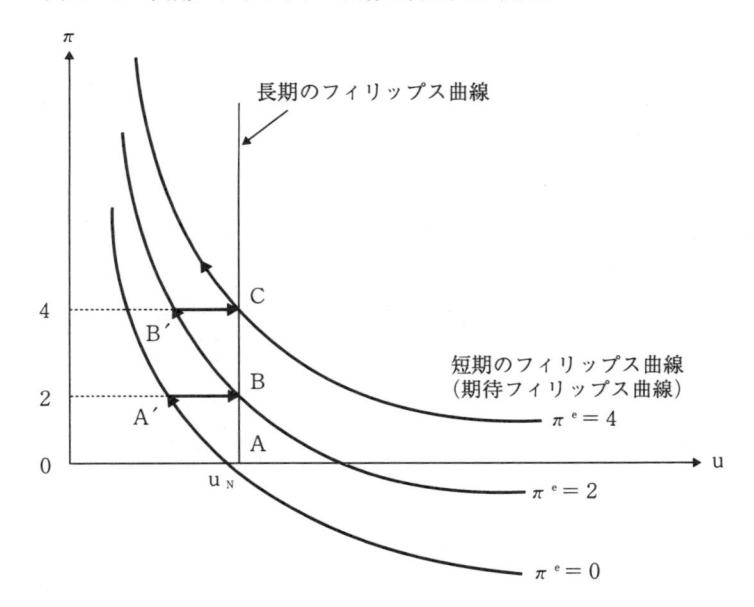

(7) 合理的期待形成下，短期のフィリップス曲線は垂直です。合理的期待形成下，拡張的金融・財政政策はインフレーションを加速させるだけで，失業率を自然失業率以下に低下させることはできません。

第17章 IS−LM−BPモデル

---- 試験対策ポイント ----

① 外国為替相場と外国為替相場制度を理解する。
② 国際収支均衡線（BP線）を理解する。
③ IS−LM−BPモデル（マンデル＝フレミング・モデル）を理解する。
④ 固定為替相場制・変動為替相場制下の金融・財政政策の有効性を理解する。
⑤ 為替レートの決定メカニズムを理解する。購買力平価説（PPP理論）と金利平価説を理解する。

問題17−1：外国為替相場

(1) 外国為替相場制度を説明しなさい。
(2) 邦貨（円）建て為替レート（e）の値の上昇，例えばe＝115円→125円は何を意味していますか。

≪解答＆解答の解説≫

(1) 外国為替相場（為替レート）とは各国通貨間（例えば，円とドル）の交換比率のことです。外国為替相場制度には次のものがあります。
　① 固定為替相場制
　　為替レートは通貨当局による外国為替市場への介入により平価に固定され

ます。
② 変動為替相場制
　ⅰ　クリーン・フロート
　　為替レートは，外貨（ドル）の需給不均衡があると変動します。為替レートはドルの超過需要がゼロになるように決定されます。
　ⅱ　ダーティ・フロート（管理フロート）
　　為替レートの変動は，通貨当局の積極的介入によりスムージング（為替レートの変動を小幅にする）されます。

(2) $e = 115$円→125円は，ドルの増価，円の減価を意味しています。これは次のように呼ばれています。
① 円の平価切下げ　（固定為替相場制）
② ドル高・円安　　（変動為替相場制）

問題17－2：国際収支均衡線（BP線）

(1) 交易条件とは何ですか。
(2) 縦軸に国内利子率（r），横軸にGDP（y）をとって，国際収支均衡線を図示しなさい。
(3) 「国内利子率＝国際利子率」の状態であるためには，国際間の資本移動が完全である以外にどのような条件が必要ですか。

≪解答＆解答の解説≫

(1) 交易条件（τ）は輸出財1単位を輸出することにより何単位の輸入財を輸入することができるかを表し，一国の経済厚生にかかわっています。

$$\text{交易条件} = \frac{\text{輸出財の価格}}{\text{輸入財の価格}}$$

であり，輸出財価格の上昇（交易条件の上昇）は交易条件の改善，輸入財価格の上昇（交易条件の下落）は交易条件の悪化を意味しています。

(2) 縦軸に利子率，横軸にGDPをとって，国際収支均衡線（BP曲線）を図

示すると，
① 国際間の資本移動が不完全であるとき，
　ＢＰ曲線は右上がりです。
② 国際間の資本移動が完全であるとき，
　資本移動は内外利子率の差にきわめて感応的ですので，ＢＰ曲線は水平です。というのは，小国にとっては，r_w（外国の利子率）は所与であり，$r > r_w$のときドル流入が起こり，rは下落し，$r = r_w$になり，$r < r_w$のときドル流出が起こり，rは上昇し，$r = r_w$になるからです。

図17－1　国際収支均衡線（ＢＰ線）

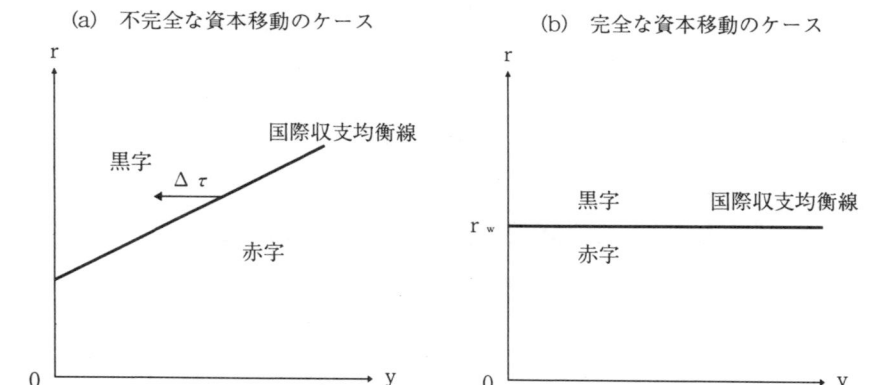

(a) 不完全な資本移動のケース　　　(b) 完全な資本移動のケース

(3)① 将来の為替レートについての期待が静学的（将来の為替レートは現在の為替レートと同じ水準であると予想すること）であること。
② 自国資産と外国資産に対して想定されるリスクに差がないこと。

問題17－3：固定為替相場制下の金融・財政政策：完全な資本移動のケース

(1) 固定為替相場制下の金融政策の有効性を説明しなさい。
(2) 固定為替相場制下の財政政策の有効性を説明しなさい。

≪解答＆解答の解説≫

(1) 下図のE点は不完全雇用均衡ですので、政策当局は金融緩和政策（貨幣供給量の増大）をとります。E→E′になりますが、E′点では国際収支は赤字（ドルの超過需要）ですので、固定為替相場制下、為替レートを現行水準に維持するためには、当局はドルを供給（円を需要）しなければならず、不胎化政策（需要した円を債券の買いオペによって再び供給しないこと）がとられないとすると、貨幣供給量は減少します。LM曲線は左にシフトし、E′→Eになるので、金融政策は無効です。

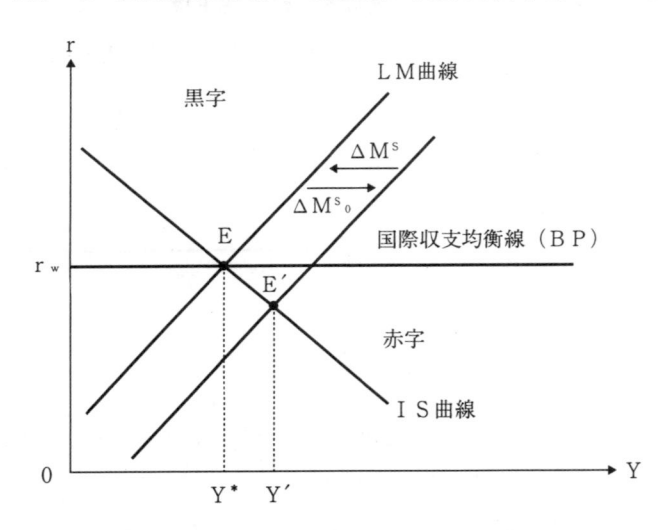

図17−2　固定為替相場制下の金融政策（完全な資本移動のケース）

[図：縦軸r、横軸Y。LM曲線が右上がり、IS曲線が右下がり、BP曲線（国際収支均衡線）がr_wで水平。E点で交わり、E′点はその右下。ΔM^s、ΔM^s_0の矢印。上部が「黒字」、下部が「赤字」。横軸にY^*、Y']

(2) 下図のE点は不完全雇用均衡ですので、政策当局は拡張的財政政策（政府支出の増大）をとります。E→E′になりますが、E′点では国際収支は黒字（ドルの超過供給）ですので、固定為替相場制下、為替レートを現行水準に維持するためには、当局はドルを需要（円を供給）しなければならず、不胎化政策（供給した円を債券の売りオペによって再び需要しないこと）がとられないとすると、貨幣供給量は増大します。LM曲線は右にシフトし、E′→E″になるので、財政政策は有効であり、クラウディング・アウトは全く

生じていません。

図17-3　固定為替相場制下の財政政策（完全な資本移動のケース）

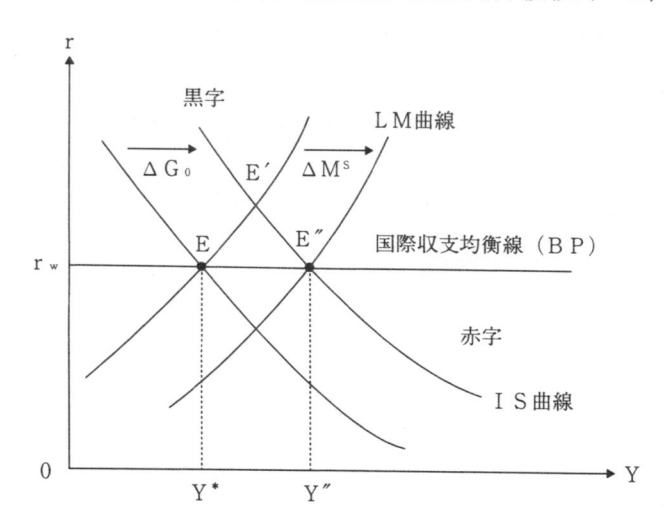

問題17-4：変動為替相場制下の金融・財政政策：完全な資本移動のケース

(1) 変動為替相場制下の金融政策の有効性を説明しなさい。
(2) 変動為替相場制下の財政政策の有効性を説明しなさい。

≪解答＆解答の解説≫

(1) 下図のE点は不完全雇用均衡ですので、政策当局は金融緩和政策（貨幣供給量の増大）をとります。E→E′になりますが、E′点では$r' < r_w$ですので、ドル流出が起こり、国際収支は赤字（ドルの超過需要）になります。変動為替相場制下、為替レートは上昇（ドル高・円安）し、交易条件 $\left(\dfrac{輸出品価格}{輸入品価格}\right)$ τは低下します。τの低下のため経常収支の黒字は増大し（輸入減少・輸出増大）、IS曲線は右へシフトします。日本の利子率＜米

国の利子率であるかぎり、ドル流出→国際収支赤字→ドル高・円安→輸入減少・輸出増大→IS曲線の右へのシフトが続き、最終的には、E′→E″になります。金融政策は有効であり、このような政策は「近隣窮乏化政策」と呼ばれています。

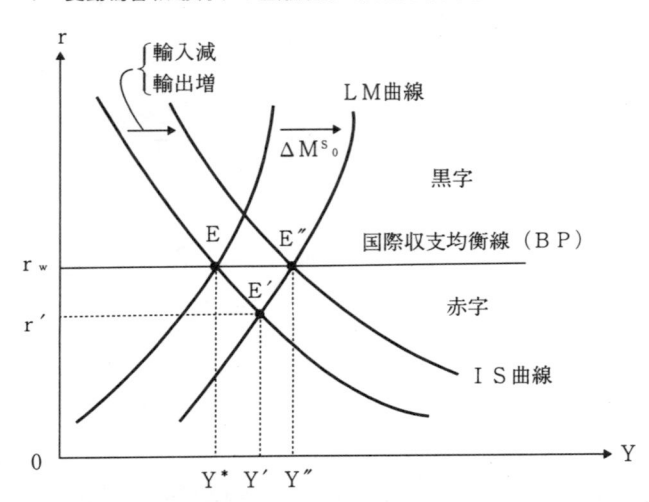

図17－4　変動為替相場制下の金融政策（完全な資本移動のケース）

(2) 下図のE点は不完全雇用均衡ですので、政策当局は拡張的財政政策（政府支出の増大）をとります。E→E′になりますが、E′点では$r′>r_w$ですので、ドル流入が起こり、国際収支は黒字（ドルの超過供給）になります。変動為替相場制下、為替レートは下落（ドル安・円高）し、交易条件 $\left(\dfrac{輸出品価格}{輸入品価格}\right) \tau$ は上昇します。τ の上昇のため経常収支黒字は減少し（輸入増大・輸出減少）、IS曲線は左へシフトします。日本の利子率＞米国の利子率であるかぎり、ドル流入→国際収支黒字→ドル安・円高→輸入増大・輸出減少→IS曲線の左へのシフト、が続き、最終的には、E′→Eになります。財政政策は無効です。

第17章　ＩＳ－ＬＭ－ＢＰモデル

図17－5　変動為替相場制下の財政政策（完全な資本移動のケース）

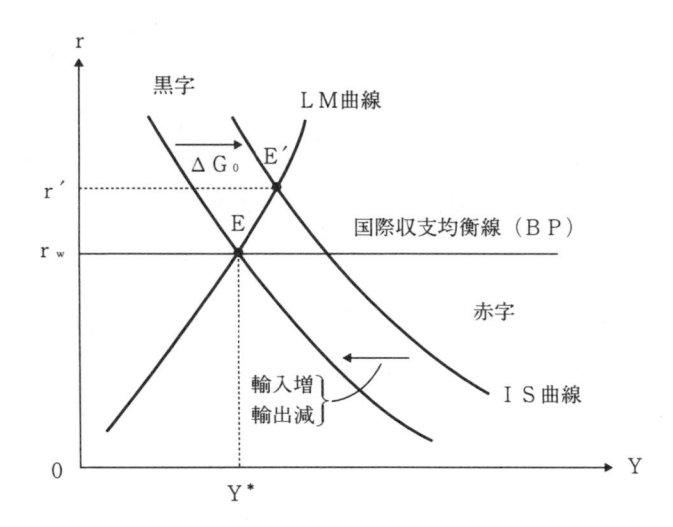

```
       r
            黒字      LM曲線
                  △G₀   E´
       r´              
                       国際収支均衡線（ＢＰ）
       rw         E
                          赤字
                   輸入増
                   輸出減           ＩＳ曲線
       0        Y*              Y
```

問題17－5：★為替レート決定理論

(1) 購買力平価説（ＰＰＰ理論）を説明しなさい。

(2) 金利平価式を説明しなさい。

≪解答＆解答の解説≫

(1) 購買力平価説は為替レートに関する長期的な法則です。

① 為替レート（e）の水準　　　　（絶対的購買力平価説）

$$e = \frac{P}{P_w}$$

（２国物価水準の比率）

② 為替レートの変化率　　　　　　（相対的購買力平価説）

$$\frac{\Delta e}{e} = \frac{\Delta P}{P} - \frac{\Delta P_w}{P_w}$$

為替レートの変化率＝日本の物価の変化率－米国の物価の変化率

(2) 金利平価式には次の２つのものがあります。

① アンカバーの金利平価式

$$r = r_w + \frac{e^* - e}{e}$$

自国債券の利子率＝外国債券の利子率＋為替レートの予想変化率

② カバー付きの金利平価式

$$r = r_w + \frac{f - e}{e}$$

自国債券の利子率＝外国債券の利子率＋直先スプレッド

問題17－6：★Jカーブ効果

(1) マーシャル＝ラーナー条件を説明しなさい。
(2) Jカーブ効果を説明しなさい。

≪解答＆解答の解説≫

(1) ε_X＝輸出の弾力性, ε_M＝輸入の弾力性とします。

($\varepsilon_X + \varepsilon_M$) ＞ 1 は「マーシャル＝ラーナー条件」と呼ばれています。

(2) 短期的には，マーシャル＝ラーナー条件が満たされないことがあります。このときは，ドル安・円高が進行しているにもかかわらず，経常収支が改善したり，ドル高・円安が進行しているにもかかわらず，経常収支が悪化したりすることがあります。これはJカーブ効果と呼ばれています。

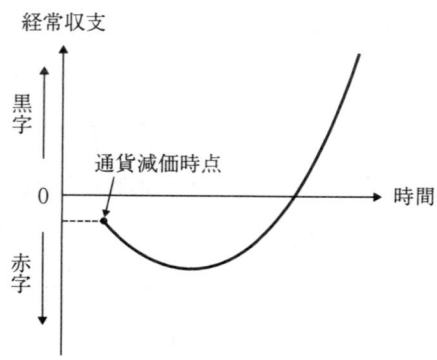

図17－6　Jカーブ効果

第 3 部

経済動学試験問題
の全パターン

第18章 新古典派成長理論

試験対策ポイント

① 成長会計を理解する。ソロー残差（全要素生産性成長率）を理解する。
② ソローの新古典派成長理論を理解する。
③ 「生産要素市場の価格メカニズムの完全性→資本・労働間の要素代替の可能性→資本係数（$v = \dfrac{K}{Y^s}$）の可変性→経済成長経路（資本の完全利用と労働の完全雇用の経路）の安定性」を理解する。
④ ソロー方程式の導出を理解し，図示する。
⑤ 定常状態の安定性と性質を理解する。

問題18-1：★成長会計

(1) 成長会計を説明しなさい。

(2) ソロー残差を説明しなさい。

(3) コブ・ダグラス型生産関数 $Y = AL^{\alpha}K^{1-\alpha}$（$0 < \alpha < 1$）において，$\alpha$ は労働分配率，$(1-\alpha)$ は資本分配率です。経済成長率が 5％，資本成長率が 6％，労働成長率が 2％，資本分配率が50％のとき，全要素生産性（TFP）成長率はいくらですか。

《解答＆解答の解説》

(1) マクロ生産関数 $Y = A \cdot F(L, K)$ を考えると，成長会計として，

$$\text{技術進歩率}\left(\frac{\Delta A}{A}\right)$$
$$+\text{労働分配率}\left(\frac{wL}{PY}\right) \times \text{労働成長率}\left(\frac{\Delta L}{L}\right)$$
$$+\text{資本分配率}\left(\frac{rK}{PY}\right) \times \text{資本成長率}\left(\frac{\Delta K}{K}\right)$$
$$\overline{\text{経済成長率}\left(\frac{\Delta Y}{Y}\right)}$$

を得ることができます。

(2) ソロー残差＝経済成長率－（労働分配率×労働成長率
　　　　　　　　＋資本分配率×資本成長率）　**答え**

です。ソロー残差は全要素生産性（ＴＦＰ）成長率と呼ばれることがあります。

(3) コブ・ダグラス型生産関数は１次同次の生産関数ですので，

　　労働分配率＋資本分配率＝１

です。

　　全要素生産性成長率＝0.05－（0.5×0.02＋0.5×0.06）
　　　　　　　　　　　＝0.01（＝１％）　**答え**

問題18－2：★新古典派成長理論

次のソローの新古典派成長モデルを考えます。

$Y = F(K, L) = \sqrt{KL}$ 　　（マクロ生産関数）
$S = sY = 0.2Y$ 　　（貯蓄関数）
$n = 0.01$ 　　（労働人口成長率）

ここで，Y＝ＧＤＰ，K＝資本投入量，L＝労働投入量，S＝貯蓄です。以下の問いに答えなさい。

(1) 資本・労働比率（$k \equiv \frac{K}{L}$）と１人当たりＧＤＰ（$y \equiv \frac{Y}{L}$）の関係を説明しなさい。

(2) ソロー方程式を求め，図示しなさい。
(3) 定常状態における資本・労働比率（k^*），1人当たりGDP（y^*）を求めなさい。
(4) 問3において，経済成長率（$\frac{dY}{Y}$）はいくらですか。
(5) 定常状態における1人当たりの消費量を求めなさい。
(6) 新古典派成長理論とハロッド＝ドーマーのケインズ派成長理論との違いを説明しなさい。

《解答＆解答の解説》

新古典派成長理論はケインジアンのハロッド＝ドーマー型成長理論と対照させながら学習しましょう。ソロー・モデルでは，生産要素価格の変化を通じて，資本の完全利用・労働の完全雇用が達成されています。

(1) $y \equiv \frac{Y}{L} = \frac{(KL)^{\frac{1}{2}}}{L} = (\frac{K}{L})^{\frac{1}{2}} = k^{\frac{1}{2}}$ **答え**

これは労働者一人当たりの生産関数です。$k(=\frac{K}{L})$ は資本装備率と呼ばれることがあり，$\frac{K}{L}$ の上昇は「資本の深化」と呼ばれています。

(2) ソロー方程式は，$dk = sf(k) - nk$ ですので，
$$dk = 0.2f(k) - 0.01k = 0.2f(k) - 0.01k$$
$$= 0.2k^{\frac{1}{2}} - 0.01k \quad \text{答え}$$
です（図18-1）。

(3) 定常状態においては資本の完全利用・労働の完全雇用が行われています。定常状態では，$dk = 0.2k^{\frac{1}{2}} - 0.01k = 0$ ですので，
$k^* = 400$ です。したがって，$y^* = k^{*\frac{1}{2}} = 20$ です。

(4) 定常状態では，均斉成長ですので，
$$\frac{dY}{Y} = \frac{dK}{K} = \frac{dL}{L} = 0.01 \quad \text{答え}$$
です。

(5) 1人当たりの消費量は，$f(k) - sf(k) = (1-s)f(k)$ ですので，

定常状態における1人当たりの消費量（c^*）は，

$$c^* = (1-s)f(k^*) = (1-0.2)k^{*\frac{1}{2}}$$
$$= (1-0.2) \times 20 = 16 \quad \boxed{\text{答え}}$$

です。

図18－1　ソロー方程式の図示

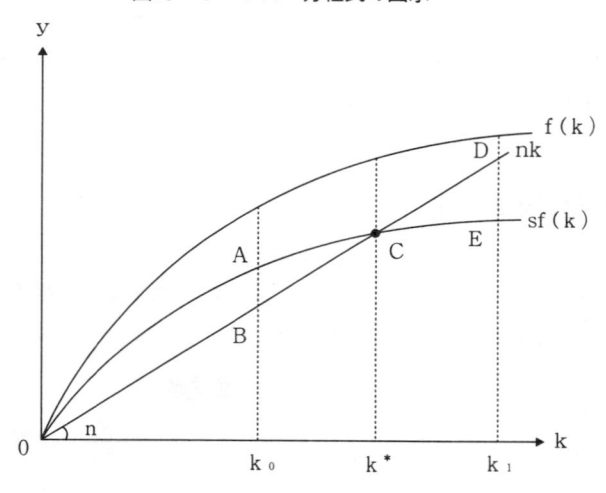

図18－2　黄金律の消費

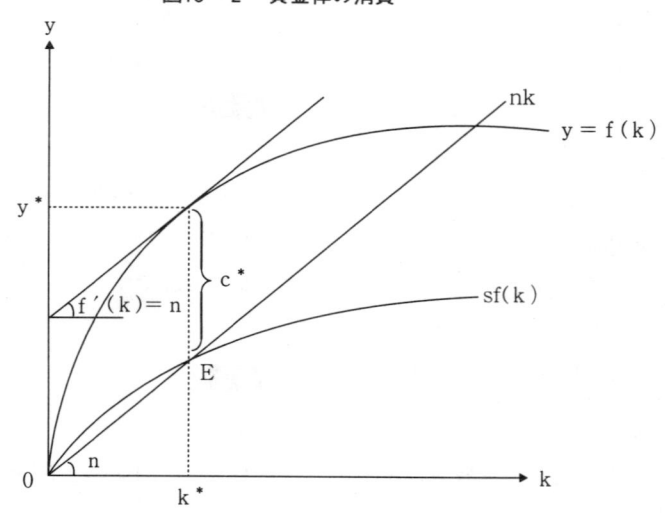

(6) ソローの新古典派成長理論においては，生産要素市場の価格メカニズムは完全であり，資本・労働間の要素代替の可能性があります。ハロッド＝ドーマーのケインズ派成長理論において「偶然の一致」としてしか起こり得なかった「現実の成長率＝保証成長率＝自然成長率」が，ソローの新古典派成長理論においては，k（ハロッド＝ドーマーのv）の内生性（kがモデルによって決定されること）により，価格メカニズムによって実現されます。

第19章 ハロッド=ドーマーの成長理論

試験対策ポイント

① ハロッド=ドーマーのケインズ派成長理論(ナイフ・エッジ定理)を理解する。
② 「価格メカニズムの不完全性→資本・労働間の要素代替がない→資本係数($v = \dfrac{K}{Y^s}$)の固定性→経済成長の不安定性」を理解する。
③ 投資の二重性(有効需要創出効果と生産能力創出効果)を理解する。
④ 3つの成長率(現実の成長率,保証成長率,自然成長率)を理解する。

問題19−1:★ハロッド=ドーマーの経済成長理論

$Y^D_t =$ 第 t 期の有効需要

$\Delta Y^D_{t+1} = Y^D_{t+1} - Y^D_t =$ 第 t+1 期における有効需要の増加分

$Y^S_t =$ 第 t 期の生産能力

$\Delta Y^S_{t+1} = Y^S_{t+1} - Y^S_t =$ 第 t+1 期における生産能力の増加分

$I_t = K_{t+1} - K_t =$ 第 t 期の投資フロー

$K_t =$ 第 t 期の期首における資本ストック

$\Delta I_{t+1} = I_{t+1} - I_t =$ 第 t+1 期における投資の増加分

として,以下の問いに答えなさい。

(1) ハロッド=ドーマーの経済成長理論における「投資の二重性」とは投資のどのような役割を述べたものですか。

(2) 平均貯蓄性向(s)が一定であるとき,投資額がΔIだけ増加した場

合の，有効需要の増加額 ΔY^D を求めなさい。
(3) 資本係数（v）が一定であるとき，投資額が I の場合の，生産能力の増加額 ΔY^S を求めなさい。
(4) 「保証成長率」とはどのような成長率ですか。$s=0.4$，$v=5$ のときの保証成長率を求めなさい。
(5) ハロッド＝ドーマーの経済成長理論において，現実の成長率が保証成長率から乖離した場合，どのような現象が生じますか。

《解答＆解答の解説》

(1) 「投資の二重性」とは投資のもつ以下の2つの役割のことを言います。
　① 有効需要創出効果
　　「有効需要の変化＝乗数×投資の変化」は有効需要創出効果と呼ばれています。つまり，投資の変化は乗数効果を通じて有効需要を変化させます。
　② 生産能力創出効果
　　「生産能力の変化＝$\dfrac{1}{固定資本係数}$×投資」は生産能力創出効果と呼ばれています。つまり，第 t 期に行われた投資 I_t は第 t＋1 期首の $K_{t+1}(=K_t+I_t)$ を通じて，第 t＋1 期の生産能力フロー Y^S_{t+1} を増大させます。

(2) ISモデルは次のとおりです。
　　　$Y=C+I$　　　　（生産物市場の需給均衡式）
　　　$C=(1-s)Y$　　（消費関数：s＝平均貯蓄性向）
　　　$I=I_0$　　　　　（投資支出）
　ISモデルより，
　　　$Y=(1-s)Y+I_0$　（生産物市場の需給均衡式）
であり，
　　　$Y^D=\dfrac{1}{s}I_0$　（有効需要＝乗数×投資：乗数＝$\dfrac{1}{平均貯蓄性向}$）
が得られます。時間を明示化すると，
　　　$Y^D_t=\dfrac{1}{s}I_{t,0}$　（第 t 期の有効需要）

第19章　ハロッド＝ドーマー成長理論　279

$$Y^D_{t+1} = \frac{1}{s} I_{t+1,0} \quad \text{（第}t+1\text{期の有効需要）}$$

です。有効需要の変化を求めると，

$$\Delta Y^D_{t+1} = Y^D_{t+1} - Y^D_t = \frac{1}{s}(I_{t+1,0} - I_{t,0})$$
$$= \frac{1}{s}\Delta I_{t+1,0}$$

（**答え**：有効需要の変化＝乗数×投資の変化）

です。

(3) 第t期の生産能力フローY^S_tは第t期首の資本ストックK_tに依存しています。第t期に行われた投資I_tは第$t+1$期首の$K_{t+1}(=K_t+I_t)$を通じて，第$t+1$期の生産能力フローY^S_{t+1}を増大させます。

$$Y^S_t = \frac{1}{v} K_t \quad \text{（第}t\text{期の生産能力）}$$

$$Y^S_{t+1} = \frac{1}{v} K_{t+1} \quad \text{（第}t+1\text{期の生産能力）}$$

であり，生産能力の変化を求めると，

$$\Delta Y^S_{t+1} = Y^S_{t+1} - Y^S_t = \frac{1}{v}(K_{t+1} - K_t)$$
$$= \frac{1}{v}\Delta K_{t+1}$$
$$= \frac{1}{v} I_t \quad \text{（\textbf{答え}：生産能力の変化}=\frac{1}{\text{固定資本係数}}\times\text{投資）}$$

です。

(4) 第t期においてK_tは完全利用されているものとします。すなわち，K_tの完全利用（正常稼働）から生じる総供給量$Y^S_t[=\frac{1}{v}K_t]$に等しい総需要量Y^D_tがあるものとします。第$t+1$期において，実際どれだけの投資I_{t+1}が行われれば，$K_{t+2}[=K_{t+1}+I_{t+1}]$が完全利用されるのか，すなわち，$K_{t+2}$の完全利用から生じる総供給量$Y^S_{t+2}[=\frac{1}{v}K_{t+2}]$に等しい総需要量$Y^D_{t+2}$が生じるのであろうか。

$$\Delta Y^S_{t+2} = \Delta Y^D_{t+2} \quad \text{（生産物市場の需給均衡条件式）}$$

$$\Delta Y^S_{t+2} = Y^S_{t+2} - Y^S_{t+1} = \frac{1}{v} I_{t+1} \quad \text{（総供給量の変化）}$$

$$\Delta Y^D_{t+2} = Y^D_{t+2} - Y^D_{t+1} = \frac{1}{s}\Delta I_{t+2} \quad \text{（総需要量の変化）}$$

より，

$$\frac{1}{v} I_{t+1} = \frac{1}{s} \Delta I_{t+2}$$

つまり，

$$\frac{\Delta I_{t+2}}{I_t} = \frac{s}{v}$$

を得ることができます。投資の成長率 $\frac{I_{t+2} - I_{t+1}}{I_{t+1}}$ が $\frac{s}{v}$ であるならば，$K_{t+2} [= K_{t+1} + I_{t+1}]$ は完全利用（正常稼働）されているのです。$\frac{s}{v}$ は資本の完全利用（正常稼働）を保証する成長率という意味で，「保証成長率」あるいは「適正成長率」と呼ばれています。つまり，保証成長率（G_w）とは資本ストックの完全利用を保証する成長率のことです。$s = 0.4$，$v = 5$ のときの保証成長率は，

$$G_w = \frac{s}{v} = \frac{0.4}{5} = 0.08 \ (8\%) \quad \boxed{答え}$$

です。

(5) $G =$ 現実の成長率，$G_w =$ 保証成長率とします。

① $G > G_w$ のケース：$G_{t+1} > G_w$

$$G_{t+1} = \frac{\Delta Y_{t+1}}{Y_t} = \frac{\Delta Y^D_{t+1}}{Y^D_t} = \frac{Y^D_{t+1} - Y^D_t}{Y^D_t}$$

$$= \frac{\frac{1}{s} \Delta I_{t+1}}{\frac{1}{s} I_t}$$

$$= \frac{\Delta I_{t+1}}{I_t} \quad \text{（有効需要原理下の現実のＧＤＰの成長率）}$$

$$G_w = \frac{s}{v} \quad \text{（保証成長率）}$$

であり，

$$G_{t+1} > G_w \Leftrightarrow \frac{\Delta I_{t+1}}{I_t} > \frac{s}{v} \Leftrightarrow \frac{\Delta I_{t+1}}{s} > \frac{I_t}{v}$$

$$\Leftrightarrow \Delta Y^D_{t+1} > \Delta Y^S_{t+1}$$

です。⇔は同値の記号です。すなわち，企業は第 $t+1$ 期において資本を正常稼働率以上に稼働させていました（$G_{t+1} > G_w$）。そこで，企業は資本不足に対応するために，第 $t+2$ 期において $I_{t+2} (= I_{t+1} + \Delta I_{t+2})$ の投資

を行い，投資の成長率を一層高くしようとします（$\frac{\Delta I_{t+2}}{I_{t+1}} > \frac{\Delta I_{t+1}}{I_t}$）。

$$G_{t+2} = \frac{\Delta Y_{t+2}}{Y_{t+1}}$$
$$= \frac{\Delta Y^D_{t+2}}{Y^D_{t+1}} = \frac{\Delta I_{t+2}}{I_{t+1}} > \frac{\Delta I_{t+1}}{I_t}$$
$$= G_{t+1} > G_W$$

であり，$G_{t+2} > G_{t+1} > G_W$ですので，第$t+2$期の現実成長率は第$t+1$期の現実成長率以上に保証成長率を上回っています。現実の成長率は累積的に上昇しています。現実成長率Gがいったん保証成長率G_Wから乖離すれば，その乖離は累積的に拡大していきます。

② $G < G_W$のケース

逆のケースですので省略します。

経済の保証成長率での成長経路，すなわち「保証成長経路」は不安定です。これはナイフ・エッジ定理（不安定性原理）と呼ばれています。

問題19－2：保証成長率と自然成長率

(1) 消費性向が0.8，資本係数が2.5のときの保証成長率はいくらですか。

(2) ハロッド＝ドーマーの経済成長理論において，資本係数が2，限界消費性向が0.8，労働力人口増加率が4％で，成長が均衡状態にあるとき，技術進歩率はいくらですか。

《解答＆解答の解説》

ハロッド＝ドーマー・モデルはケインズ派成長理論です。そこでは，現実の成長率，保証成長率，自然成長率の3つの成長率の関係が重要です。「保証成長率」あるいは「適正成長率」は資本の完全利用（正常稼働）を保証する成長率です。自然成長率は労働の完全雇用を持続するために必要な成長率です。

(1) $s = 1 - 0.8 = 0.2$，$v = 2.5$のときの保証成長率は，

$$G_W = \frac{s}{v} = \frac{0.2}{2.5} = 0.08 \text{（8％）} \quad \boxed{答え}$$

です。

(2) 成長が均衡状態にあるとき,「保証成長率＝自然成長率」です。

$$保証成長率 = \frac{s}{v} = \frac{1-0.8}{2} = 0.1 \ (=10\%)$$

自然成長率＝労働力人口増加率＋技術進歩率

ですので,

技術進歩率＝保証成長率－労働力人口増加率＝10－4＝6％ 　答え

です。

＜著者紹介＞

滝川　好夫（たきがわ・よしお）

1953年　　兵庫県に生れる
1978年　　神戸大学大学院経済学研究科博士前期課程修了
1980～82年　アメリカ合衆国エール大学大学院
1993～94年　カナダブリティシュ・コロンビア大学客員研究員
現　在　　神戸大学大学院経済学研究科教授
　　　　　（金融経済論，金融機構論，生活経済論）
主　著　『現代金融経済論の基本問題
　　　　　　―貨幣・信用の作用と銀行の役割―』(勁草書房)1997年7月
　　　　　『ミクロ経済学の要点整理』(税務経理協会) 1999年3月
　　　　　『マクロ経済学の要点整理』(税務経理協会) 1999年4月
　　　　　『金融論の要点整理』(税務経理協会) 1999年11月
　　　　　『経済学の要点整理』(税務経理協会) 2000年1月
　　　　　『経済学計算問題の楽々攻略法』(税務経理協会) 2000年6月
　　　　　『金融マン＆ウーマンのための
　　　　　　金融・経済のよくわかるブック』(税務経理協会)
　　　　　　　　　　　　　　　　　　　　　　　　2001年1月
　　　　　『数学・統計・資料解釈のテクニック』(税務経理協会)
　　　　　　　　　　　　　　　　　　　　　　　　2001年6月
　　　　　『金融に強くなる日経新聞の読み方』(ＰＨＰ研究所)
　　　　　　　　　　　　　　　　　　　　　　　　2001年7月
　　　　　『新聞記事の要点がスラスラ読める
　　　　　　「経済図表・用語」早わかり』(ＰＨＰ文庫) 2002年12月
　　　　　『入門　新しい金融論』(日本評論社) 2002年12月
　　　　　『ケインズなら日本経済をどう再生する』(税務経理協会)
　　　　　　　　　　　　　　　　　　　　　　　　2003年6月

著者との契約により検印省略

平成12年10月20日	初版　発行
平成13年 8月 1日	初版 2刷発行
平成15年 8月20日	初版 3刷発行

あらゆる試験に対応できる
経済学の　楽々　問題演習
（らくらく）

著　者	滝　川　好　夫
発行者	大　坪　嘉　春
印刷所	税経印刷株式会社
製本所	三　森　製　本　所

発行所　東京都新宿区下落合2丁目5番13号　株式会社　税務経理協会
郵便番号 161-0033　振替 00190-2-187408　電話 (03)3953-3301(大代表)
FAX (03)3565-3391　　　　　　　　　　　　(03)3953-3325(営業代表)
URL　http://www.zeikei.co.jp/
乱丁・落丁の場合はお取替えいたします。

© 滝川好夫 2000　　　　　　　　　Printed in Japan

本書の内容の一部又は全部を無断で複写複製（コピー）することは，法律で認められた場合を除き，著者及び出版社の権利侵害となりますので，コピーの必要がある場合は，予め当社あて許諾を求めて下さい。

ISBN4-419-03650-8　C2033